王剑
讲银行业
基本逻辑与分析方法

王剑 著

机械工业出版社
CHINA MACHINE PRESS

普罗大众对货币和银行非常熟悉却又非常陌生，人们可能天天接触它们，却又难以看透其本质。其实，关于货币与银行的理论研究成果已经汗牛充栋，但似乎还缺一本类似知识普及型或应用手册型的书。本书从货币与银行的原理、起源出发，介绍它们的本质是什么，货币银行体系又是为什么按现在这样的方式运行。然后，本书还着重介绍了货币与银行分析的具体方法，尤其是针对银行的业务分析、财务分析、战略分析等，以供读者学习参考。

图书在版编目（CIP）数据

王剑讲银行业：基本逻辑与分析方法 / 王剑著 . -- 北京：机械工业出版社，2021.8（2025.4 重印）
（中国证券分析师丛书）
ISBN 978-7-111-68814-3

I. ①王… II. ①王… III. ①银行业务 – 研究 – 中国 IV. ① F832.2

中国版本图书馆 CIP 数据核字（2021）第 151113 号

王剑讲银行业：基本逻辑与分析方法

出版发行：机械工业出版社（北京市西城区百万庄大街 22 号　邮政编码：100037）
责任编辑：杨熙越　牛汉原　　　　　　　责任校对：殷　虹　张雨霏
印　　刷：北京机工印刷厂有限公司　　　版　　次：2025 年 4 月第 1 版第 11 次印刷
开　　本：170mm×230mm　1/16　　　　印　　张：21.25
书　　号：ISBN 978-7-111-68814-3　　　定　　价：89.00 元

客服电话：（010）88361066　68326294

版权所有·侵权必究
封底无防伪标均为盗版

| 推荐序 |

近些年来，随着我国在境内外上市的商业银行日益增多，越来越多的人开始关注和参与对银行的分析工作，其中包括投资者、分析师、咨询机构、财经学者、媒体乃至公众。而在此前关注银行分析工作的，主要还只是监管部门和银行自身。这种变化是积极的、有意义的，它有助于督促和鞭策我国银行业提升经营管理水平，也有利于我国资本市场的健康发展。

总的来说，一则由于我国商业银行进入资本市场的时间还不长，二则因为银行的经营管理确实具有一定的专业性，所以究竟如何比较科学地看待和分析某一家银行抑或是整个银行业，仍是我国金融市场的一块短板。就拿一家银行的盈利能力究竟是什么水平这个似乎比较直白的问题来说，恐怕就不是单看一个利润总额及其增长幅度就可以说清楚的。它不仅涉及银行的资产、负债业务及中间业务的结构，还关系到银行的公司治理和风险偏好，更进一步地，它与银行的发展战略也是密切相关的。如果再具体一点分析，在谈银行盈利水平的时候人们经常都会讲到 ROE（净资产收益率），然而在银行 ROE 的计算中关于净资产的确认又是有不同方法的，但不少人对这一点并不在意。我们常常会感叹，从事银行工作的时间越长，有时候反而越看不懂银行的逻辑。我想其原因并不在于搞不明白那几十个、上百个指标数据的定义，而是在于难以一眼看穿这些数据之间存在的纷然杂陈、互相缠绕的关系，不容易准确简捷地剖析和解读它们。这大概是许多从事银行分析的人士一个共同的感觉。

王剑虽然年纪不大，但他从事银行分析已有十年时间，是业内具有一定影响力的银行分析师。当初在中国工商银行定期举办的经营业绩发布会上，他的努力和敏锐给我留下了较深的印象。这次他把《王剑讲银行业：基本逻辑与分析方法》一书的清样寄给我，希望我能写个推荐序。拿到稿件后，首先它给我的印象是怎么有如此古怪的书名。后来我才知道这是一套系列丛书中的一本，丛书编辑希望书名能保持一致的风格，于是我也就不再多说什么，转而读其内容了。看完之后觉得书名虽然怪了一点，但本书确实写得不错（当然未必赞同书中所有的观点，例如对非主权货币的提法）。本书的最大特色在于，一是用深入浅出的笔触把原来比较晦涩的货币银行学的主要内容阐述出来，做到这一点其实并非易事。二是在本书中王剑对银行的分析评估方法做了比较全面的介绍，涉及银行业务、技术进步、公司治理、财务状况，以及发展战略等诸多方面，既具有一定的理论性，又具有相应的实用性。相信对银行分析感兴趣的朋友，无论是投资者、分析师，还是银行经营管理者，阅读本书后都不无裨益。所以在看了这本书后，不再纠结于书名如何了，简单写下这些话，权作为序吧。

中国工商银行原行长
中国银保监会国际咨询委员会委员
杨凯生
2021 年 6 月 10 日

| 自序 |

本书的定位是一本"应用手册型"的《货币银行学》，或银行分析手册。

在我们本科学习阶段，货币银行学是财经类专业的一门重要专业课，黄达教授等老一辈学术泰斗为这门课程奠定了基础。但在西方学科体系中，其实是不存在这样一门学科的，其内容分布在其他一些学科中，比如与货币相关的内容分布于宏观经济学中，而与银行相关的内容则分布于偏实务的银行经营管理、偏微观的银行微观经济学等学科中。可见，这是老一辈学科带头人为我国量身定做的一门课程，是一种非常有中国特色的学科知识组织方式，适合我国的金融工作实践。

随着我国金融体系改革推进，整个金融体系日趋市场化，与西方金融体系更为接近，尤其是多层次资本市场的建设与发展，使单独研究货币、银行相关知识的方式显得有些单薄。曾经一度，货币银行学慢慢融入了现代金融学之中，黄达老师也于2003年将经典的《货币银行学》教材重编为《金融学》教材。这自然也是大势所趋。甚至有更为激进的观点，认为货币银行学的内容编排方式已经过时了。

然而，我2006年从中国人民大学金融学专业毕业，参加工作十多年之后，感觉货币银行学这样的学科在现阶段仍有较强的实践意义。首先，存款货币银行依然是现代货币体系的运行方式，而且这一点在未来一段时期内估计很难改变，因此原先存款货币的研究框架仍然适用，只需要对其中一些不符合当代实践的细节进行更新。其次，存款货币银行仍然是我国现阶段金融服务的主力军，即使资本市场业务蓬勃发展，部分融资功能不再由存贷款业务垄断，商业银行也有能力深度参与资本市场业务，与其他非银行金融机构形成既有竞争又有合作的良性共存关系，而不是简单的"金融脱媒"而已。最后，我深深地体会到，未来的金融实践演变虽然还不能精确预计，但可以预见的是，未来的成果依然需要从货币银行基础这一根基上生长而来，不可能全部推倒重建，这也使我们不能忽略现有的成果。

基础不牢，地动山摇。本书继续将现代金融学中的货币、银行部分做单独分析，并建议将它们作为其他金融、经济理论研究或业务实践的重要基础。这些内容与原先货币银行学覆盖的范围基本相同。本书其实没有多少原创理论，里面的知识点几乎全部来自我们在学校中学习过的基础理论知识，只需要将新产生的实践、新发现的素材结合进去，与时俱进，便得到了本书的主要内容。总之，本书的写作并不是为了否认或抵抗货币银行学融入统一金融学的过程，而是强调了我国现在和未来一段时期内，货币、银行在整个金融体系中的基础性作用，并以一种与实践结合得更加紧密的形式呈现给大家。通过本书介绍的方法，读者可以快速掌握如何在实际业务中运用货币、银行的知识，并对货币体系、银行业整体、单家银行完成初步的分析。

本书的内容安排依照"从抽象到具体、从宏观到微观"的次序。全书分为上下两篇，首先，我们从人类货币的产生与演进出发，从一个相对抽象的范畴去理解货币的本质；其次，从货币体系的最新演化结果也就是二级银行体系中引出我们的现代存款货币银行，并介绍银行的一些行业逻辑框架和有关知识；最后，在下篇，我们更为详细地介绍对银行业整体或单家银行进行分析评价的具体方法。希望通过本书，能够使关注银行业的证券分析师或投资者（包括银行股票或债券的分析师、投资者，以及需要了解银行业对宏观经济、金融市场影响的其他分析师）、银行业内部的分析或管理人员、其他对银行业感兴趣的各界人士（政府机关或金融管理人员、财经媒体、财经专业师生、工商企业工作者、业余爱好者等）从根本上理解银行业，并初步掌握具体的分析方法。

  此书的完成要感谢太多的人。书中很多知识来自国内外货币银行学前辈们的经典成果，我已尽可能列入参考文献，供读者进一步学习时参考。有些内容和方法则是来自证券分析师间的代代流传，并非我的原创，很多一时无法考证其最初出处。有些研究成果来自我们自己研究团队的同事。还有更多的收获来自银行业从业专家们的指教。在此，向这些已列入、未列入参考文献的所有人士致谢。同时，我也非常感谢指导、支持我完成这些工作的历任领导、老师和同事。部分研究成果曾经发布在我的微信公众号"王剑的角度"上，收到不少读者的指正，在此一并致谢。此外，还要感谢机械工业出版社的编辑们为本书付梓付出的辛劳。

| 目录 |

推荐序
自　序

| 上　篇 |　　**银行基础**

第 1 章　货币的基础 / 2

1.1　什么是货币 / 2
1.2　货币的起源与演进 / 6
　　1.2.1　货币商品论 / 6
　　1.2.2　货币名目论 / 10
　　1.2.3　现代货币制度的诞生 / 12
1.3　未来的货币 / 17
　　1.3.1　主权数字货币 / 18
　　1.3.2　非主权数字货币 / 22

第 2 章　银行的基础 / 29

2.1　银行的起源 / 29
2.2　现代银行业格局 / 33
　　2.2.1　中国银行业发展史 / 34
　　2.2.2　美国银行业发展史 / 42

2.2.3　国家银行体系与自由银行体系　/ 45
2.3　二级银行制度　/ 47
　　2.3.1　建立二级银行制度　/ 47
　　2.3.2　现实中的其他因素　/ 61
　　2.3.3　纳入财政因素　/ 65
　　2.3.4　财政与货币的平衡　/ 70
2.4　货币数据实测　/ 73
　　2.4.1　基础货币投放　/ 73
　　2.4.2　广义货币派生　/ 76
　　2.4.3　基础货币、广义货币联合分析　/ 90

第3章　银行的监管　/ 92

3.1　银行的宏观经济职能　/ 92
　　3.1.1　微观层面：银行的本质功能　/ 93
　　3.1.2　宏观层面：银行的宏观经济职能　/ 96
　　3.1.3　小结：理解银行职能　/ 97
3.2　银行的监管：微观监管　/ 99
　　3.2.1　微观监管原理　/ 100
　　3.2.2　微观监管的破坏　/ 111
　　3.2.3　小结：理解微观监管　/ 115
3.3　宏观审慎监管　/ 115
　　3.3.1　宏观审慎的早期思考　/ 116
　　3.3.2　宏观不稳定的外在表现　/ 118
　　3.3.3　宏微观结合的大监管体系　/ 121

| 下　篇 |　银行分析

第4章　银行业务分析　/ 128

4.1　银行主要业务介绍　/ 128
　　4.1.1　银行业务的管理　/ 129
　　4.1.2　资产业务　/ 133
　　4.1.3　负债业务　/ 140

4.1.4　中间业务　/144
　4.2　资产负债管理简介　/148
　　　4.2.1　资产负债管理演进　/149
　　　4.2.2　资产负债管理主要内容　/151
　　　4.2.3　FTP及其主要功能　/157
　4.3　周期波动中的银行　/163
　　　4.3.1　银企关系极简模型　/163
　　　4.3.2　周期波动下的银行估值　/168
　4.4　银行技术进步　/170
　　　4.4.1　银行科技三大阶段　/170
　　　4.4.2　互联网贷款主要技术原理　/175
　　　4.4.3　未来展望　/180
　4.5　银行公司治理　/182
　　　4.5.1　公司治理与银行公司治理　/183
　　　4.5.2　中美银行业两大模式　/185
　　　4.5.3　公司治理风险识别：包商银行案例　/195

第5章　银行财务分析　/208

　5.1　银行会计报表基础　/208
　　　5.1.1　资产负债表分析　/209
　　　5.1.2　利润表分析　/218
　　　5.1.3　资产质量分析　/228
　5.2　ROE分解　/237
　　　5.2.1　ROE的含义和计算　/238
　　　5.2.2　ROE的杜邦分解　/239
　5.3　盈利增长率分解　/250
　　　5.3.1　常规分解方法：增长贡献率　/250
　　　5.3.2　连环替代法（边际影响分解方法）　/253
　5.4　财务建模　/260
　　　5.4.1　财务模型简介　/261
　　　5.4.2　资产负债表预测　/263
　　　5.4.3　利润表预测　/267

5.4.4　其他指标　/ 282

5.5　估值分析　/ 283

5.5.1　绝对估值法　/ 284

5.5.2　相对估值法　/ 293

5.5.3　低估值之谜　/ 296

第6章　银行战略分析　/ 300

6.1　银行战略　/ 300

6.1.1　银行战略的主要内容　/ 301

6.1.2　我国银行战略的历史形成　/ 303

6.1.3　银行战略的重要性　/ 305

6.2　经济转型中的银行战略　/ 307

6.2.1　经济转型驱动银行转型　/ 308

6.2.2　美国案例　/ 315

参考文献　/ 320

| 上 篇 |

银行基础

在本书的上篇，我们会用三章的内容，向大家介绍银行业的基础知识。银行业是一个大家都熟悉，却又可能不熟悉的行业。熟悉是因为它们就在我们身边，为我们提供了很多日常金融服务，几乎所有人都使用过银行服务；不熟悉是指，银行业背后的深层次逻辑可能是很多人平时都无法洞察的，银行业除了为居民提供各种具体服务之外，实际上还为整个国民经济的运行提供了很多重要功能，国家为了保障这些功能的良好运作，还会对银行施以严格的监管。

在上篇的第1章，我们首先介绍了货币知识，这是我们全面了解银行业所必须具备的知识基础，因为现代存款货币银行本身就起源于货币的演进过程中。在第2章，我们详细介绍了现代存款货币银行的运行以及它们的发展演进史，希望大家能够理解银行业运行的本质逻辑。在第3章，我们先介绍银行业为国民经济运行所履行的各种职能，然后介绍国家为保障这些职能的良好运行，而对银行业实施的各种微观、宏观的监管。

| 第 1 章 |

货币的基础

货币是本书登场的第一个主角,是我们最熟悉却又最难理解的一种存在。货币是几乎所有现代经济、金融活动的血液,是我们首先要深刻理解的根本事物。因此,在本章,我们会先在 1.1 节向大家介绍货币的本质,但这一部分可能会有点抽象;然后再在 1.2 节穿越历史的长河,回顾货币演进的一些片段,以此来加深对货币本质的认识;在 1.3 节,我们再从货币的本质出发展望未来,随着技术的进步,看看货币是否会演进出更为完美的形态。

1.1 什么是货币

货币是人类最为熟知的事物之一,人们在日常生活中对它并不陌生。而且随着人类经济活动的货币化水平不断提高(越来越多的经济活动通过货币作为媒介来完成),人类是越来越离不开货币。但是,货币的本质是什么,这一问题却困扰了人类千百年,人们为此争论不休。

现代货币主要是主权国家发行的纸币、硬币,以及将这些纸币、硬币存入银行之后形成的存款。以我国为例,《中华人民共和国人民币管理条例》(后简称《条例》)规定了人民币是法定货币,人民币是指中国人民银行依法发行的货币，包括纸币和硬币。而将人民币存入银行形成的存款，严格意义上讲并不是人民币本身，而是可以据此向银行提取人民币的凭证。我国《条例》也未将人民币存款定义为货币。但由于在大部分场合，存款同样可用作日常的支付，能够履行货币的大部分职能，因此一般也被视为货币。据此，我国的货币由人民币（纸币、硬币，未来还将包括数字人民币）、人民币存款组成。

而这些货币并不具有真实的价值，即一张100元的人民币纸币并不是一件具有100元价值的东西，同样，银行存款账户中的100元存款也不是一件价值100元的东西，因此，这些货币都是信用货币。事实上，各国的现代货币基本上全是信用货币。所谓信用货币，就是它不是价值100元的真实商品，其本质是一张100元的债权或欠条。此处，信用（credit）的含义便是债务债权关系，或称借贷。对于这张欠条来说，债务人是货币发行者，而持有货币的人则是这张欠条的债权人。这意味着货币发行人"欠"货币持有人一笔价值。而这位货币持有人购买一件商品（或偿还一笔债务）时，将这张欠条支付给他的卖家，即把债权转移给了卖家，变成了货币发行人"欠"卖家一笔价值，以此便实现了价值从买家向卖家的转移。因此，货币就是欠条，也就是一笔笔记账，其信用由发行人（亦即债务人）的信用决定，只要大家都信赖其信用即可。

仍然以人民币为例，比如一张100元的人民币纸币，就是一张100元的欠条。中国人民银行是其发行者，也就是这张欠条的债务人，而持有者就是债权人。这对债务债权关系也体现在人行⊖的资产负债表中，具体而言，人行的负债端有个科目叫"货币发行"，代表着当前发行在外的"欠条"，而持有人便是其债权人。当我们用一张100元人民币去买东西时，将其支付给了卖家，卖家收到这张纸币，就代表着他成了新的债权人，于是我们就把这张欠条所代表的价值（也就是对人行的债权）转移给了卖家，以

⊖ 本书中，人行和人民银行都是中国人民银行的简称。央行作为中央银行的通称，并不专门指代中国人民银行。

此完成支付。换言之，人行作为我国的货币当局，有着主权级信用，它所欠的债权，可以作为价值支付给卖家。我们支付的100元价值，其实是以对人行的债权来代表的价值。

因此，现代信用货币是债权，是欠条。而如果是银行存款货币，那么也是同理，只是债务人由人行变成了银行。比如我们持有银行的100元存款，这代表着这家银行欠我们100元。我们可以向其提取100元现金，用于支付，也可以直接将存款转账给收款人（只要他愿意接受这种支付方式）。完成转账后，那位收款人成为银行的新债权人，于是我们就将这笔债权转移给了他，以此完成100元价值的支付。

但人行永远不会偿还这笔债权，这一张张人民币虽说是欠条，却是永续的欠条。那这张欠条欠的是什么东西呢？比如，我们向邻居借了10斤大米，写一张欠条给邻居，那么将来邻居会拿欠条问我要回10斤大米。那么100元人民币欠的是什么呢？或者换个说法，我们拿这张欠条，能向人行要回什么东西呢？什么也要不回，这张欠条欠的是100元，100元就是100元，它不是任何东西，它就是个数字加货币单位，就是一笔账（即"数字＋单位"）。

于是，货币的本质是欠条，还可以认为是记账，因为这张欠条没欠下任何东西，只是欠下了一笔账。这就是我们理解信用货币的第二种视角，货币即记账。就仿佛我们去小店赊购10斤大米，店家记账"某某欠10斤大米"，这就是一笔账。当然，人类有了通用价值的概念后，可以把全部商品都折算成价格（即用数量加货币单位来代表的价格），于是记账改为欠的是"[数字][货币单位]"。因此，信用货币就是记账，或称"名目"。它和欠条是一个意思，但视角有所不同。

以上是目前人类对现代信用货币本质的一种认识，基本上是无争议的。但在人类历史上，我们并不是从一开始就对信用货币建立了这样的认识的。人类早期探索货币的本质时，至少产生过两种截然不同的观点：一种认为货币最早是物品；另一种认为货币从一开始就是名目，甚至应该由国家来制定。并且两种观点针锋相对，争鸣不已（见表1-1）。

表 1-1 中西方主流货币观的差异

	中国	西方
主流货币观	货币名目论、货币国定论	货币金属论、货币商品论
对货币本质的认识	信用，债权，一种社会关系	贵重物品，一种商品
早期代表人物	管子	亚里士多德
主要内涵	货币是债权，主要由政府签发的债务凭证	由物物交换演进而来的，充当货币的商品
主要流行区域	东方为主，西方也有出现	西方为主，东方也有出现
主要证据	未发生债权与一般等价物间有直接演进关系	货币起源于物物交换的一般等价物

这两种观点大致在人类的"轴心时代"分别在东西方形成。轴心时代指的是大约公元前700～公元300年的时期，其间在中国、希腊、中东、印度等几大人类文明发源地上，突然涌现出一大批哲学家，人类世界刹那间群星璀璨，各种伟大的思想争奇斗艳，人类几大文明的主要哲学体系大都在这一时期初步奠定。但几大哲学体系之间差异较大，有时甚至截然相反，比如对货币本质的认识。

在中国，管子等先哲率先提出，"先王制币"（《管子·国蓄》），并有详细论述，形成了货币名目论或货币国定论的思想。虽然我国也出现过贝壳等疑似"一般等价物"（仍有争议），但先哲们非常前瞻地认识到货币的本质是信用，是人与人之间的一种社会关系，它与一般等价物之间并没有必然的演进关系，并且很早就由国家掌握了铸币权，国家还应通过调节货币发行量进而调节经济活动。因此，我国历代政府也从很早就建立起了通过货币手段去调控宏观经济的做法。而比管子小约300岁的希腊学者亚里士多德，则深究了货币起源于商品（一般等价物）这一线索，提出了货币金属论、货币商品论的思想（其论述中也隐约有点货币名目论的影子），并在西方被广泛接受传承（其间也有西方学者提出货币名目论、货币国定论，但未成主流）。当然，我国历史上也有些文献持货币商品论的观点，比如司马迁在《史记·平准书》中也提出货币起源于龟、贝、金等物品。可能是受货币商品论影响，西方对经济、货币的认识向来忽略政府的因素，崇尚市场自己的调节力量。甚至在最后形成了货币"面纱论",直接忽略了整个货币因素对经济的作用。

当然,如果从现代信用货币的运行来看,显然自古流行于我国的货币名目论、货币国定论更加符合现在的各国货币实践。那么,这是因为西方先哲从一开始就错了,还是因为我国经济、政治发展过于早熟,很早就已经演化到了国家信用货币阶段,而西方还在商品货币阶段徘徊了更长时间?对这些思想史问题的全面论述超出本书的范围,但我们仍有必要简要地去回顾一下货币的演进,尤其重点观察货币发展史中的一些案例,从而在货币发展史中探究其本质。

1.2 货币的起源与演进

东西方的先哲们分别提出了货币国定论、货币商品论,并不断发展,进而影响了整体经济理论研究与经济管理实践,其影响非常深远,延续至今。这究竟是因为东西方货币发展演进路径确实不一样,还是因为大家对同一演进路径的解读不一样?

1.2.1 货币商品论

我们先来回顾西方货币商品论所提出的货币起源与演进。我们将马克思《资本论》等经典著作中的记载重新整理,并用一些虚拟的例子体现。

人类早期开始从事一些生产活动,生产了一些自用的食品、衣物或其他生活用品。这时候由于生产力低下,可能这些用品自己还不够用,因此是不会产生交换活动的,也就不存在商品,即用于交换的产品。只有当生产力进一步发展之后,各种用品的生产量开始提高,逐步开始有了些剩余,自己用不完,于是才开始将这些剩余产品用于和其他人交换其他产品。比如,一个渔猎部落,某次打猎获取的猎物较多,自己部落一时吃不完,但刚好缺少一些烹饪用具,便用多余的猎物,向居住于不远处的一个擅长制造陶器的部落交换了一些陶器回来。这个阶段称为偶然的物物交换，其主要特征是，人们不是专门为了交换而生产这些产品，而是生产自用用品时有所剩余，于是刚好与他人交换。一般认为，人类大致在原始社会晚期出现了这种偶然的物物交换，也就是最早期的人类贸易形式。

随着生产力进一步发展，人类在一些用品上的生产效率提升，生产量扩大，超出了自用的范围。大约在父系氏族公社时期，即约 5000 ~ 10 000 年前，随着农业技术的进步，人类开始将一定的时间精力投入到手工业中，纺织品、陶器、副食品等产品的生产量提高，并且有了分工的雏形，即有些人或部落特别擅长某些用品的生产。于是，大家将各自擅长制造的用品的生产量提高到超过自用的水平，超过的部分就专门用来与其他人或部落交换。这就叫扩大的物物交换。各国早期著作中有一些相关情况的记载。比如《管子》记载，我国尧、舜时期，便有"北用禺氏之玉，南贵江汉之珠""散其邑粟与其财物以市虎豹之皮"。

随着扩大的物物交换增多，就会面临成功概率的问题。某人想拿多余的一只羊去集市上交换一些衣服回来，但问了一圈发现没有人拿衣服出来交换。他还特意去找了一些擅长做衣服的人，发现他们近期刚好没有制作衣服，说过段时间会有。于是他悻悻而归。过一阵子，有一个擅长做衣服的人拿着衣服找到他，说他们现在有一些多余的衣服可用于交换了，他愿意用来换只羊。可这时，那只羊已经被吃掉了……因此，物物交换的情况下，商品品种或时间可能因为难以偶合，便使交换难以达成。

这时，一般等价物便出场了。一般等价物是指，在物物交换中，大家都共同选定某一种商品，大家在换出自己的商品时，都愿意先将其换为该商品，然后再拿该商品去换其他商品。也就是说，它是一种大家都认可的、都愿意接受的、较为通用的商品，可以充当交换的中介。有了这一中介，便可很大程度上解决物物交换时成功概率低的问题。任何商品，如果一时找不到合适的交换对象，便可先交换为该一般等价物，然后下次有合适的商品时，再拿这种一般等价物去将商品交换回来。同时，为了便于完成交换比例的计算，其他商品可大致定价为可交换多少单位的一般等价物，这便形成了以一般等价物为计价单位的习惯，这便是商品价格这一概念的雏形。比如，如果以符合某种大小的一只羊为一般等价物，那么其他商品可确定为对应多少只羊。比如，一件珍贵的衣服可能对应两只羊，一幢小房子可能对应十只羊。这便是"数量+单位"，也就是价格。当然，为了容易计算，一般会选择小件商品为一般等价物。

一开始，一般等价物可能是某种具体的实用商品，比如羊或粮食。但慢慢地，人们发现这些商品用来充当一般等价物并不是很方便，总有这样那样的问题，比如不易携带、不易计量、不易分割等。比如某件小陶器，可能只值半只羊，但活羊没办法分割出半只用于交换。于是，人们慢慢地开始找到一些更加便于交换的商品，用来充当一般等价物，而这些商品有可能并不是有实用价值的商品，比如贝壳、贵金属，但具有稀缺性。这时，一般等价物虽仍然是具有价值的商品，但逐步开始抽象化，其使用价值开始淡化，选用了一些具有稀缺性但并不实用的商品。

最后，这种被选为一般等价物的商品慢慢聚焦到贵金属上，因为它易于携带、分割，如果事先按固定的尺寸制造（比如一定重量的金属币），则还易于计量，只要数一数币数即可。因此，一般等价物从金属粗制品慢慢变成了统一规格的制品，比如金属币。这种变化大概发生在什么时候已经很难考证，普遍认为大约在新石器时代晚期，即金属冶炼技术发展到一定程度之后。这个时候，货币正式开始了符号化的过程。

什么是符号化呢？金属币一开始因为每个币包含一定重量的金属，所以是有真实价值的。但是，当金属币出现磨损后，大家并不见得就一定会拒绝接受它们。即使金属币普遍出现磨损，在大家对此习以为常之后它们仍可非常方便地用于流通。那么大家交换的其实并不是一定重量的金属所代表的价值，而只是这个金属币所代表的符号。换言之，此时的金属币，已经不再是纯粹的一般等价物，而是已经逐渐带有信用货币的特征：货币本身并不足值，它只是符号。我国传统上称之为钱币。

随着货币继续发展，还出现了一个关键问题，就是金属币过于沉重，在大额的交易或长途携带中非常不便，此时便开始出现签发票据的行为，即商人将大量金属币存放于某信誉良好的商家那里，由商家签发一张存放钱币的凭证，然后商人携带此凭证去外地。因此，这张票据（在古代不同时期或地方会有不同称谓，我们暂且将其统称为票据）原本是存放钱币的凭证，可据此提取钱币，它不是钱币本身。但如果商家信用良好，大家都愿意接受这张票据，商人便用不着去商家提取钱币，而是直接拿这张票据支付即可。这时，早期的纸币便出现了。这种纸币还不是真正意义上的法定信用货币，它是钱币的代表物，更类似于我们今天的存款，而存入钱币的商家便像是银行的雏形。我们在后面有关银行的起源章节中还将进一步介绍这一进程。

由于存放钱币的票据信用卓著，人们便很方便地将其用于流通，大家会发现即使其背后没有钱币与之对应着，它们也是可以正常流通的。于是，某些国家开始发行真正意义的信用货币，即由布、纸等各种材料印制的货币，并且是由政府发行。我国信用货币最早见于唐代，而后在宋、元之后已经有非常成熟的纸币，它们已经非常接近现代的法定信用货币。当然，促进这一变革的还有一个重要原因，就是古代金属生产量有限，所制金属币不足以支撑蓬勃发展的市场经济，于是加快了纸币的应用流通。

以上，便形成了一条相对清晰的货币演进脉络：从偶然的物物交换发展为扩大的物物交换，然后开始出现以普通实用商品充当的一般等价物，而后一般等价物开始抽象化，最后选定了金属作为一般等价物，并将金属制成固定规格的钱币，接下来又开始出现不足值的金属币，而后又有了以纸印刷的票据用来代表金属币的存款凭证，最后这张票据脱离其背后的金属币，成为真正的法定信用货币。

这个进程非常完整，考古和文献也提供了其间的很多史实证据，似乎无懈可击。这便是以西方为主导的货币商品论的观点，货币便是这样一步一步演化为现代信用货币的。我国虽然是货币国定论的发源地，但也找到了一些证据可以证明上述演进过程。注意，上述过程是从一堆考古和文献证据中抽象出来的一般规律，并不完全是史实。历史进程其实更为复杂，比如我国宋元时期出现真正纸币后，从明代开始又恢复为纸币和金属货币并用，甚至有时以金属货币为主，中间有所反复。东西方真实的货币史更为复杂，感兴趣的读者请参阅有关货币史著作。

1.2.2 货币名目论

上述这个看似完美的演化规律，却不断受到一些挑战。在货币名目论、货币国定论看来，货币从一开始便是信用货币，便是欠条、记账，从来不存在什么商品阶段。人类历史上确实存在过物物交换、一般等价物，那是因为当欠条、记账的存在条件不具备时，就不得不又退回到物物交换的方式。而当国家垄断了货币发行权，亦即由政府来充当欠条的债务人时，便自然形成了货币国定论。我国政治、经济发展呈现出高度地早熟，较早出现大一统的中央政权，尤其早于欧洲，因此很早便出现了由国家垄断货币发行的做法。

货币名目论的一个经典证据，来自太平洋西部岛国密克罗尼西亚联邦的一个叫雅浦（Yap）的小岛，⊖岛上还处于原始经济阶段的土著居民，用一种巨大的石盘当货币，叫费（Fei，见图 1-1）。费来自约 400 英里⊜外的另一个海岛。制成的巨大的石盘，中间有孔，插入杆几个人便可抬走费。由于费过于巨大，不可能日常携带着用于流通，所以在交易后，卖出东西的人不用搬走这块石头，也不在石头上面做记号，而是只让它留在原地，账目都是日后相互抵消的（类似清算的作用）。即使有个人的一块费掉到海中去了，大家仍然都认同他依然持有这块费，于是他依然可以买东西。因此，这石头绝对不是一般等价物，因为它不是有价值的商品，而更像是个记账系统，即信用货币。它在居民眼中是财富的象征，你拥有这石头，就有更多人愿意和你交易，接受你的欠条。

⊖ 弗里德曼. 货币的祸害：货币史上不为人知的大事件 [M]. 北京：中信出版社，2016.
⊜ 1 英里 = 1609.344 米。

图 1-1　雅浦岛的石币

资料来源：窝头旅行. 这个世外桃源般的小岛，给你最原始的生活体验 [DB/OL]. https://www.sohu.com/a/231242976_100167413.

费的发现使人们认识到，在一个较为原始的经济阶段，人们也已经开始使用记账货币了。当然，也正是因为这个岛屿人口规模和经济总量都很小，所以这样的记账系统已经够用了。而像中国这种很早就实现了高度统一的大型经济体，则需要更为繁杂、可靠的记账系统。如果在当时的技术条件下找不到合适的记账系统，那么只能求诸物物交换，即一般等价物，比如黄金。所幸的是，与经济早熟大致同步的是中国在政治上也较为早熟，有了大一统的中央政府，后者成为负责这个记账系统的合适人选。

纵观我国的货币史能够发现，真正拿一般等价物（比如黄金）充当货币的情况，也非常少。大多数时候，我们用的是钱币（以铁、铜为主）和纸币。钱币其实是远不足值的，所以它也是一种信用货币，而不是以铁或铜作为一般等价物。此外，我国较早就开始使用信用货币，除大家熟悉的宋代的交子外，其实我国早在西周就开始出现信用货币"里布"（当时还没有纸，是印在布上的）。而真正拿一般等价物（比如黄金）当货币的情况，在人民日常经济生活中反而占少数。

因此，越来越多的现代研究赞同，货币从一开始就是记账系统，它只是需要将交换过程中产生的债务债权关系记载下来，然后在合适的时候结清。或者永不结清，但可以相互算清。具有高度权威的中央政府是负责这个记账系统的合适人选，而当政府出现之前，人们可以选取一些难以篡改、伪造的稀缺器物用来记账，比如贝壳等。所以，贝壳不是一般等价物，而和结绳记事[⊖]是一回事。因此，贝壳充当货币，不一定是因为它有相对稳定的价值，可以充当一般等价物，而是因为它的稀缺性使它适合用来记账。当人们找到更好的记账工具时，贝壳也就被放弃了，只是在汉字中留下了许多贝字旁的有关财富的字。

而当交易的发生超越了记账系统范围时，则可能依然需要借助一般等价物或物物交换，比如古代的国际贸易。由于中央政府发行了信用货币，但外国人可能并不信任他国的中央政府，因此该记账货币对外国人无效，古代国际贸易依然会使用黄金等中介。当然，如果国家足够强大，外国人也信任，那么也是可以使用其货币的，比如现代人类社会以世界头号强国的信用货币作为国际货币。

1.2.3　现代货币制度的诞生

我们可以暂时先放下货币商品论和货币名目论的争议，因为这两个观点虽然对货币起源和本质的理解不同，但至少在现阶段，双方都赞同现代货币是法定信用货币、主权信用货币这一本质。但是，自真正的法定信用货币出现之后，货币演化还未结束，因为接下来还需要解决一个关系问题：货币制度，即一个国家由谁发行货币、如何发行货币、发行多少货币等一系列具体的制度安排问题。货币制度不断发展着，最终形成了我们目前常见的"中央银行—商业银行"二级银行体系，这个体系本身也是现在世界

⊖ 指远古时代人类，摆脱时空限制记录事实、进行传播的手段之一。它发生在语言产生以后、文字出现之前的漫长年代里。在一些部落中，为了把本部落的风俗传统和传说以及重大事件记录下来，流传下去，便用不同粗细的绳子，在上面结成不同距离的结，结有大有小，每种结法、距离大小以及绳子粗细表示不同的意思，由专人（一般是酋长和巫师）循一定规则记录，并代代相传。

上最为通行的货币体系。我们会在下一章关于银行的部分中详细介绍这一体系，本节只是先简述其演化过程。

当信用货币出现，尤其是由政府垄断其发行之后，通货膨胀问题便开始出现。在货币与财政结合之前，政府往往实施的是实物财政，即居民以实物、劳动力的形式缴纳税赋，政府收到后，也是以实物方式进行财政支出，比如给公务员发放粮食、织品作为俸禄。随着经济的货币化程度提升，政府发现直接征收货币，然后再拿货币去采购物资、发放俸禄更为方便，于是改为以货币征税，形成货币财政。我国很早就出现了货币财政，与实物财政并行（但迟至明清时期才最终完成比较彻底的转变）。

这时，政府发现只要印制纸币，便可以直接向民间采购物资用于政府运行。然后通过货币征税、罚没等方式，回收一部分货币。那么很容易计算出，一年财政的净支出（支出减去收入）便是货币的新增投放量，即年度赤字额等于当年新发货币。假设有一个原本还没有货币的国家，某一天突然宣布实施这种货币制度，那么它就会面临几个问题：

（1）政府只有先用货币支出，才能以货币征税。因为在它用货币支出之前，外面并没有货币流通，只能以实物征税。

（2）在外的货币流通量，便是累计的财政赤字，即实施该制度以来历年累计的支出超过累计收入的部分。随着经济增长，所需货币量增加，那么政府赤字也应随之增加。

（3）财政永远不可能有货币的盈余，因为不可能征收超过自己发行出去的货币。

这便是主权信用货币出现之初的政府垄断货币制度，L. 兰德尔·雷（2017）在《现代货币理论》一书中对这种情况进行了描述，并引发了争议。⊖这一制度的弊端一目了然：由于并没有什么措施能够制约政府印制过量的货币，故而容易超发货币。当然，也出现过印制货币不足的时候，比如古代由于金属采矿和冶炼技术限制，有时会遇到金属原材料不足导致钱

⊖ 雷. 现代货币理论 [M]. 北京：中信出版社，2017.

币产量不够的情况。可见，其最大的问题，便是政府找不到一个合理的方法确定最为合适的货币发行量，发行过多是通胀，发行过少是通缩，二者都会影响经济稳定。而且，在一些特殊时期，比如遇上大型战争、重大基建项目、天灾等时候，政府不得不发行更多货币采购更多物资以满足特殊时期的需要，经常导致货币天量发行，引发恶性通胀。

政府垄断的货币发行无法合理确定发行量，会引发通胀或通缩，因此人们认为这不是一个好的货币制度，于是开始寻找更好的制度。这时，有一群信誉卓著的大商家开始不知不觉地充当了货币发行的角色。因为，信用货币本身就是欠条，主要看发行人的信用，只要发行人信用良好，签发的欠条被市场上大多数人所信任，人们愿意接受它，那么它就可以履行货币的职能。我们把商家签发的这种欠条统称为票据（其实历史上有各种称呼）。这种票据业务的流程是这样的：

（1）起初，客户把真实的货币（即政府发行的信用货币）10元存放在它这里，它向客户签发一张票据，上面写着诸如"持票人在本店存款10元"的字样。

（2）客户拿这张票据可以直接当10元钱花，因为别人信得过这个商家。

（3）当另一客户需要向这个商家借10元钱时，商家可以把真实的货币借给他，也可以不给出真实货币，而是又签发出一张票据（上面同样写着"持票人在本店存款10元"）。然后，客户拿这张新票据继续去花。

（4）很明显，这张新的票据其实意味着一句"谎言"，因为其背后并没有存入10元真实货币。最后，商家店里其实只存了10元钱，但却签发了两张"持票人在本店存款10元"的票据。

完成上述交易后，商家的资产负债表如表1-2所示。

表1-2 商家资产负债简表

资产	负债
货币10元	票据10元
贷款10元	票据10元

在商家签发出那张背后并无 10 元真实货币的票据时，本书的另一主角现代商业银行就出现了，术语称为"存款货币银行"，平时一般简称为银行。○这时，政府只发行了 10 元货币，而这家银行签发出两张 10 元的票据，可供社会流通。因此，真正的货币流通量升至 20 元，能更好地满足经济发展需要。如果商家把持有的 10 元货币同样也拿出去花，那么全社会的货币流通量其实已达到 30 元。当然，由于商家要随时准备应对客户拿着票据来取钱，所以它可能会将这 10 元货币保留在店中，以备客户提取之需。商家之所以敢签出那张并无 10 元真实货币的票据，是因为它相信签发在外的这全部 20 元票据，不会同时被用来取现。

我们把上例中最初在银行存钱时产生的 10 元票据，和新"派生"出来的 10 元票据，称为"银行存款货币""存款货币"或"银行货币"，共有 20 元。理论上银行持有的 10 元也依然是货币，银行可以拿它出去花，但由于现代银行监管一般设有存款准备金制度，银行持有的货币大部分作为存款准备金存回央行而不再进入流通，所以不再计入货币统计。我们在后面章节中还会详细介绍。

存款货币的出现，使社会上流通的货币量显著超过了政府真实发行的货币量，甚至超过好几倍。在古代金属产量难以满足经济发展需要而面临钱荒时，这是个好办法，但即使政府有充足的材料制币，这个办法也有其重大优势，因为如果经济不好了（接上例），经济活动冷却了，那么有些客户就会觉得不需要这么多资金了，就拿着 10 元存款票据去还掉 10 元贷款。于是，货币流通量又回到 10 元。可见，在这种模式下，最终的货币流通量会由市场自行调节。所以，商家自由发行货币的主要优点，是既能对抗通胀，又能对抗通缩，靠市场自己的力量，将货币发行量调节到一个相对较合适的水平。经济活动是波动的，有时热，有时冷，需要的货币量也不一样，而市场自己能调节货币发行量是一种完全市场化的自由银行制度，从

○ 为行文简洁，本书用银行指代商业银行，不包括中央银行、投资银行等。

这个角度来看，这一制度似乎是完美的。

但是，这一制度又带来新的问题：这一制度允许众多商家自由发行所谓存款货币，也就是商家的欠条，而各商家的业务能力和经营管理方式不一，会产生一些风险。比如，有些商家票据发行过多，发行在外的票据是自己真实持有的货币量的很多倍，而一旦有一小部分票据持有人来提取货币，就无法偿付了。再比如，商家给客户发放贷款，如果有较大比例收不回来，那么商家也会面临破产，而其发行在外的票据就变成了一堆废纸。这一制度下还有个头疼的问题，就是市场的力量不是万能的，有时会失灵。比如，经济过热时，大家都头脑发热，都来贷款，于是派生了更多货币，导致经济进一步过热，这无疑是火上浇油；经济衰退时，大家都失去信心，都来还掉贷款，于是货币收缩，经济进一步衰退。市场行为天然具有亲周期性，可加剧经济周期波动。因此，这个完全市场化发行的货币制度也不是完美的。

面对政府垄断货币制度、自由银行制度各自的优缺点，人们完成了两者的均衡与妥协，创设了一类新的机构，即中央银行（或者将一家信誉良好的商业银行升格为中央银行）。央行是一种介于市场和政府之间的机构，它代表政府，又不完全是政府。央行履行两大职能：

（1）政府的银行：政府不再直接发行货币，而是由央行代表政府来发行。政府财政与货币职能分离，财政需要在央行开立一个账户，财政收支均通过该账户进行，该账户便是古代的"国库"，只不过现在改为开立在央行，并由央行按一定规则来管理。比如，现代央行制度一般规定国库不得透支，财政出现赤字时可向居民举债，但举债有限额，即受到赤字率约束，以此很大程度上制约了通胀。

（2）银行的银行：允许银行继续经营，但由央行实施严格的监管，防止银行为了追逐盈利而出现过度投放贷款、贷款不够谨慎等行为倾向。同时也可在经济过热时制约银行投放贷款，在经济衰退时刺激银行投放贷款，以此来尽可能熨平经济周期波动。万一银行经营出现问题，还会由央行采取相应措施救助。这一切努力都是为了保证流通在外的存款货币安全，让居民有信心继续将银行存款视为货币。

世界上最早的央行是瑞典中央银行，代表国王发行纸币。后来较为典型的中央银行是英格兰银行，它是一家获得政府颁发的货币发行特许资格的私人银行。美国则在建国后很长一段时间内都不设中央银行（曾开办有国家银行，但后来到期关闭），而是实施了一段时期的自由银行制度，当时银行多如牛毛，且经常发生风险事件，于是美国于1913年成立美联储系统，后者在职能上不断扩大，最后于1951年才算得上是真正意义的中央银行。可以说，美国比较完整地经历了货币制度演进过程。我国出现央行的时间晚于西方，因此没有历经上述演进过程，而是一步到位，参考西方模式建立了现代银行。具体而言，清末开始我们便参照西方开设了银行，新中国成立后政府以华北银行等为基础，结合从旧中国接收的其他银行从而设立了中国人民银行。它作为国家银行，起初并不区分央行、银行职能，只是后来才在金融体制改革进程中慢慢形成了现在的"中央银行—商业银行"二级银行制度。具体的中外银行发展史请参阅有关著作。

因此，经过漫长的演变，先是货币形态的演变，然后是货币制度的演变，最终形成的"中央银行—商业银行"二级银行制度，由财政、央行、银行各方共同参与，相互协调与制衡，这构成了我们目前最为通行的货币制度。我们将在下一章详细介绍这一体系的运作。

1.3 未来的货币

人类的货币经过漫长的演进，最终形成了我们目前的主权信用货币，也形成了主流的"中央银行—商业银行"二级银行制度。演进的目标，在早期是不断变换其材质以便让货币流通更为便利，在后期则是尽最大可能去控制通胀、通缩。其间，要发挥市场的力量去把货币流通量尽可能调节到合适的水平，又得依靠货币当局"有形的手"去调节货币，防止市场失灵。可见，这是一个依靠行政、市场的力量相互制衡的系统，只有两方力量相对均衡，才能够起到良好的效果，过于偏向任何一方都有可能引发不良后果。比如，经济异常波动时，需要货币当局进行调节来熨平波动，但是，调节力量如何保持在合理水平又是新的问题，如果调节过度，就又会有政府垄断货币的嫌疑。因此，两方力量如果处理不当，均可能有不良后果产生。事实上，在现行制度下，通胀、通缩依然时有发生，经济波动也未完全消除，可见即便这一制度确实比古代的货币制度要好一些，它也绝对不是完美的制度，人类依然在努力探索更为完美的货币制度。

对进一步的努力而言，大致有两种倾向。一种是认同现行的"中央银行—商业银行"二级银行制度，在现行制度下寻找现金（纸币、硬币）的替代品数字货币，即以电子数据作为货币的新材质，以方便货币的使用。另一种倾向则是不认同现行制度，认为该制度依然被政府高度控制，无法完全杜绝通胀等，因此需要寻找非主权货币的实现方式，人们据此开发出一套独立于政府的数字货币。换言之，在两种倾向下均开发出数字货币，并尝试用数字货币一决高下。

1.3.1 主权数字货币

主权数字货币就是以电子数据作为新材质的主权信用货币。通俗地讲，就是原来用纸、金属制作的货币，现在改为由电子数字信号来制作，其货币属性未变，但一些物理属性和具体使用方式产生了较大变化。注意，这时其实不涉及存款货币，它只是对现金的材质的更新，因此我们有时候认为称之为"数字现金"更加贴切。具体到我国，我国主权货币是人民币，因此它的数字化形式又称"数字人民币"。主权数字货币可以像纸币一样存到银行去，形成存款货币，也可以把存款提取出来，得到主权数字货币。

主权数字货币须满足现金的一些基本特征，包括：

（1）便捷性：携带和交付非常方便，不一定需要联网，且易计量；

（2）真实性：不易于伪造出假币；

（3）匿名性：现金不记名，在交易中被直接交付，交易双方具有匿名性。注意，这里的匿名性存在两种理解：一种是绝对的匿名性，即任何单位和个人都无法追溯这笔交易；另一种是有限的匿名性，即平时保证匿名性，但如果发现有涉嫌违法犯罪行为的情况，那么司法机关也可追溯交易。在西方文化中，由于民众对政府介入的排斥，他们倾向绝对的匿名性，而我国民众较为信任政府，一般能够接受有限的匿名性，但得保证司法介入不被滥用；

（4）安全性：不容易被盗、丢失、毁损等；

（5）廉价性：整个体系的建设运营不能过于昂贵。

当人们考虑用数字信号作为现金的材质时，便面临如何在数字货币身上实现上述特征的挑战。

首先看第一点。易计量的要求显然很容易满足，但携带时面临一个问题，就是数字信号无法手持，因而需要一个存储这个数字信号的设备，即"数字钱包"，而交易对方还需要准备一个能够读写数字钱包的设备。在智能手机普及之前，这其实是一个颇为麻烦的问题，人们当时常用的数字钱包是IC卡，即装载有芯片的卡片，并需要准备好读卡设备。持卡人可以通过银行的读卡设备，将自己银行账户中的存款提现为数字货币，并将其存储在IC卡中。持卡人持IC卡外出购物时，商家也需要准备一个读卡器，将IC卡中的数字货币转移至自己的数字钱包中。数字钱包还可以安装在联网的个人计算机上，并且通过互联网传送数字货币，进行线上购物（但这个需求并不迫切，因为在联网的场合，用存款货币也能实现支付）。智能手机在普及之后就成了非常合适的数字钱包，在安装了相应的应用软件之后，它既可以联网传送数字货币，也可以依靠NFC等技术，像非接触式IC卡那种触碰读写设备那样来实现数字货币的交付。因此，现金的第一点特征，相对还是容易实现的。

然后看第二点，货币要保证真实性，不易伪造。目前，纸币、硬币都有一定的被伪造的风险，有出现假币的可能性。而数字货币如果没有经过合适的加密，则更容易被复制。而且，和纸币、硬币不一样，随着防伪技术进步，纸币、硬币的假币至少还很难做到以假乱真，毕竟可以用验钞机检验。而数字货币只是一堆数字信号，如果被复制，那么复制品是和原件一模一样的，甚至都称不上是"假币"，或者说两者都是真币，孰真孰假不可能被检验出来。这个风险被称为"双付"风险，就是一笔钱被用来支付了两次或更多次。当然，目前有一些先进的加密技术可以防复制，但毕竟不能100%确保其不被破解。而彻底解决真实性的方法，就是为数字货币分发序列号，并且让发行人或其他机构通过联网等方式一直盯着这笔货币的流通。但这样的话，数字货币和存款货币就基本无异了，不能脱机，不能匿名，那么也就没有现金的意义了。

可见，真实性和匿名性等特征存在一定的矛盾。最后，这个矛盾是用数字方法来解决的，即盲签与零知识证明。以下为简要的介绍，更为详细的内容可参考密码学文献。

假设有位客户（A）到银行存10两白银，要求开立一张汇票（不记名），然后他要拿着汇票去买东西，卖家（B）收到汇票后，会去银行取银两，但不想让银行知道这是A付给他的。假设银行的人非常眼尖，他看一眼汇票就能记住这字迹，从而在下次看到汇票时就能想起来这是A让他签发的。因此，开票时不能让银行的人看见这张汇票。可是既不能让银行看到汇票，又要他们签出这张汇票，这怎么做到呢？A首先起草好汇票，上面写好金额（10两白银），然后放到一个信封里，信封有复写功能，因此银行的人看不到汇票的内容，就只能在信封外层签名。签名复制到汇票上，汇票就开好了。A回头从信封中取出汇票，支付给B，B再去银行取银两，那么银行此前并没有见过这张汇票，当然便不会知道这是A支付给B的。这就是盲签，签名人并不知道签的是何内容，从而实现了匿名性。

但是，这里有一个明显的漏洞。银行没亲眼见过A起草的汇票，万一A填的是1000两白银，却谎称是10两呢？所以，这里还要设计一道机制，来保证A填的确实是10两白银，这就需要依靠零知识证明。其机制为：A起草100张汇票（假设他每次起草的字迹都是随机的。注意，这个假设很重要),每张上面全都写着"10两白银",汇票装入100个信封中。银行的人随机打开其中的99个信封,发现全部写的是10两,因此他就很放心地在剩下的那个信封上签名。因为,最后剩下的那个信封刚好包含A偷偷写了1000两的汇票的概率实在太低了。A向银行证明这张汇票上写的是10两白银,但又不能让银行见到这张汇票,这其实是一种零知识证明:我在不向你展示内容的情况下,证明内容的真实性。

当然,在现实的数字货币应用中,计算机系统里可没法使用可复写的信封,所以要引入加密机制,即把100张汇票加密,加密后形成100个密文。银行拿到密文后,随机挑99个让A解密给他看。如果解出来的全是"XX存入10两白银"(XX是随便起的假名,以便让加密后的密文变得杂乱无章,类似前文中"随机字迹"的作用),那么银行就相信最后一个写的也是"XX存入10两白银",但它不知道这假名是什么。当然,加密函数必须足够复杂,否则银行拿着99个明文和99个密文对照,说不定能倒推出加密函数,于是猜出来最后一个密文对应的假名是什么。在这一例子中,白银对应我们现代的货币,而汇票则是不记名存单。该方法实现了不记名存单的匿名性和真实性。

如果想实现有限的匿名性,则需要引入一个"可信第三方"。上例中,有一个新问题:A开出的汇票是用假名的(本质是不记名票据),万一A拿这张汇票去做坏事,比如向B购买毒品,警察抓住了B,如果B守口如瓶(或者交易过程中B也不知道对方A的身份),就很难追溯到A了。于是,这里就需要有限的匿名性:对市场所有交易主体(包括银行)都是匿名的,但是在必要时,司法机关却能做到追溯,即可以打击犯罪,但又不破坏合法交易的匿名性。其实现的大致思路是,可信第三方(比如央行的反洗钱部门,或司法机关等)和银行都存储着流通中数字货币的序列号(跟纸币一样的序列号),但银行通过盲签,并不知道该序列号下的这笔数字货币在谁手中,哪怕客户来存取数字货币的时候也不知道。而一旦客户或银行发现违法犯罪行为并报警,警察便会同可信第三方一起沿着序列号追查违法犯罪分子。

因此，借助一些新的数字方法，并通过现代计算机技术实现了这些算法，人们逐步使数字货币能够具备真实性、匿名性等特征，从而更加接近现金的职能。

1.3.2　非主权数字货币

与此同时，另有一批专家，他们坚持对由政府控制货币发行持质疑态度。这种思想首先可追溯至西方的货币商品论，从货币一开始的起源到演进过程，这其中均不一定需要政府参与。而后，在政府垄断信用货币发行的时期发生了通胀等现象，尤其是一些恶性通胀的例子令人心寒。所以有一批人认为，不应该由政府垄断发行货币，甚至现代这种由央行代理的模式也不行。最终，以哈耶克为代表的经济学家们提出的货币非国家化（非主权化），是这种思想的集大成者。其设想的状态，非常类似于我们货币制度演进过程中的自由银行制度，即由信誉卓著的商家自由发行货币，并通过竞争让信用好的货币脱颖而出，以杜绝政府超发货币带来的问题。

从历史上的自由银行时代来看，其劣势也是明显的，就是市场并不是万能的，也有失灵的地方，也会带来货币的不稳定性。当然，我们没有在近现代找到这种货币实践的案例，因此尚无法评判其效果。但随着计算机技术、网络技术的进步，20世纪下半叶开始出现了一些非主权数字货币的尝试，它们不是前文中的主权信用货币的数字化，而是用技术手段另行发行的一种新的数字货币——当然，目前看它们仍然不是严格意义上的货币，准确地讲是货币的尝试。这些非主权数字货币也会和主权数字货币一样，面临一些相似的问题，比如要实现真实性、匿名性等，所用的技术也类似。但是，非主权数字货币还面临一个新的问题：它们并不是由主权政府下的货币当局（央行）统一发行，而是由市场上的各种商家发行，但这又面临不稳定的问题。能否再往前走一步，干脆就不要发行人？货币本质只是欠条，只要有一个足够可靠的记账系统，记下大家相互交易而形成的"账"，便能实现货币的功能，所以并不一定需要所谓的发行人来实现去中心化。这种思路，通过区域块技术的应用基本实现了，体现为以比特币为代表的非主权数字货币。

区块链不是一项单一的新技术，它其实是用一些数学方法将过去的一些技术集成，从而实现了一些功能。这里的技术包括分布式网络、不对称加密、共识机制等。

1. 分布式网络

我们先引入分布式网络。去中心化的货币不再有统一发行人，而是由众多完全平等的参与者共同维护整个体系。建立基于分布式网络的记账系统，将所有的参考者视为一个节点（P），那么整个体系所有节点就构成一张庞大的 P2P 网络。所有的交易行为，全部被一五一十地记录下来，并在每一个节点上存储完整备份，以此便能够将所有交易产生的账全部记录下来。这非常类似于一个自治团队，因此就需要一些自治的规则来让大家共同遵从（并且有强制手段保证大家共同遵从规则，因为我们不能事先保证所有参与者都是好人），这样才能让整个系统运行顺畅。这便引出了共识机制。

共识机制来自经典的拜占庭将军问题，这是分布式系统面临的一个天然问题。拜占庭帝国幅员辽阔，将军们驻守各地（类似 P2P 网络中的一个个节点），需要相互通过信使传送信息，以便达成一些统一的军事行动。比如某将军提出来大家一起攻击某敌军，派出信使通知其他将军，如果其他大部分将军响应，则能取胜；如果响应的将军太少，则可能打不过敌军，最好不要行动。但将军中如果有叛徒（称为"不可靠节点"），就可能会故意发出错误信息（向不同将军发送进攻、不进攻的信号），从而破坏统一军事行动。如果叛徒比例不高，大部分将军都统一采取行动，那么不会影响最后战果（即有一定的容错机制）；但如果叛徒比例过高，就达不成统一行动的效果，军事行动就会失败。还有个问题是，由于过程中间需要信使，所以如果叛徒有能力修改路过他那边的其他将军的信使所传递的信息（称为"不可靠通信"），那么有可能叛徒的破坏力就因此而增大了。因此，由于不可靠节点、不可靠通信的存在，所有将军都害怕收到的信息是假的，大家都不敢贸然行事，最后就无法就统一行动达成共识。这一问题的本质，是节点做出恶意行为的成本很低，进而让通信变得不可靠，这些问题在共识机制下得到一定程度的解决。

2. 不对称加密

我们用不对称加密技术解决不可靠通信的问题。不对称加密技术包含一对密钥对，即公钥和私钥，公钥是密钥对中公开的部分，私钥则是非公开的部分。用公钥加密数据就必须用私钥解密，用私钥加密数据也必须用公钥解密。而传统的对称加密，是指只有一个密钥。在对称加密下，收发信息的双方都要掌握同一个密钥，发信息的人加密，收信息的人解密。但在分布式系统中，所有人都是收发信息的一员，如果大家都掌握了同一密钥，那密钥就相当于公开了，那还有加密的意义吗？所以，对称加密对分布式系统无效。这里就需要不对称加密，用公开的收信人公钥加密，但收信人用仅自己知道的私钥解密。

不对称加密主要依赖于单向函数而实现。单向函数是指给定一个自变量，很容易算出因变量，但给定因变量，却很难倒算出自变量。也就是，这是一种很难处理成反函数的函数：

（1）已知 x 很容易算出 $y = f(x)$，但已知 y 很难算出 $x = g(y)$。

（2）$g(\cdot)$ 是 $f(\cdot)$ 的反函数。

利用这样的函数，很容易构建不对称加密。以经典的 RSA 算法原理为例，这一算法基于一个很容易理解的单向函数：两个巨大的质数相乘很容易计算，想把这个乘积分解为两个质数却很难。方法如下。[1]

假设 A 和 B 两人要相互通信。B 是发信人，A 是收信人。他俩相当于分布式系统中的两个普通节点，所以不能用对称加密。整个过程分以下几步：

---

[1] Tiny 熊. 非对称加密技术——RSA 算法数学原理分析 [DB/OL]. (2017-11-16). https://www.cnblogs.com/tinyxiong/p/7842839.html.

（1）A 随机取大质数 $P_1 = 53$，$P_2 = 59$，那么 $N = 53 \times 59 = 3127$。但从 3127 出发很难倒算出它是由哪两个质数相乘得到的。

（2）然后会用到欧拉函数。取 N 的欧拉函数 $\phi(N) = 3016$。

欧拉函数 $\phi(N)$ 的输出结果是 1 与 N 之间（包括 1，不包括 N）有多少个正整数与 N 互质。很显然，一个质数的欧拉函数值就是自己减 1，因为所有小于它的正整数都与它自己互质。欧拉函数有一个乘法性质，即 $\phi(ab) = \phi(a)\phi(b)$。所以，

$$\phi(N) = \phi(53)\phi(59) = 52 \times 58 = 3016$$

（3）取 $e = 3$（介于 1 和 $\phi(N)$ 间的一个质数，并且和 $\phi(N)$ 互质）。这个 e 等一下要用在公钥里。

（4）求 e 关于模 $\phi(N)$ 的模反元素，命名为 d。这个 d 等一下要用在私钥里。

模反元素的定义：如果 $ed - 1$ 能被 $\phi(N)$ 整除，那么就称 d 是 e 的关于 $\phi(N)$ 的模反元素；或者换个说法，ed 除以 $\phi(N)$ 后，余数是 1；再换个说法，ed 和 1 对模 $\phi(N)$ 同余，即 ed 和 1 分别除以 $\phi(N)$，余数是相等的，都是 1。记为：$ed \equiv 1 \pmod{\phi(N)}$。于是，求得 $d = 2011$。

这时，A 还可以销毁 $P_1 = 53$，$P_2 = 59$。

（5）用公钥加密。A 只将 $N = 3127$，$e = 3$ 作为公钥，对外公开。公钥一般写成 (N, e)，即 $(3127, 3)$。

假设 B 需要将明文 $m = 89$ 发给 A，就用 A 的公钥将明文加密，加密算法为

$$c = m^e \bmod N = 89^3 \bmod 3127 = 1394$$

即明文 m 的 e 次方，再除以 N 求得余数，这个余数就是用 A 的公钥加密后的密文。于是 B 向 A 传送密文 $c = 1394$。

（6）用私钥解密。A 收到 c 后，使用自己的私钥解密，算法为

$$c^d \bmod N = 1394^{2111} \bmod 3127$$

这样就能得到明文 $m = 89$。

依靠这种非对称加密技术，就能够实现在分布式系统中传送加密信息，不会被篡改、截获。比特币使用的是另一种不对称加密算法，即椭圆曲线签名算法（ECC）。而且，非对称加密还可以让 P2P 网络中的其他任何人验证 B 是发信人。B 只需将一段信息用私钥加密，公告出去，大家便能用 B 的公钥解密它，从而验证这个信息确实是 B 的。这样，A 也不用担心收到的 B 的信息其实是其他人伪造的。

实现了加密传送信息之后，就基本解决了信息的可靠性，有助于达成共识。首先，做决策时，得有一个将军出来率先宣布他的进攻提议，然后大家回答自己同意还是不同意，并且把各自的观点送达其他所有人。这里就需要给出一个时间段，以便让大家在此时间内把各种信息传送到位。然后大家可以放心地相信这些收到的信息未被篡改，比如看到大部分人都说"进攻"，那么大部分忠诚的将军就按约定的时间一起进攻以取得胜利。而如果整个网络中，大部分将军是反叛的，那么他们有可能一开始就回答说"不同意进攻"，最后大家无法达成进攻的共识；或者他们一开始假装同意进攻，但到了约定进攻的时候却没进攻，导致其他忠诚的将军失败。可见，只要分布式系统中大部分节点是诚实的，只有少数是叛徒的时候，就不影响大家达成共识。所以，这样的网络就会有一个容错机制，中间出现小比例的不可靠节点并不影响整个网络的正常运转。

3. 共识机制

现在，我们还得解决由谁来充当第一位出来提议的将军的问题，这里会需要一些协议。以比特币为例，它采用的是工作量证明协议 PoW（Proof of Work），其设计如下：分布式网络上的每一个分布式节点记录下所有交易，每一段时间的交易组成一个区块，整个区块链由多个区块首尾相连。每个区块包括区块头、区块体两部分，全部交易信息记录储存在区块体中（见图 1-2）。上一个区块记录完毕后，为里面所有交易的信息生成哈希值，并把它作为区块头 Merkle 根。区块头还包括版本、父区块哈希值（上一个区块的哈希值）、时间戳、难度值、nouce[○]等其他信息，但整个区块头信息量不是特别大。

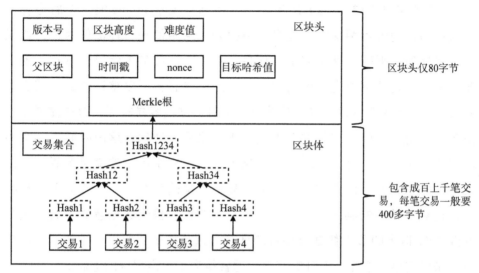

图 1-2　区块头与区块体的信息

哈希值是哈希函数运算的结果。

哈希函数的功能，是可以把任何输入信息转化成固定长度的一串输出值，这个输出值就是哈希值。比如比特币中用的是 SHA256 函数，能把任何输入信息输出为 256 位的哈希值。

哈希函数还有几个特点：①单向性，很容易算出哈希值，但从哈希值很难算出原输入值；②雪崩效应，输入值出现一点点变化，输出的哈希值就面目全非；③输出唯一性，不会有两个输入值计算出来同一个哈希值。

哈希函数主要用于验证数据的准确性。比如我们下载一个大文件，下载过程中容易出点小错。那么下载网站还会公布这文件的哈希值，我们下载完文件后，进行哈希运算，看看算出来的哈希值是不是和网站公布的一致。若一致，就说明下载过程中没有出错。

在区块头中，时间戳、难度值、nouce 与"挖矿"有关。先确定目标

○ 在密码学里，nouce 是指一个只使用一次的数字。

值,即最大目标值/难度值。其中,最大目标值是一个固定的常量。难度值则是一个会根据过去一段时间的挖矿情况来自动调整的量。然后,矿工们(都是节点上的参与者)用穷举法,不断地变换 nouce 值,然后把整个区块头的信用进行两次哈希运算,将得到的哈希值与目标值做对比,如果小于目标值,则矿工就完成了工作量。然后,这位矿工就可以宣布大家记账……也就是那位首先提议的将军。别的参与者也可以拿这位矿工找到的 nouce 值进行哈希运算,看看其结果对不对,这很容易验证。每次完成工作量需要一定的时间,在每次有人完成工作量后,他就把这段时间内的交易汇总成一个区块,写入区块链中。整个计算过程中用到的就是穷举法,没有任何技术含量,但成本不低,需要耗费大量的计算力。完成的矿工最终可以得到比特币的奖励。因此,在参与中撒谎、篡改数据意义不大,因为修改 50% 以上的节点数据所耗费的计算力远超挖矿,所以还不如老老实实挖矿来得实惠。这样,不可靠节点问题就得到了一定程度的遏制。

最终,那位首先完成计算的矿工会得到一定数量的比特币。而整个系统将最终的比特币总数预先进行了设定以保证其稀缺性,它绝不会通胀,但长远看必将通缩。这里,我们可以发现一点微妙之处:将货币预设为一定数量以保证其稀缺性,这本身就有着浓郁的货币商品论思维,而不是货币名目论的思维。在货币名目论中,货币并不是商品,而是纯信用的、是欠条,它的数量绝不会是相对固定的,而是会随着经济活动起落,且可人为调节。因此,比特币的这一特点使其并不像现代信用货币,反倒更像"数字黄金",那个精美的分布式记账系统记录了大家之前用数字黄金所做的交易,所以其突出贡献是在网络世界中实现了一般等价物的功能。而真正实现非主权数字货币,是要让大家相互之间的账本身成为货币,而不再需要一般等价物的介入。

当然,比特币及其他货币反映的是人类在探索更完美的货币制度过程中所付出的努力,它现在或许还不完美,甚至还称不上是真正的货币,但人类探索未来的脚步不会停止。

| 第 2 章 |

银行的基础

上一章我们了解了货币的本质,以及它的起源与演进,并一直介绍到现在最新的数字货币成果。本章引出本书的第二个主角——商业银行,它与货币是紧密相关的,自己本身就是货币制度的一部分。银行的本质远比看到的存款、贷款来得复杂。我们先在 2.1 节介绍其起源,通过其起源了解其本质;2.2 节则介绍现有银行业的格局;2.3 节详细阐述我们现行的"中央银行—商业银行"二级银行制度,这也是我们现行的货币制度;最后在 2.4 节以 2019 年实际数据为基础,进行实证测算。

2.1 银行的起源

现代商业银行起源于近代的欧洲,但在古代,各国都会有一些类似的从事银钱业务、放贷业务的商家,他们具体从事的业务种类较多,包括汇款、货币兑换、金银存管、放贷等。这些生意和后来的银行业务有重叠之处,但不完全属于银行业。一般将发行存款货币(即派生存款)作为现代商业银行出现的标志,现在已经很难考证这个过程最早出现在何时,但现代各国的商业银行的蓝本,则是在文艺复兴之后起源于意大利的近代银行,当时主要是在威尼斯、佛罗伦萨等商业中心。由于各国商人汇集，有较多货币兑换需求，于是这类银行发展出专门从事货币兑换的业务，并逐渐进入放贷等领域，而后一路演变至今成为现代商业银行。

我国明清时期出现了很多传统钱庄、银号、票号，它们已经比较类似商业银行，主营汇款、兑换等业务。其最早的起因，是我国货币制度在历史上一直较为混乱，明代曾一度发行接近现代主权信用货币的大明宝钞，但后来由于超发而面临较大通胀压力，随后政府逐渐放开民间使用银钱，并可自行铸造，于是市面上出现了各种成色、规格的钱币，不同钱币之间有不同的比价，交易不便。于是专营钱币兑换的商业模式应运而生，其称谓五花八门，包括钱店、钱庄等。起初这些钱庄并不是专营钱币兑换业务，一般是从事其他生意的商家因为信誉较好，实力较强，才为满足自己客户需求而顺便帮他们兑换。大约在明末，形成了专营这一生意的钱庄。至清末，形成了上海钱庄、山西票号等一批较有代表性的传统金融机构。但在清末当近代银行在国内出现之后，这些旧式机构未能及时转型，而后逐渐被历史淘汰。

和介绍货币起源与演进时一样，我们也可以从中外这些类银行金融机构的演变过程中，抽象提炼出一般规律。它有别于史实，但有可能更加接近底层的逻辑。而更加精彩的史实，可参考有关的银行史文献。我们将这段漫长的银行演进史提炼为"商—汇—存—贷"。我们用一家山西票号为原型来介绍银行的起源与演进。

1. 商—汇

假设这家票号总部位于山西平遥，原本并不从事金融业务，而是做贸易的。它在全国的一些大城市开设有分号，分号负责从当地采购货物，也负责将外地运送过去的货物在当地出售。由于生意做得大，各分号资金吞吐量较大，因此在各分号都会存放一定量的资金。这里的资金是指当时的国家货币——银两。在当时的交通条件下，长途运送大量银两是很麻烦的事，成本高，路上还会面临一定的危险。某日，平遥当地的一位商人（他是这家票号的客户）要去遥远的北京采购一批货物，他觉得长途携带大量银两过于危险，而他知道票号在北京有分号，那里肯定也有银两。于是，他来到票号总部，跟他们说："我要携带 1 万两银两去北京采购货物，可路途遥远，过于危险，能不能把银两放到你们总部，你们给我签发一张银票？我拿着它到了北京，去你们当地分号用这张银票取出银两，并愿意为此支付手续费。"票号一听，觉得自己本身并不承担什么风险，而且几乎没什么工作量，还能白赚一笔手续费，所以就答应了。于是票号收下银两，并开出一张银票，上面写下"持票人在本号存有白银 1 万两，可凭本票至本号任一分号提取"的字样。

然后，商人就携带着这张轻便的银票，出发去北京了。到了当地，他便可以去票号的北京分号将白银取出，在当地市场上采购货物。可见，这家平遥的票号原本并不是从事汇兑业务的，但是它在全国有分号，各地分号都存有一定的银两，而客户也信任它，相信把银两交给它之后，一定能在分号中提取出来。因此，是渠道、信誉等多种因素的驱使，让票号逐步介入了汇兑这门生意。以上便是票号从商业向汇兑业的一步转变。

2. 汇—存

商人拿着银票抵达北京后，他可以去票号的北京分号取出银两，用于采购。但他在当地有一个发现，就是这家票号在当地信誉非常好，市场上的商人们都非常信任它，在出售货物时，可以接受银两，也愿意接受这家票号的银票。也就是说，商人都不需要去取出银两，而是可以直接把这 1 万两的银票，当作 1 万两白银一样支付出去。这非常方便，于是商人也懒得去提取银两了，而是直接拿着银票慢慢挑选货物。这便是现在所谓的汇款在途资金或沉淀资金，也就是最初的存款。

3. 存—贷

当票号的汇兑业务越做越大，更多的商人来请他们帮忙汇款之后，票号里面存入了越来越多的银两。这些持有银票的客户有时会来提取银两，有时则是银票被支付出去之后，收到它的人来提取银两，但有更多的银两却一直不被提取，一直沉淀下来。值得注意的是，存款和存管的一个重大差别就是存管可能是客户要取回原物，而存款则不需要。提取存款时客户只需要取回相同价值的货币，而不是原来那笔存入的银两。时间一久，票号就慢慢总结了一些银两存取的规律，比如区域上的规律：A 地的特产上市时，B 地（是 A 地特产的主要销售目的地）的商人便会往票号里存钱，然后拿着银票前往 A 地采购，当地出售特产的商人出售了货物，拿到银票，就会有一定比例来提取银两。或者是时间上的规律：春夏之交，大家出门做生意、前来存放银两的人居多。到了晚秋，大家慢慢有了收成，开始陆续收回资金，来提取银两的人会多起来。最后，票号有把握相信，在某些时段，某些分号的一定比例的银两是不太可能被客户提取的，于是票号可"偷偷"使用这些银两，用于它自己的生意，或者干脆用于放贷。

接上面例子中那位在北京采购货物的商人。他在北京市场待了一段时间后，发现这次好货很多，可惜只带了 1 万两银票，无法采购更多货物。他想扩大采购，于是，就去找了票号北京分号，准备向他们先借些银两，用于采购更多货物，待运回平遥后出售，再到票号总部去连本带息偿还贷款。这边分号的人也非常熟悉这位老客户，了解他为人诚信、信誉良好，于是便答应了，并从库存银两中拿出 1 万两，借给了这位客户。这样，贷款业务便产生了，这项业务基于两项条件：一是票号有多余的资金可供放贷，这些资金很多来自客户存款，二是因为这位客户长期在票号做结算、存款，票号充分了解这位客户。因此，存款业务不但为票号提供了资金，也提供了关于客户的信息用于放贷。

但是，拿银两去放贷是一种非常古老的行为，并不是什么发明创造，这和现代商业银行还完全不一样。假设客户问票号北京分号借钱的那一天，刚好分号将主要的资金也投入了生意之中，店内已经没什么库存银两了，那么还能不能借钱给客户？在古代，没钱了自然是无法去放贷了，但是这家票号不一样。因为前文已提及，票号在当地的信誉非常好，大家都愿意接受它开立的银票，银票能直接充当货币。所以，当客户来向它借钱时，它不需要拿出真金白银，而只需要再签发一张一样的银票给这个客户，金额1万两，客户则交付一张借钱的字据，然后就可以拿上新签发的这张银票，去市场上采购新一批货物了。

此时，出现了一个非常有意思的地方：票号开出来的银票总额，可能已经超过它真正拥有的银两了，至少在开立银票的那一刻是这样的。也就是说，外面流通的银票，声称一共在票号存有多少银两，而现实中票号并不拥有这么多银两。这仿佛是一个"骗局"，但就是在有了这个骗局以后，现代商业银行诞生了。这便是货币的派生，那些超过真实银两的银票，就是"银行存款货币"。这一点，我们在上一章的货币起源与演进中已有提及。

至此，票号从最初的从事商业贸易，开始借助自身的渠道、信誉优势帮客户做汇兑，而这又使货币在它们那里沉淀，形成了稳定的存款。有了存款以及所掌握的客户信息，票号可以向客户发放贷款——可以把真金白银借给客户，也可以借给他一张新的银票，而不用动用银两。而开出去的新银票背后并无真实银两，却被人们当货币流通，从而扩大了整个货币流通量。最后，票号从贷款处收取利息，向存款人支付利息，两者形成利差，便成了票号的主要收入。

这便是现代商业银行大致的起源与演进。当然，现实世界更为复杂，可能因种种原因打破了这种演进链条，比如我国便是参照西方银行制度，一步到位建立了现代商业银行。下一节我们将介绍真实的中美银行发展史。

2.2 现代银行业格局

上一节以一个抽象的例子，介绍了现代银行业的起源与演进。这一例子从我们的史实中抽象出来，它并不完全是虚构的，但也经过了一定的简化提炼，以便呈现其中的一般规律。事实上，真实的历史错综复杂，国内外现代商业银行的发展受政治、经济、文化多方面因素影响，经历了漫长的演化进程，最终达到了我们目前所看到的行业格局。本节将简要地介绍中国、美国的现代银行业发展史，而中美两国分别形成了政府主导的国家银行体系和市场主导的自由银行体系两种典型。

2.2.1 中国银行业发展史

中国旧式的钱庄、票号经营的业务与商业银行已经非常接近，但遗憾的是，种种原因导致它们未能成功演化为现代商业银行。中国现代商业银行的最早起源其实是清末西方列强在国内开办的外资银行，而后民族企业家开始开办中资银行。这些中资银行一直延续至今，不断发展变革，最终形成了我国当代银行业的格局。

1. 中外资银行的起源与初步发展

鸦片战争之后，清政府允许五口通商，上海等城市被迫开埠，外资银行开始在中国设立分支机构，起初为对外贸易等经济活动提供金融服务。目前所能查证的最早进入中国的外资银行是英国的丽如银行（Oriental Bank，又称东方银行），这也是我国出现的第一家现代商业银行。该银行总行设于印度孟买，原名西印度银行（Bank of Western India），后来与锡兰银行（Bank of Ceylon）合并，改名为丽如银行。丽如银行是英国皇家特许银行，也是英帝国主义侵略、殖民亚洲的金融先锋，分别于1845年、1848年在香港、上海设立了分行，主营英国、印度、中国之间的汇兑业务。它获得英政府授权特许经营，在中国拥有发行银行的资格，在香港、上海发行大量银行券（钞票）。但因贷款业务经营不善，该银行于1884年退出中国，重组后改名为新丽如银行（New Oriental Bank），后于1892年因外汇投机失败而在伦敦倒闭。

丽如银行开创了外资银行在中国开设分行的先河，后来就有不少外资陆续进入中国，包括麦加利银行、汇丰银行、花旗银行等，多达数十家，包括英、法、俄、日、美等国的银行。它们除了继续为外贸提供金融服务外，也开始为清政府融资，对我国经济的控制力不断增强。这些银行有些至今尚存，有些则已消失在历史长河中。

国内民族工商业发展起来后，对金融服务的需求增加，尤其是铁路等一些重大建设项目急需资金，旧式的钱庄、票号已经无法满足近代工商业的需要，只能任由外资银行巧取豪夺。因此，国内一些有识之士开始提出按照西方的银行制度开设自己的银行，比如洪仁玕、唐廷枢等人先后提议过开办中国人自己的银行，但未能实现。传统钱庄、票号业内也有一些有远见卓识的人士提议将票号转型为银行，比如清末民初的山西票号经理人李宏龄，曾在其晚年著作《同舟忠告》和《山西票商成败记》中记述了他倡议山西票号组建银行的过程，但未得票号响应。在这个关键的历史时期，我国旧式的钱庄、票号并未抓住这个时机转型为商业银行，最后逐步式微并最终被历史淘汰，成为我国金融史上的一大遗憾。因此，我国现代商业银行与早先的银行雏形之间几乎没有演进传承关系，而是完全参照西方商业银行新组建的。

几经周折之后，我国第一家中资银行中国通商银行最终于 1897 年成立。时任督办铁路大臣的盛宣怀奏准清廷，开办了中国通商银行。中国通商银行向社会募集资本，其中宁波商人叶澄衷、严信厚、朱葆三等人是该行的创办人与大股东，但银行实际上由盛宣怀控制。该行向清政府、洋务运动中的官营企业等吸收存款，也发放贷款支持了洋行、钱庄、近代工业、私营企业等，并获清政府户部批准发行纸币，对国民经济发展有一定的贡献。

随后不久，清政府也开始开办国家银行。其中，户部银行、交通银行两家国家银行分别于 1905 年、1908 年开办。户部银行是中国最早的中央银行，是清政府在参考当时国外中央银行的基础上开办的，其资本一半为官股，一半为私人认股，并在全国主要城市开设分行。1908 年，清政府颁布《大清银行则例》，户部银行改名为大清银行，正式履行中央银行职能，从事发行货币、代理国库、经办公债等业务，后于民国初年改名为中国银行，一直延续至今。交通银行则是由邮传部创办的银行，主要办理轮船、铁路、电报、邮政四种事业的款项收付，同时也办理商业银行的常规业务，以便集中管理这些事业的相关资金，同时集中的资金又可用于发展这些事业。而后其他中资银行陆续开办，我国开始进入中外银行同台竞技的格局，但外资银行的实力依然具有压倒性优势。

1911 年，辛亥革命爆发，推翻了清政府统治，但由于革命并不彻底，中国依然没能摆脱半殖民地半封建社会的现状，国内金融经济情况没有实质性改观，银行业依然延续了清末的格局。外资银行主要分布于上海，而中资银行则主要开办于北平、天津，经办的业务与政府高度相关。北洋政府分崩离析后，全国陷入军阀混战，这时上海的租界相对稳定一些，政治经济环境也较为自由，而北平、天津的中资银行失去了所依附的政府，于是陆续将总行迁往上海。尤其是1927年南京国民政府成立后，在上海建立了中央银行，中国银行、交通银行也迁至上海，上海金融中心的地位渐渐形成。从国民政府成立至1937年抗战全面爆发的这十年间，中国经历了一段相对稳定的经济发展时期，工商业有一定发展，需要各类金融服务。此时，上海滩上中外银行扎堆，旧式钱庄还没退出历史舞台，竞争开始加剧。

最终的竞争结果是中资银行全面胜出。至 1937 年，上海共有 54 家银行的总行，128 家分支行，均居全国城市之首。中央银行、中国银行、交通银行、中国农民银行四大国家银行的实收资本总额 1.675 亿元，在全国各地有 491 个分支机构，放款总额为 19.139 亿元，占全国各银行放款总额的 55.2%，存款总额为 26.764 亿元，占全国各银行总额的 58.8%。上海 36 家中资商业银行，在全国各地共有 278 个分支机构，占全国商业银行分支机构总数的 68.1%。㊀

中资银行在竞争中占据上风，有主客观多方面原因。客观原因，一是1925 年上海爆发光荣的五卅运动，工人举行大罢工以反抗外资企业的压迫，这沉重地打击了外资工商业，为外资工商业服务的外资银行也被牵连打击，汇丰银行等银行均遭受不小损失；二是从 1929 年开始，西方爆发了严重的

㊀ 吴景平. 近代上海金融中心地位与南京国民政府之关系 [J]. 史林，2002(02).

经济危机,并且愈演愈烈,外资银行受到影响,已无力在中国扩张业务(但也有在华经营得不错,反而借机获得成长的例子,比如花旗银行)。经济危机波及中国后,在华外资银行和旧式钱庄受到较大打击,反而中资银行受影响相对小,其市场份额逐步上升。1925年,中资银行与外资银行的资本与公积大致相当,后者略高。可到了1934年,后者仅占前者的44%左右,市场格局大幅扭转。此外,为了集中动员全国资源应对抗战之需要,国民政府实施战时统制政策,从而统制了银行,客观上也帮助中资银行继续做大实力。

主观方面,中资银行经过几十年的经营发展和市场竞争洗礼,已经逐步掌握了银行经营与管理的方法,在很多方面超越了外资银行。很多中资银行在服务与产品上勇于创新,竭诚服务,关注实体,受到市场认可,获得了很好的发展。常被引用的成功案例是中资私营银行上海商业储蓄银行,由陈光甫创建并担任总经理,它成立于1915年,起初资本仅20万元。上海商业储蓄银行把客户服务做到了极致,强调"服务社会"(与如今的"服务实体"异曲同工),并且一反当时的银行业传统,热情地覆盖小微企业与个人客户,提供小额账户服务和小额消费与经营信贷。该银行还送银行服务上门,主动到部队、工厂、学校等单位设立服务站,提供存款、结算、发放工资等服务,产品也推陈出新。该银行还非常注重员工培训与管理。在全行上下的共同努力下,上海商业储蓄银行最终发展成为当时规模最大的私营银行。这些经验即便放到今日,仍然对我国当代银行经营有重要参考意义。

这一时期,中国共产党领导中国革命的同时也创办了一些银行,以满足根据地经济工作的需要,其中主要目的是将农民从高利贷盘剥中解放出来并普及一些基本的金融服务。中国共产党成立初期便提出创办工人、农民自己的银行或合作金融机构的想法并将其付诸实践,比如创办了安源路矿工人消费合作社(1922年)、萧山衙前信用合作社(1924年)等。1926年,中国共产党创建了第一家农民银行,即湖南省衡山县柴山洲特别区第一农民银行，但后来被反革命势力捣毁，并有行员在斗争中牺牲。而后，中国共产党又陆续在革命根据地成立江西工农银行、闽西工农银行等。1932年2月，中华苏维埃共和国国家银行成立，江西工农银行随即停止工作，与闽西工农银行共同组建为中华苏维埃共和国国家银行。1937年，经长征战略转移至陕北后，中华苏维埃共和国国家银行西北分行改组为陕甘宁边区银行。抗战期间，各根据地继续成立其他银行。解放战争期间，随着革命形势变化，不少解放区连接成片，不同根据地的银行逐步合并，最终于1948年在石家庄成立中国人民银行，并发行统一的货币人民币。1949年2月，中国人民银行由石家庄迁至北平。

2. 新中国接收改造银行业

1949年新中国成立后，旧中国银行体系的部分人员携资产逃往台湾，留在大陆的部分被人民政府接收，并逐步改造成为新中国银行体系的一部分。同时，人民政府也着手建立了一些新的银行业机构，新中国银行业格局逐渐成形。客观而言，我国在清末已经建立了国家银行，抗战时期国民政府因实施战时统制而加强了对银行业的控制，并一直延续下来，直到这一体系被人民政府接收，而它刚好又能适应建国初期的快速工业化的需要。因此，我国银行业符合较为典型的国家银行体系，并且在战时经济统制时期至改革开放后的金融体系改革之间的这段漫长时期内，又是典型中的典型。

新中国成立前夕，人民政府首先将自身建立的几家银行组建为新政权下的中央银行。1948年12月1日，以华北银行为基础，合并北海银行、西北农民银行，在河北石家庄组建了中国人民银行，为新中国成立后的中央银行，并发行人民币，为新中国的法定本位币。同年，中国银行成为国家的外汇专业银行，由人民银行领导。1951年，中国农业银行的前身农业合作银行成立，在人民银行领导下服务农村经济，而后与人民银行"三分三合"。1958年，交通银行除香港分行和逃往台湾的部分外，大陆业务分别并入人民银行和新设立的中国人民建设银行（现中国建设银行），但中国人民建设银行主要办理国家基本建设资金的拨款、管理、监督等事务，并不算是严格意义上的银行。而从旧中国接收的其他各家银行、钱庄（统称"中小行庄"）等，陆续转成公私合营银行，并最终并入人民银行、中国银行等，成为新中国金融体系的一部分。⊖ 至此，以单一一家人民银行从事几乎所有中央银行、商业银行业务的大一统银行体系形成。

彼时，人民银行由政府高度控制，同时办理中央银行、商业银行业务，其贷款投放等业务均受国家控制，这一模式用现在的眼光来看不是真正的商业银行的模式，但其实是符合当时快速建立工业体系的实际需要的。新中国成立初期，百废待兴，除恢复生产生活秩序之外，还有一个急迫的任务就是尽快建立工业体系。建立工业化体系需要投入大量的资本，在当时一穷二白的背景下，只能靠老百姓"勒紧裤腰带"省吃俭用积累资本，而大一统的国家银行体系是当时用来实现这种资本积累的有效手段。具体而言，国家银行（也就是人民银行）实行相对较低的存款、贷款利率，以较为低廉的成本从居民收集资金，然后再以较低的利率向国家主导的工业部门发放贷款。通过这种方法，国家银行体系动员了社会资金集中用于工业部门建设，并且政府将其利率控制在一个相对较低的水平，以便支持工业化初期建设。很显然，这一体系本身就是计划经济的一部分，资金和其他生产要素（劳动力、农产品等）一样，以相对低廉的成本被人为地配置到工业部门，从而实现"赶超经济"，快速实现工业化。在这个过程中，与国家银行体系相配合的还有一个庞大的国有工业体系。从最终的实施效果来看，这套国家银行体系实现了其既定目标，我国在新中国成立后确实较快地实现了初步工业化，为后续的经济腾飞奠定了工业基础。

新中国成立后银行业另外一件不那么引人注目却也十分重要的事情，是在全国各地开办农村信用合作社（简称"农信社"）。我国农信社最早可追溯至 1923 年 6 月，"中国华洋义赈救灾总会"在河北香河组织了我国第

⊖ 张徐乐. 生存与消亡：上海私营金融业的公私合营 [J]. 当代金融家，2006(3).

一家农信社。[一]在新中国成立前夕，为帮助广大农村的农民改善生产生活，人民政府高度重视农村金融工作。1951年5月，人民银行召开了第一次全国农村金融工作会议，决定大力发展农村信用合作社，以便帮助农村摆脱高利贷盘剥，同时也能为农民提供基本的结算、存款等金融服务。随后，全国各地开始组织农民成立农信社，其数量快速增加，截至1956年，农信社数量达到16万个，覆盖了全国80%的乡，使农村基层有了基本的金融服务。虽然当时没有"普惠金融"这一提法，但全国农村开办农信社的工作确实是发展中国家推广普惠金融的成功案例。

在随后的几十年中，农信社的发展经历了"几放几收"的周折。"放"是指将农信社下放给人民公社、生产队管理，真正实现自主经营，这本身也是合作制的初衷，但由于当时客观条件并不具备，出现了一些混乱。"收"是指将管理权收回并划归国家银行，农信社成为国家银行的基层机构，呈现了"官办化"倾向。农信社的最终改革方案迟至进入21世纪之后才得以最终确定，农信社陆续改制为农村商业银行。

在新中国成立至改革开放后金融体系改革这一段时期内，我国基本上维持了以人民银行为主的国家银行体系，辅以广大农村的农信社体系，为当时的工业发展、城乡居民生产生活提供了相适宜的金融支持。

3. 金融体制改革后的银行业发展

1978年12月，党的十一届三中全会召开，改革开放的伟大历程开启，计划经济开始向社会主义市场经济转轨，原有的由国家高度控制的国家银行体系逐渐不再适应新的发展阶段。1979年10月4日，邓小平在出席各省、市、自治区第一书记座谈会时特别指出："必须把银行真正办成银行。"[二]银行业改革进程在20世纪80年代初正式开启。1984年，人民银行的商业银行业务单独分设为中国工商银行，加上原来从事外汇业务的中国银

[一] 陈俭. 中国农村信用社研究：1951—2010[M]. 北京：北京大学出版社，2016.
[二] 邓小平. 关于经济工作的几点意见[Z]. 1979-10-04.

行、履行基建资金职能的中国人民建设银行，以及1979年恢复的中国农业银行，我国四大专业银行成立，同时人民银行专职行使中央银行职能。到此，我国"中央银行—商业银行"的二级银行体系重新恢复。当然，此时的四大专业银行还称不上是真正的商业银行，经营自主权仍然有限，仍然承担了大量的政策性业务。

同时，这段时间，我国开始开办两类银行业机构，即股份制商业银行和城市信用社。其主要背景是改革开放推进之后，城市的民营企业、中小企业、个体工商户开始蓬勃发展，尤其是在沿海外贸发达的地区、乡镇企业密布的县域等地区，对银行业务产生较强需求，但当时的四大专业银行尚未完成商业化转型，并不具备有效服务广大城乡企业、居民的能力。因此，国家采取了"增量改革"的方式，即先不对原有银行机构进行改革，而是允许各类资本按照市场化原则开办新的银行业机构。

20世纪70年代末，为支持各地中小企业发展，城市信用社开始登上历史舞台。我国第一家城市信用社于1979年在河南驻马店成立。1986年，国务院下发《中华人民共和国银行管理暂行条例》，明确了城市信用社的地位，同年6月人民银行下发了《城市信用合作社管理暂行规定》，城信社明确了各项规则，并纳入监管，于20世纪80年代中期开始快速发展，全国各地积极开办城信社。至1993年年底，全国共有城信社近4800家，总资产达到1878亿元。随后，国家又允许各类资本按照市场化方式和现代股份制开办了股份制商业银行。1987年4月，交通银行按照股份制原则重新组建（目前归类为大型国有银行），同年招商银行、中信实业银行（现中信银行）、深圳发展银行（现平安银行）等陆续组建。此后，其他股份制商业银行陆续创办或由其他机构转制而成。此外，国家还允许开办一些其他类型的银行，比如中外合资银行、住房储蓄银行等，但家数较少，后来大多转制为其他类型。这些新设立的银行业机构，发挥了其本土化优势、股份制机制优势，为原来的银行业注入了活水，显著提高了企业、居民的金融服务水平，助力了改革开放初期的经济发展。

1993 年 12 月，国务院颁布《关于金融体制改革的决定》，我们银行业体系改革继续向纵深推进。在银行业方面，组建了国家开发银行、中国农业发展银行、中国进出口银行三家政策性银行，剥离了四大专业银行的政策性业务，四大专业银行开始转型为真正的国有商业银行。1995 年，《中华人民共和国商业银行法》《中华人民共和国中国人民银行法》等陆续颁布，以国家法律的形式确定了"中央银行—商业银行"二级银行制度。至此，我国现代银行体系才最终得以确立。后续银行业改革的重点任务转向对具体银行机构的重组和商业化改造上来，比如农信社、城信社陆续改制为农村商业银行、城市商业银行，而经营不善的大型国有银行、全国性股份银行陆续进行多次财务重组和股份制改造，最终全部成为现代股份制商业银行。

根据国家金融监督管理总局数据，截至 2023 年年底，我国共有银行业机构 4490 家。其中开发性金融机构 1 家、政策性金融机构 2 家、大型商业银行 6 家、全国性股份制商业银行 12 家、城市商业银行 125 家、农村商业银行 1607 家、农村信用社 499 家、村镇银行 1636 家，另外还有一些为数不多的外资银行、新一批民营银行、住房储蓄银行等。此外被统计进银行业金融机构范畴的还包括财务公司、信托公司等，但本书不将其纳入存款货币银行的研究。

回顾我国的银行业发展史，我国是从清末开始引进西方银行制度，起初开设有国家银行，同时也有市场化的商业银行，但在后续战时经济统制时期、新中国成立后的大一统银行时期，形成了非常典型的国家银行体系，最后又在改革开放后的金融体制改革中陆续开办了其他中小银行，形成了目前较为多元化的银行体系，以满足服务各类企业、居民客户的需要。

2.2.2 美国银行业发展史⊖

美国的银行业发展史跟我国截然不同，在其建国初期也设立过国家银

⊖ 朱怡. 美国银行的早期发展史初探 [D]. 上海：华东政治大学，2007.

行，但很快便形成了非常典型的自由银行制度。

美国在建国之前，即英国的北美殖民地已经有了一些类似银行的实践，包括殖民地政府开办银行发行货币，也包括商人向客户提供信贷，后者可能与其他国家商贸业衍生至银行业的情况非常类似。1775年美国独立战争爆发，1776年，作为十三州临时政府的大陆会议（Continental Congress）发表了著名的《独立宣言》，美国宣告建国。此时，各州的权限很大，州政府在举债、征税等事务上都各自为政，而大陆会议没有征税权，在独立战争中举步维艰，于是有人提出应该集中管理联邦的债务、金融等事务。1781年5月，美国财政总监（Superintendent of Finance of the United States）罗伯特·莫里斯（Robert Morris）提议成立国家银行，邦联议会随即通过了其设立的提案，于是北美银行（Bank of North America）于1782年1月在费城开业。该行的股票是公开募集的，它可能是美国第一家公开募集股票的企业，由私人控股7万美元，大陆会议控股20万美元，职责类似于中央银行，但在主要经营上仍然更像一家商业银行。和很多西方国家一样，国家银行不一定是国有银行，也可能是履行国家银行职能的私营银行或公私合资银行。

北美银行有力支持了独立战争，同时在经营上也获得成功，为股东创造了不错的回报，因此其他资本也开始对开办银行跃跃欲试。随后，各州也开始开办州立银行，服务于本州居民和州政府。至1800年，已经有28家银行在美国各州开业经营。

1789年，美国联邦政府成立。1791年，在美国开国元勋之一亚历山大·汉密尔顿（Alexander Hamilton）的长期争取下，美国第一银行（The First Bank of the United States）成立，作为国家银行，它继承了北美银行的业务，并被国会授权经营20年（1791～1811年）。美国第一银行作为政府代理国库，同时也经营日常的存款、贷款业务，并不算严格意义上的中央银行，但它履行了中央银行的不少职能。而由于当时美国国内对政府控制怀有高度警惕，政治文化上崇尚自由，因此国家银行的设立经历了激烈的争议，甚至就《宪法》中是否赋予联邦政府组建国家银行的权利进行了长久的争论，反对者坚持认为国家银行违宪。争议的持续，导致其授权期结束后，续签牌照未得通过，美国第一银行因此而到期清算关闭。

美国第一银行清算关闭后，美国金融业陷入混乱，而刚好1812年美英战争爆发，财政开支巨大，因此急迫地需要重新设立国家银行来支持财政支出。1812年，美国第二银行（The Second Bank of the United States）成立，同样被授权经营20年。同样，美国第二银行仍然饱受争议，最后也是在授权到期后寿终正寝，于1836年正式结束经营。

而在这段时期内，美国各地继续开设州立银行，至1836年，银行数量已达到600多家。1837年、1838年，密歇根州、纽约州颁布《自由银行法》（Free Banking Act），美国的国家银行时代结束，迎来自由银行时代，任何能够拿出最低资本要求的人，在符合一些其他条件之后，就能开设银行。其他州纷纷跟进。于是，除了大量的州立银行之外，私人资本开设的银行也大量增加，政府对银行事务基本上放手不管。1864年颁布了《国民银行法》（National Bank Act），财政部下设货币监理署（OCC），银行可向联邦政府注册为国民银行。至此，美国形成了银行业的两级管理制度，国民银行在OCC注册并接受监管，州立银行仍然在州政府注册并接受监管。这期间仍然没有出现中央银行，仍然是较为典型的自由银行制度。于是，美国国内银行林立，竞争激烈，监管难度巨大，众多银行经营情况参差不齐，加剧了经济与金融的波动，银行危机时有发生。

1907年美国再次发生金融危机，终于使美国国内认识到完全放任自由的银行体系有先天缺陷。在这次危机中，约翰·皮尔庞特·摩根（John Pierpont Morgan，J. P. 摩根公司的创始人）召集几家重要的金融机构开会，要求大家一起拿出资金帮助面临挤兑的银行，以向市场注入流动性的方式挽救危机，这使得这次危机的破坏力明显小于过往。成立美联储的灵感正来源于此。于是，经过一系列研究设计，1913年美国国会最终通过了《联邦储备法案》(Federal Reserve Act), 美国联邦储备系统 (Federal Reserve System, 简称美联储或 Fed) 正式成立, 履行中央银行职能。至此, 美国才最终建立了"中央银行—商业银行"二级银行体系。

美联储成立后, 美国的银行体系始终没有发生大的变革, 这一体系基本上延续至今。在此后的 100 多年间, 美国银行体系主要沿两条脉络发展: 一是在其成立初期仍然小银行林立, 在后续很长一段时间内采纳的仍然是集中度很低的自由银行制度, 无论美联储如何努力仍然不能消除每隔几年发生一次的金融危机。因此在一次次危机洗礼下, 大量银行倒闭、被兼并, 行业集中度不断提升, 最终也形成了类似我国这样的四大行的格局, 整个银行体系的稳定性在不断提升。二是监管部门多次调整具体监管要求, 比如跨区经营、跨业经营等, 从多次危机中吸取经验, 不断调整对银行的监管内容。重要的几次调整包括 1929 年经济危机之后, 有观点认为银行参与股市投机是造成危机的原因之一, 因此 1933 年颁布了《格拉斯 – 斯蒂格尔法案》(Glass-Steagall Act), 实施了严格的分业经营制度。金融自由化浪潮开始后, 1994 年颁布了《瑞格 – 尼尔法案》(Reigle-Neal Act), 允许银行跨州经营和开设分支机构, 1999 年《格莱姆 – 里奇 – 比利雷法案》(Gramm-Leach-Bliley Act) 颁布, 允许银行业重新进入混业经营。

2.2.3 国家银行体系与自由银行体系

国家银行体系主要分布于东亚, 以我国为代表, 日本、韩国等有过类似的制度。而自由银行体系则主要以美国为代表, 尤其是在美国第二银行关闭至美联储成立的 70 多年间所实行的, 是人类历史上实行过的较为典型的自由银行体系。当然, 在现实中, 所有国家的案例并不能被绝对归类, 大部分国家都有过国家银行、自由银行方面的实践, 只是因各国政治、经济、文化背景不同和历史发展阶段不同, 最后形成了以不同的体系为主的银行体系。

不同的银行体系还衍生出一些不同的行业经营、监管风格。比如，在国家银行体系下，大型的国家银行一般有意无意地披上政府担保的色彩，哪怕政府没有明文宣告过这种担保，居民也可能会因种种原因，相信有这种担保（即隐性担保）。有时，隐性担保甚至被认为也覆盖至其他中小机构，比如我国早期的信用社。在政府担保的情况下，存款人会十分放心地将资金存于银行，也根本不会关心银行经营情况，在此情况下任何监管措施都是没有必要的，比如资本充足率、不良资产率等目前看起来习以为常的监管指标，在当时都是毫无必要的。甚至在有些极端情况下，即使居民知道该行有大量不良资产，已处于资不抵债状态，他们依然会放心地存款，于是这家银行便可以在"技术性破产"的情况下继续平稳经营，我国四大行改制前便是处于这一状态，因为银行和居民都想当然地认为政府会处置这些不良资产。这一状况为银行体系带来超级稳定性，但代价是市场化程度不高，对实体经济的服务力度不足。

而在自由银行体系下情况刚好相反，大大小小的银行遍布各地，新银行开设和经营陷入困境的银行倒闭都是常事，每隔几年还会遇到大的金融危机，有大量银行倒闭，存款人损失惨重。为此，监管当局会设定一些监管指标，尽可能将银行经营维持在一个相对稳健的状态。这一体系的优势是市场竞争激烈，能够促使银行想方设法满足客户需求，金融服务的渗透率明显更高。

不同的银行体系发源自各国不同的政治、经济、文化背景，但经过几百年发展，目前各国银行体系正在趋同，我国银行业市场化水平和服务质量都在不断提升，早已不是纯粹的国家银行体系，而美国的大型银行也在加强监管，也早已不是简单的自由银行体系。本质上，国家银行体系与自由银行体系，意味着对政府与市场关系存在不同的认识理念，进而会影响银行经营与监管的具体措施。后文第 3 章"银行的监管"部分将对此展开进一步的分析。

2.3 二级银行制度

本章前面两节分别介绍了银行的起源与演进。现代商业银行经过几百年的发展，逐渐形成了一套成熟的行业体系，即现在通行于各主要国家的"中央银行—商业银行"二级银行制度，同时也是现代信用货币制度。本节将用一个完全虚构的例子，详细讲解这套制度。与前文介绍的起源与演进不同，这一例子假设一个国家是一步到位建成这套制度的，这显然不合乎史实，而只是为了便于对制度现状做介绍。

2.3.1 建立二级银行制度

假设一个国家现在从零开始建立一套二级银行制度，首先开办了一家中央银行和一家商业银行。开业初始，它们什么都没有，只有两张空白的资产负债表，我们将其合并呈现为一张资产负债简表，如表2-1所示。

表 2-1 央行与银行的资产负债简表

央行	
资产	负债
银行	
资产	负债

除了央行和银行之外，这个国家中还有政府、居民几个部门。注意，这里的居民部门，包括除央行、银行、政府、外国人之外的全部主体，具体包括个人、非金融企业、非银行金融机构、资产管理产品。尤其要注意，在货币分析时，非银行金融机构（比如证券公司）、资产管理产品（比如一款理财产品）的地位和个人、企业是一样的，因为它们都不能自己派生货币。我们用"居民部门"统称这些主体。当然，也请注意，居民一词的这一特定用法仅限于货币分析部分。

1. 投放基础货币

我们设想现在开始发行货币。首先是央行开始操作。在二级银行制度下，央行一般只向银行直接发行货币，而不会直接向政府、居民发行货币（特殊情况除外）。

所谓发行货币，只是央行签发一张"欠条"。本书第 1 章已经介绍过，信用货币只是欠条，而央行是债务人。央行通过给银行发放贷款的形式，把这张"欠条"出借给银行。这种央行向银行发放的贷款，我们暂且统称为"广义再贷款"，或直接称"再贷款"。但其实在我国实践中，包括再贷款、再贴现、逆回购、中期借贷便利（medium-term lending facility，MLF）、定向中期借贷便利（targeted medium-term lending facility，TMLF）、常备借贷便利（standing lending facility，SLF）、抵押补充贷款（pledged supplementary lending，PSL）等不同品种，这些具体业务品种的期限、质押物、资金用途等要素各不相同，但本质上都是央行给银行发放再贷款，因此我们暂时将其统称为再贷款。但银行在央行也开立有账户，叫准备金账户。银行拿到再贷款的资金后，又存回开在央行的这个账户中，形成一笔准备金（存放央行资金）。于是，以 100 元再贷款为例，央行、银行的资产负债表变为表 2-2 所示的情况。

表 2-2　央行与银行的资产负债简表

央行	
资产	负债
再贷款 100 元	银行存入 100 元
银行	
资产	负债
存放央行 100 元	再贷款 100 元

上面这一步，央行就完成了 100 元货币的投放。但是，这一步只是在资产负债表上写入数字，中间根本没有涉及真实纸币的交付，并不存在"银行先从央行借到资金，再存回央行"这两个动作。这就是现代信用货

币，发行货币就是在计算机系统里写入数字（比如上面在四个科目中写入了100元），仅此而已。整个货币系统就是个记账系统。

这个准备金，就是真正意义的由央行签发的货币，叫基础货币。而再贷款是央行向银行投放基础货币的主要手段。现在这家银行拥有100元基础货币存在央行，它可以派一辆运钞车去央行"取现"，比如取出50元运回自己的金库，准备着用来应对自己客户的提款（但现在它还没有客户，所以无此必要）。然而，现在由于电子支付日益发达，这种取现需求其实不大，我们在后续的分析中会暂时忽略取现的影响。

2. 投放广义货币（M2）

此时，这家银行迎来了它的第一位贷款客户，有一家企业来申请贷款100元。银行审核后认为这家企业资质不错，同意放款100元。这里，关键的一步出现了，正如前面央行给银行发放基础货币一样，银行给企业放贷款也是同样的操作。银行先给企业100元，企业领到100元，又存回它开在银行的账户中，形成存款100元（同样，现实中也不存在这两个步骤，而只是在资产负债表上凭空写入数字，比如写入四个100元）。此时资产负债表如表2-3所示。

表2-3 央行、银行与企业的资产负债简表

央行	
资产	负债
再贷款100元	银行存入100元
银行	
资产	负债
存放央行100元 贷款100元	再贷款100元 存款100元
企业	
资产	负债
存款100元	贷款100元

企业持有的这笔 100 元存款，就是居民部门持有的货币，称为广义货币（M2）。广义货币中的存款是银行的负债端，是居民部门的资产端。这时，我们发现很有意思的一个问题是，银行并不是把它从央行那里拿到的 100 元基础货币投放给企业（那 100 元基础货币一动不动还在原处），而是凭空记账，产生了一笔企业存款 100 元。这就叫货币的派生，可以简单理解为凭空产生，派生出来的货币并不是严格意义的货币，而是银行存款货币。所以，广义货币和基础货币根本不是一回事（除非取现之后，见后文）。

如果有更多企业来申请贷款，比如又有 400 元金额的申请，银行审核后都答应了，投放了 400 元，那么资产负债表如表 2-4 所示。

表 2-4 央行、银行与企业的资产负债简表

央行	
资产	负债
再贷款 100 元	银行存入 100 元
银行	
资产	负债
存放央行 100 元 贷款 100+400=500 元	再贷款 100 元 存款 100+400=500 元
企业	
资产	负债
存款 100+400=500 元	贷款 100+400=500 元

这样，整个国家的居民部门共有了 500 元广义货币。所以，最终全社会有多少广义货币，主要是由银行派生决定的。

3. 央行对货币量的调节

到这里为止，基础货币还没有和广义货币发行关联，而是各自形成两个货币市场，看似各自为政。但现实中肯定不是这么回事。因为，如果企业要来取现，那么须有现金付给他们，于是银行就要派运钞车先去央行取现。比如，接上例，如果企业有 30 元取现需求，那么银行要先去央行取回

30元现金，报表变为（见表2-5）：

表2-5 央行与银行的资产负债简表

央行	
资产	负债
再贷款 100 元	银行存入 100-30=70 元 发行现金 30 元

银行	
资产	负债
存放央行 100-30=70 元 库存现金 30 元 贷款 500 元	再贷款 100 元 存款 500 元

然后企业来取现，银行再把30元现金交给企业（见表2-6）。

表2-6 银行与企业的资产负债简表

银行	
资产	负债
存放央行 70 元 贷款 500 元	再贷款 100 元 存款 500-30=470 元

企业	
资产	负债
存款 500-30=470 元 现金 30 元	贷款 500 元

企业手持的现金，则既计入基础货币，又计入广义货币，这是两种货币统计口径的交集。不过，现在取现已不多见了，以后还可能越来越少，所以这部分其实并不构成货币的主体。

但这里有个问题，银行现在总共还拥有70元存放央行的基础货币，如果客户取现超过70元，这家银行就倒闭了。因此，央行发布一项规定，银行的"基础货币/存款"不得低于一定比率，比如10%。言下之意，一般情况下可能会有10%的存款被取现，银行得有准备。这就是法定存款准备金率的由来。但目前法定存款准备金率主要用于调节货币。

那么，现在银行还有470元存款，按10%的法定存款准备金率要求，就必须有 47 元的法定存款准备金。超过 47 元以上的部分，即 23 元，则称为超额存款准备金（见表 2-7）。

表 2-7　银行资产负债简表

银行	
资产	负债
存放央行 70 元 其中：法定 47 元 　　　超额 23 元 贷款 500 元	再贷款 100 元 存款 470 元

此时银行可以继续发放贷款，但会有个上限，因为它总共只有 70 元基础货币，意思是最多拥有 700 元存款。因此，此时它最多再放 230 元贷款，然后它的资产负债表变为（见表 2-8）：

表 2-8　银行资产负债简表

银行	
资产	负债
存放央行 70 元 其中：法定 47+23=70 元 　　　超额 23-23=0 元 贷款 730 元	再贷款 100 元 存款 470+230=700 元

这时它就达到它发放贷款的上限了，超额存款准备金消耗完毕，或者说达到了派生存款的上限。很显然，这个上限，即银行所能派生的存款（广义货币）上限，是它拥有的基础货币的 10 倍，而这个 10 倍就是由法定存款准备金率 10% 的倒数得来的。事实上，央行制定了法定存款准备金率，便能够用它来控制银行所能派生的广义货币的上限。

4. 增加银行家数

上例中只有一家银行，这和现实差距很远。在做货币分析时，如果研究的是整个宏观经济，那么把全部商业银行"并表"，视为只有一家银行，也是可行的。但很多时候，我们还需要关注多家银行的情况，在这一情况下需要关注的地方会更多。现在引入两家银行，银行 A 和银行 B，央行以再贷款的形式，分别向两家银行投放了 50 元的基础货币（见表 2-9）。

表 2-9　央行与两家银行的资产负债简表

央行	
资产	负债
再贷款 100 元	银行存入 100 元
银行 A	
资产	负债
存放央行 50 元	再贷款 50 元
银行 B	
资产	负债
存放央行 50 元	再贷款 50 元

这时，银行 A 迎来一家借款企业，该企业向其申请贷款 50 元，并且贷款被成功发放。一开始和前文一样，这家企业仍将这笔资金存放于银行 A 的账户中（见表 2-10）。

表 2-10　银行 A 资产负债简表

银行 A	
资产	负债
存放央行 50 元 贷款 50 元	再贷款 50 元 存款 50 元

企业既然申请了贷款，就肯定是有实际用途的，比如它要将贷款用于向其供应商采购一批生产原材料。于是，这家企业可能会来取现或转账。在现代电子支付技术的支持下，我们不考虑取现，只考虑转账的情况。这时，有一个关键问题出现了，就是供应商的存款账户开在哪个银行？如果供应商刚好也开户在银行 A，那么银行 A 的资产负债表不会发生变化，只是其 50 元存款的存款人名字变了，从借款企业变成了其供应商。但如果供应商刚好开户在银行 B，那么借款企业将 50 元转账给供应商的时候，银行 A 需要把自己存放央行的 50 元基础货币，也转到银行 B 开立在央行的准备金账户上去（见表 2-11）。

表 2-11　两家银行的资产负债简表

银行 A	
资产	负债
存放央行 50-50=0 元 贷款 50 元	再贷款 50 元 存款 50-50=0 元

银行 B	
资产	负债
存放央行 50+50=100 元	再贷款 50 元 存款 50 元

完成这一步后，银行 A 的资产负债表与发放贷款前相比，是如下这样变化的。发放贷款前见表 2-12。

表 2-12　银行 A 资产负债简表

银行 A	
资产	负债
存放央行 50 元	再贷款 50 元

借款企业转走资金后则如表 2-13。

表 2-13　银行 A 资产负债简表

银行 A	
资产	负债
贷款 50 元	再贷款 50 元

这给人一种错觉：银行 A 是把自己存放央行的 50 元基础货币作为贷款投放出去了。但是，如果我们详细了解了上面整个过程，就可以发现其实银行 A 并不是把基础货币用于放贷，而是放贷派生了存款，然后当存款转走时，基础货币也同步被转走。基础货币转走后，便存在了银行 B 的准备金账户中，它也没有变成居民手中的资金。因此，一般情况下，银行并不是拿自己持有的基础货币去放贷。⊖

⊖ 如果在早年以现金交易为主的时代，借款人申请到贷款并来取现后，银行确实是把自己的基础货币（库存现金，即银行把存放央行的资金取回，变成库存现金）交给借款人的，所以放贷是可以视为把基础货币投放给借款人。早期的《货币银行学》教材中有这样的例子。但在电子支付时代，一般不会这样操作了。

但是，两家银行的例子和一家银行相比，多出一个问题：由于借款人获取贷款后，可能会转走资金，于是单家银行得考虑自己的流动性问题，即是否有足够的基础货币可供转账。这个问题在全国只有一家银行（且居民部门几乎不取现）的时候，是不用担心的。比如，假设银行 A 投放出去的不是 50 元贷款，而是 100 元，那么其报表变成如表 2-14 所示。

表 2-14　两家银行的资产负债简表

银行 A	
资产	负债
存放央行 50 元	再贷款 50 元
贷款 100 元	存款 100 元

银行 B	
资产	负债
存放央行 50 元	再贷款 50 元

这时，如果借款人想把 100 元存款全转走，支付给开户在银行 B 的供应商，那么银行 A 就必须马上筹集另外 50 元，凑够 100 元基础货币，否则它就无法满足客户的转账需求。银行 A 有三个办法：一是再向央行申请 50 元的再贷款，二是向其他银行借 50 元基础货币，三是直接争夺其他银行的存款 50 元，当然，本例中的其他银行只能是银行 B。第一种方法不是天天能用的常规方法，所以重点考虑的是后两种。这时，我们就引出一个重要的市场：银行间货币市场，也就是不同银行之间相互交易基础货币的市场。由于这些交易主要是为了满足短期资金余缺，因此该市场被称为货币市场，以便和涉及长期资本交易的资本市场相区别。银行在货币市场上相互调剂资金余缺的交易方式包括同业拆借、同业存款、买入返售等，即一般通称的同业业务。但由于后来同业业务变出很多新花样，很多还是规避监管用的"伪创新"（我们将在下一章"银行的监管"中展开），因此我们又把这些调剂资金余缺的业务称为传统同业业务。

这时，假设银行 A 先向银行 B 以同业拆借的方式借入 50 元，于是报表变为（见表 2-15）：

表 2-15　两家银行的资产负债简表

银行 A	
资产	负债
存放央行 50+50=100 元 贷款 100 元	再贷款 50 元 存款 100 元 同业拆入 50 元

银行 B	
资产	负债
存放央行 50−50=0 元 同业拆出 50 元	再贷款 50 元

然后，客户转走 100 元存款，银行的报表变为（见表 2-16）：

表 2-16　两家银行的资产负债简表

银行 A	
资产	负债
存放央行 100−100=0 元 贷款 100 元	再贷款 50 元 存款 100−100=0 元 同业拆入 50 元

银行 B	
资产	负债
存放央行 0+100=100 元 同业拆出 50 元	再贷款 50 元 存款 0+100=100 元

当然，两家银行之间除了采用同业业务这种相对"友好"的方式调剂基础货币之外，平时还会有一种相对不那么友好的方式，就是相互抢存款、拉存款。接上表，A 银行忽然决定吸收一些存款，于是通过营销手段，吸引 B 银行的一些存款人将存款转到本行来。假设 A 银行吸收了 30 元存款过来，那么报表变为（见表 2-17）：

表 2-17　两家银行的资产负债简表

银行 A	
资产	负债
存放央行 0+30=30 元 贷款 100 元	再贷款 50 元 存款 0+30=30 元 同业拆入 50 元

(续)

银行 B	
资产	负债
存放央行 100-30=70 元 同业拆出 50 元	再贷款 50 元 存款 100-30=70 元

所以，在存在多家银行的情况下，借款人申请贷款后会将其转走，因此一家银行是需要通过负债业务吸收资金才能去投放贷款等资产的。这一点和前文假设全国只有一家银行（这相当于把整个银行业"并表"，即分析全行业情况，而不考虑单体）的情况完全不同，后者由贷款派生存款，不需要完全通过负债吸收资金。而这两者并不矛盾，这恰恰是整体情况和单体情况不一致的一个例子。自然，在本书后文分析现实世界中的单家银行时，我们需要考虑银行的负债吸收。

5. 央行对市场流动性的调节

所谓央行对市场的调节，包括央行调节整个体系中的流动性宽松程度，可以通过调节基础货币的投放量或投放利率（价）来实现。理论上，量与价是反向关系（量增则价跌，量减则价升），但由于我国货币市场还不够成熟，有时候量与价之间未必有可靠的传导关系，因此央行经常需要同时调节量和价。

央行对基础货币量的调节，主要体现为对全行业超额存款准备金的调节，因为只有超额存款准备金是银行可以动用的流动性。前文介绍的银行间发生的传统同业业务、抢存款业务需要基于一个前提，就是有些银行有资金缺口，而有些银行有资金富余，因此相互之间才可以进行一种短期调剂。因此，全行业富余资金越多，货币市场上资金供给越大，货币市场流动性就越宽松，利率就会越低。超额存款准备金率（"超额存款准备金/存款"）是用来衡量市场宽松程度的关键指标，而宽松程度又会体现在一些关键利率上，比如回购利率、上海银行间同业拆放利率（SHIBOR）等。央行如果想调节市场的宽松程度，则可以使用两大类方法：

一是调整法定存款准备金率（简称为法定存准率）。比如降低法定存准率，于是更多的法定准备金被释放为超额准备金，资金便宽松了。或者提高法定存准率，于是更多的超额准备金被冻结为法定准备金，资金面便更紧了。但由于目前全国存款总额巨大，即使调整0.5个百分点的法定存准率，也会引起巨大金额的超额准备金的变化，这导致调整法定存准率这一措施"动静过大"，很难进行微调。近年来，央行开始定向调整法定存准率，即对符合一定条件的部分银行调整其法定存准率，这样能够实现更加精细的操作。比如，银行在投放小微、三农贷款方面达到一定考核标准后，可以享受央行的定向降准。

二是通过公开市场操作、再贷款、中央银行票据等工具，投放或回笼基础货币，以此增加或减少超额准备金。比如，通过逆回购、再贷款等，向银行投放基础货币，从而增加了超额准备金，而当这些逆回购、再贷款到期后，则会回笼基础货币。或者，如果央行觉得流动性过剩，还可以通过向银行发行中央银行票据的方式回收基础货币。这些方法相比调整法定存准率，精细化程度更高，更适合进行微调。

图2-1体现了上述两种方法。图中反映的其实是一张银行的资产负债表，左侧酒杯即为存款准备金账户（虚线以下部分是法定存款准备金，以上部分是超额存款准备金），右边是存款（指的是缴纳存款准备金的存款）。调节的整体思路是银行通过投放贷款等方式派生了存款，于是需要缴纳更多的法定存款准备金，酒杯上的虚线被动上移，虚线以上的超额存款准备金就少了，于是超额存款准备金率也小了，资金偏紧。此时央行的方法之一便是将虚线主动下移，腾出更多的超额存款准备金，方法二则是往酒杯中添加准备金（比如通过公开市场操作等），从而让市场更宽松。当然，还有其他渠道也会被用于投放基础货币和广义货币（即右边存款），这部分内容未体现在图中（后文中会有相应介绍），在评估超额存款准备金率时需要对所有因素做综合考虑。

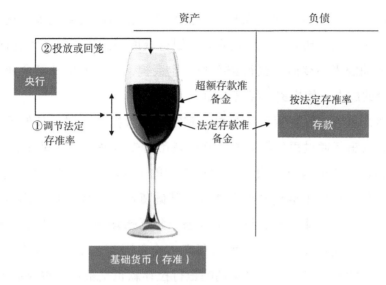

图 2-1　央行调节基础货币的手段

前面的部分还不涉及利率高低问题，但利率是资金的价格，对经济运行非常重要。央行还需要通过多种方式调节市场利率，而这也依靠二级银行制度来实现。我们以前文银行 A 来分析，其报表如表 2-18 所示。

表 2-18　银行 A 资产负债简表

银行 A	
资产	负债
存放央行 100 元 贷款 100 元	再贷款 50 元 存款 100 元 同业拆入 50 元

银行 A 从央行获取了 50 元再贷款，利率为 r_0，它的存款利率为 r_1，同业负债利率为 r_2，而贷款利率为 R，存放央行的准备金的利率忽略不计。此时，银行可以赚取利差收入：

$$利差收入 = 100R - (50r_0 + 100r_1 + 50r_2)$$

在本部分分析中，我们会假设银行总是尽可能保持自己的利差水平。

在一个最为理想化的二级银行制度下，央行只需要调节 r_0。比如，央行觉得经济过热，有必要提高利率以提升企业投资的资金成本，从而让投资行为冷却下来。那么它可以提高 r_0，银行获取基础货币的成本就提升了。那么在其他因素不变时，银行贷款利率也会提升，从而抬升了企业从银行获取资金的成本，使投资、经济冷却。

当然，上述传导过程过于简单，其实当央行提高 r_0 时，其他因素不会不变。因为银行通过再贷款获取的基础货币首先是进入银行间货币市场的，大部分银行是不能直接从央行获取再贷款的（再贷款有一定的准入门槛），它们要从货币市场上通过同业负债获取基础货币。那么 r_0 提高相当于基础货币最初来源的成本上升，这会抬升整个货币市场上可供交易的基础货币的利率水平，还会体现到同业负债利率 r_2 上。因此，r_2 上升就抬升了整体资金成本。此外，考虑到直接从别的银行拉存款也是银行的重要负债来源，r_2 上升也会推动存款利率上升，因为如果 r_2 超过存款利率 r_1 过多，很多银行就不再去吸收同业负债，而改为从别的银行那里拉存款，这样就会抬升存款利率 r_1，最后达到与 r_2 接近的水平。因此，这里也有一个类似"一价定律"的机制。当然，这里的"一价"并不是指两种负债的名义利率 r_1 与 r_2 完全相等，而是指从存款和同业负债获取基础货币的"实际价格"相等。实际价格除了要考虑名义利率之外，还要考虑业务成本（两种业务的每单位业务成本是不一样的），以及法定存款准备金因素（从存款获取的基础货币，要交纳一定比例的法定存款准备金，且只能动用剩余部分。因此实际利率其实比名义利率要高，两者关系为：名义利率 /(1– 法定存准率) = 实际利率）。可见，再贷款利率驱动了银行另外两种主要负债，从而抬升整体负债成本，然后贷款利率随之提高，最终让经济冷却。

事实上，上述的利率传导过程是一种高度理想化的状态，现实中不可能达到这么顺畅的程度。比如，由于银行内部从事同业业务、存款业务、贷款业务的团队不一样，相互之间协调也不会完美，因此利率传导会阻滞。此外，从银行负债管理的角度讲，存款客户是大量的企业和个人，每天存款资金有进有出，整体上就非常稳定，而同业负债的客户是其他金融机构，这些金融机构的行为比较一致，有可能导致同业负债是同进同出的，所以同业负债整体上不那么稳定。所以，银行在进行负债管理时，会更加喜欢存款，监管部门也会要求银行避免过度依赖同业负债。所以，一价定律现实是不完全成立的，利率传导也不会特别理想。为此，在利率传导不畅时，央行会通过其他方法引导利率，比如直接指导、调节银行的贷款利率、存款利率等。

如上，我们把央行的主要工作归纳成几条：

（1）决定投放的基础货币总量（通过增加或减少再贷款等来实现）。

（2）通过制定法定存款准备金率等来决定银行的放贷上限，从而决定广义货币总量。当然，现实中，一般银行不会顶着上限放贷（总会留点超额存款准备金的），因此央行还需要其他手段以调高银行放贷的总量，比如通过窗口指导、信贷额度等。此外，还有很多其他监管指标会影响银行的放贷，比如资本充足率等，但那些一般不属于货币问题范畴，而是涉及金融监管的问题，本书将在下一章"银行的监管"中展开讨论。

（3）央行还需要调节上述各环节的利率，进而影响经济活动，比如各种广义再贷款的利率，以及存款、贷款的利率。但未来利率市场化完成之后，央行理论上只需要调节某几种广义再贷款的利率，然后这种效应便会沿着利率传导路径，最终传导至贷款、存款端，从而对经济活动产生影响。

2.3.2 现实中的其他因素

以上部分是二级银行制度的理想模型，当然也是高度简化的模型，现实中存在大量的其他因素，导致情况更加复杂多样。纳入了这些因素之后，整个模型会愈发接近我们的客观现实。

1. 银行其他影响 M2 的业务

关于银行派生广义货币的方式，我们前述例子中用了贷款，即贷款派生存款。但其实银行对居民部门发生的多种表内资产业务，均可派生货币。

比如，银行购买企业发行的债券，购买资产管理产品，购买企业的楼宇，支付员工工资和其他经营费用，给股东分红，都会派生广义货币。同样，这些业务的逆过程则会回笼广义货币，比如居民拿存款偿还贷款，或购买银行发行的股票。

以银行向某企业购买一幢楼宇为例。银行想在某个地方开个网点，看中了当地位置不错的一幢楼宇，就找到其业主（一家企业），谈好了以 100 元的价格交易。我们假设两者的资产负债表（忽略其他无关科目）如表 2-19 所示。

交易时，银行只需要在这企业开立在本行的账户里写入一笔存款，那么在银行资产负债表上体现为资产端多一幢楼宇，负债端多一笔存款。这笔存款就是派生出来的广义货币。同理，银行向居民部门购买其他资产、支付费用，均会派生存款。派生后，报表变为表 2-20。

表 2-19　银行和企业的资产负债简表

银行	
资产	负债
企业	
资产	负债
楼宇 100 元	权益 100 元

表 2-20　银行和企业的资产负债简表

银行	
资产	负债
楼宇 100 元	存款 100 元
企业	
资产	负债
存款 100 元	权益 100 元

另外一个容易被忽视的货币派生渠道是银行自营资金购买资管产品（包括同业理财、公募基金、资管专户、信托计划等）。因为这些资管产品也属

于货币意义上的"居民部门",它们在银行的存款也计入广义货币(资管产品的募集资金在投资出去前,会存放于产品托管行)。银行购买了某资管产品 100 元,该资管产品便会在其托管行形成 100 元存款(下表假设托管行为本行),这也是新派生出来的广义货币(见表 2-21)。

表 2-21 银行和资管产品的资产负债简表

银行	
资产	负债
资管产品 100 元	存款 100 元
资管产品	
资产	负债
存款 100 元	持有人权益 100 元

如果托管行不是本行,那么就可以在上表基础上再增加一步:本行存款划转至托管行。这就类似于前文中借款企业把贷款派生的存款划至他行一样。

而银行向居民部门发行证券(股票或债券),也会影响货币。比如,某银行决定增资扩股,面向公众发行新的股票共 100 元,部分投资者参与购买。增发前两者报表如表 2-22 所示。

表 2-22 银行和居民的资产负债简表

银行	
资产	负债
贷款 100 元	存款 100 元
居民	
资产	负债
存款 100 元	权益 100 元

增发后,居民手中持有的银行存款变成了银行股票,而银行负债端的存款也变成了自己的股东权益,存款总量下降了 100 元,亦即货币量下降(见表 2-23)。

表 2-23　银行和居民的资产负债简表

银行	
资产	负债
贷款 100 元	股东权益 100 元

居民	
资产	负债
银行股票 100 元	权益 100 元

不过在实际的数据统计工作中,银行的一些业务虽然对货币总量有影响,但比起贷款等主流派生方式来说,占比过小,所以一般作忽略处理。我们会在下一节展示实际中的货币数据分析工作。

2. 外汇占款的影响

具体到我国现实中,央行的基础货币余额超过 30 万亿元,但其中高达 20 多万亿元却不是来自前文例子中的广义再贷款,而是来自一个非常特殊的渠道:外汇占款。

在过去十多年里,贸易顺差和吸引外资导致大量外汇流入我国。比如,某出口企业从海外客户那里赚取了 10 美元,按照过去强制结售汇的规定,它要将这 10 美元卖给银行(结汇),换取人民币 80 元(假设汇率为 8),存在自己的账户里,形成了一笔广义货币。然后银行持有了折合 80 元人民币的外汇资产(见表 2-24)。

表 2-24　银行资产负债简表

银行	
资产	负债
外汇 80 元	存款 80 元

然后,银行还会把外汇再卖给央行,换取基础货币。我们假设银行把全部外汇卖给了央行,换回了 80 元人民币的基础货币,存在央行(见表 2-25)。

表 2-25　央行和银行的资产负债简表

央行	
资产	负债
外汇 80 元	银行存入 80 元

银行	
资产	负债
存放央行 80 元	存款 80 元

可见，这种外汇资金流入的方式，既投放了基础货币，又投放了广义货币，两者均为 80 元。而且，对这一渠道的货币投放而言，央行基本没有自主性，而是被动接受，不得不投放。在我国全部基础货币存量中，来源于这一渠道的竟然占到 2/3。但这毕竟是外汇流入的特殊时期的特殊渠道，未来当外汇收支基本平衡之后，这个渠道流入就少了，主流的基础货币投放渠道会仍然以广义再贷款为主。

2.3.3　纳入财政因素

接下来，我们开始在二级银行制度中纳入另外一个对货币产生重大影响的因素，就是财政。

我们先简要介绍一些基本的财政知识（更为详细的财政知识请参阅财政相关文献）。为了防止财政乱花钱，各国通常立法规定财政要先在央行开一个账户，称为国库（以下论述参照我国为例，各国可能有所不同）。国库其实是一个单一账户体系，央行总行开有总库，央行各分支行则开有支库，不设央行分支的地方则由央行委托当地银行代理。整个单一账户体系在央行资产负债上体现为"政府存款"科目。然后，所有收入和支出都要通过这一账户进行（央行因此被称作"国家的银行"），这称为国库集中收付制度，即所有的财政性收入均收入国库，财政性支出也由国库直接对外支付，各政府部门不得坐收坐支，也就是将获得的收入自行支付出去。我国财政制度经过多年改革，已实现绝大部分收支的集中收付。该账户还不得透支，但可以通过发行债券的方式向银行或居民融资。政府收税、融资时，便有资金进入该账户，政府支出、还债时，资金便流出账户。这里有两点需要注意：一是目前我们的政府会计使用的不是复式计账法，所以不用像银行那样编制成资产负债表，就是单独一个账户采用现金收付制，有进有出，简单清晰；二是尤其要注意各种财政活动中是否涉及国库，目前仍有少数财政收支活动是不经国库的（存在银行的各种专户中，比如社保基金），这些活动不影响货币吞吐。

我们现在从前文的央行、银行资产负债表出发，先在央行的负债端开立政府的这一账户国库，即央行资产负债表上的"政府存款"科目。央行、银行的其他科目数字见表2-26。

表 2-26 央行、银行和企业的资产负债简表

央行	
资产	负债
再贷款 100 元	银行存入 100 元 政府存款
银行	
资产	负债
存放央行 100 元 贷款 500 元	再贷款 100 元 存款 500 元
企业	
资产	负债
存款 500 元	贷款 500 元

1. 财政收入

由于财政账户不能透支，那么政府得先通过收税、发债融资等方式获取财政收入，然后政府才有钱花。在研究财政问题时，一般把财政收入按性质划分为几类，包括税收收入、非税收入、国有资产收益、国债收入、其他收入等。但在研究货币问题时，划分方式不一样，我们建议按获取财政收入的来源来分，分为从居民部门那里获取财政收入、从银行那里获取财政收入，因为两种方式带来的货币效果是不一样的，前者同时影响基础货币、广义货币，后者只影响基础货币。

从居民部门那里获取财政收入，最为常见的就是收税。比如先从企业（是指除银行之外的企业）或个人这边收取 20 元税收。那么企业持有的存款会减少 20 元。而反映到企业开户银行的资产负债表上，则是右边存款减少 20 元，左边基础货币减少 20 元。而央行的资产负债表上，则是基础货币减少 20 元，政府存款增加 20 元（见表 2-27）。

表 2-27 央行和银行的资产负债简表

央行	
资产	负债
再贷款 100 元	银行存入 100−20=80 元 政府存款 20 元

银行	
资产	负债
存放央行 100−20=80 元 贷款 500 元	再贷款 100 元 存款 500−20=480 元

可见，政府的财政收入，收的其实是基础货币。虽然企业感觉自己的"存款"被政府收走了，但那只是表象。实际中，我们也可以认为，政府取走的是银行存在央行的 20 元基础货币，因此银行同步扣减了企业在本行的存款。或者用一种更容易理解的方式，可以将这一过程想象为企业先从银行取出 20 元现金（基础货币），再将这笔现金支付给政府。

如果政府通过收税获取的资金还不够用，它还可以发行债券。这里又有两种可能，一是向企业（居民部门）发债，二是向银行发债（还可能向外国人发债，即举借外债，本书暂不就此展开）。但各国法规一般规定，不允许直接向央行发债。如果是向企业发债，则情况和收税有点类似。比如发行 20 元国债，企业购买，那么企业持有的 20 元存款变成国债。而银行、央行的报表，则和前文收税是一样的。不一样的情况，则是政府向银行发行债券以获取财政收入。在我国，政府债券的主要购买方是银行。这时，银行就直接拿基础货币去购买国债，资金从基础货币转入政府的账户。比如，接上例，政府向企业征收了 20 元税收后，又向银行发行了 10 元国债。那么，央行、银行的资产负债表如表 2-28 所示。

表 2-28　央行和银行的资产负债简表

央行	
资产	负债
再贷款 100 元	银行存入 80-10=70 元 政府存款 20+10=30 元

银行	
资产	负债
存放央行 80-10=70 元 国债 10 元 贷款 500 元	再贷款 100 元 存款 480 元

值得一提的是，银行拿基础货币购买了国债，其存款科目没有任何变化。也就是说，政府直接向银行发行债券，不涉及居民持有的广义货币。注意，银行交税也是同理，银行直接把持有的基础货币缴入国库，即完成了交税。因此，财政收入的货币效果，如果是从银行那里获取财政收入，则导致基础货币被收入国库，余额下降；如果是从银行之外的居民那里获取财政收入，则导致基础货币和广义货币同时下降。

2. 财政支出

理解了上述财政收入之后，理解财政支出就相对简单了，因为这一动作就是前述的财政收入动作的"逆过程"。

比如，政府以发放公务员工资或政府采购的形式支出，那么就是资金从央行的政府存款科目里出来，转到银行存入的基础货币科目。银行的资产端拿到了这笔基础货币，同时在负债端的公务员存款账户里写入这笔数字，资产负债表平衡。政府偿还债券也是同样的。

此外，还有一种非常独特的"财政支出"方式，就是国库现金招标（它的逆过程是国库现金存款到期，意味着"财政收入"。此处把财政支出、财政收入加双引号，是因为实质上并没发生财政的收入或支出，只是在货币效果上与其他财政收入、支出是一样的）。这一行为可以通俗地表达为，在国库资金留存过多时，财政会把钱从国库取出来一部分，像一位普通居民那样把钱存到银行去，为的是让政府获取更多利息收入（因为存在国库利率非常低)。接上表(政府存款还有 30 元),假设现在实施国库现金招标,有 10 元钱存到银行,那么报表就变成表 2-29:

表 2-29 央行和银行的资产负债简表

央行	
资产	负债
再贷款 100 元	银行存入 70+10=80 元 政府存款 30−10=20 元

银行	
资产	负债
存放央行 70+10=80 元 国债 10 元 贷款 500 元	再贷款 100 元 存款 480+10=490 元

所以,这本质是投放基础货币、广义货币的方式。这里就涉及一个细节:如果财政向银行举债,则是回笼基础货币;然后再进行财政支出,则是同时投放基础货币、广义货币。因此,财政通过举债支出(体现为财政赤字)是会增加广义货币的,这就是广义货币的另一重要来源。表 2-30 汇总了各种财政收支行为对货币的影响。

表 2-30 财政收支对货币的影响

财政收支 发生的对象	种 类	财政收入	财政支出
银行	征缴税费或罚没、发放补贴、投资(或收回)于银行发行的证券、向银行发行债券	回笼基础货币	投放基础货币
其他	征缴税费或罚没、日常支出、投资(或收回)于对象发行的证券、向对象发行债券	回笼广义货币、基础货币	投放广义货币、基础货币

此处值得一提的是,我们所谓的政府收支,主要是指通过国库进行的部分。根据我国财政管理的有关办法,中央政府、地方政府的绝大部分收支,均已通过国库进行。但仍有少量资金另立账目,不走国库,以单位的名义存于银行。那么在货币分析上,它们的地位和居民部门的普通存款一样。另外,平时我们还经常碰到"地方政府融资平台"的问题,它们实质

上是地方政府从事建设时的融资、投资主体，但是因为本身是普通企业，所以在货币分析上，也是被视为一般企业的，也不涉及国库。

2.3.4 财政与货币的平衡

通过上述纳入财政因素之后的二级银行制度，我们可认识到，央行负责货币调控，银行在经营业务中派生银行货币（广义货币），财政负责政府收支，但是这些因素共同对货币投放产生影响。可几个部门又有各自的职责和政策目标，它们并不完全一致，因此部门间有时候会相互干扰对方的目标。因此，货币事务与财政事务存在协调问题。

1. 货币政策的目标

货币政策有多个目标，包括币值稳定、经济增长、国际收支平衡等。我国《人民银行法》第三条规定："货币政策目标是保持货币币值的稳定，并以此促进经济增长。"但有时不同目标间会有冲突，比如为了稳住经济而实施货币宽松有可能导致货币贬值，因此央行会综合考虑各种因素后进行决策。一般而言，经济下行压力大时，可能要放松货币政策，经济过热时则需要收紧货币。因此，央行会根据它的规定制订货币投放的目标，并通过各种手段将实际投放情况控制好。

仍以经济下行期为例。央行希望通过宽松的货币政策托底经济，其宽松措施主要有几种：①降低利率：以此来降低银行放贷利率，从而提升居民借款需求，借入资金用于投资；②降低法定存款准备金率：以此来提高银行的可投放信贷空间。但是，这些货币宽松的政策的生效有一个前提，就是还有人愿意申请贷款。而如果经济真的差到一定程度，那么不管货币如何宽松，都没什么人来申请贷款，于是政策效果就不强。这就是所谓的"流动性陷阱"，货币政策对此作用有限。

2. 财政政策的目标

财政的目标分两方面：一方面是日常的财政收支工作，主要针对的是政府的正常运营，以及实现其公共目标；另一方面是通过运用合适的财政政策，发挥宏观调控的功能，促进经济增长和合理分配，即功能财政。因此，前者大致是追求收支基本平衡的（比如早期提过的目标是"收支平衡、略有结余"），而后者则很可能带来不平衡。目前，功能财政已成为较主流的财政思想。

当货币政策对拉动经济效果不佳时，凯恩斯学派主张，可以以政府加大支出的方式来弥补总需求不足，比如说上马基建工程、加大政府采购力度等方式。经济不好的时候，财政收入一般不会有好的表现，现在却还要政府加大支出，所以这也往往意味着要扩大赤字。当然赤字不可能无限度扩大，因为这可能会导致通货膨胀等其他后果。

但同样是扩张，货币政策扩张一般能带动私人部门的经济行为，而财政扩张则是以带动国有部门的投资为主（当然也能直接或间接带动一部分私人部门投资，但也可能挤出私人部门投资）。因此，经济严重过热时则可能财政、货币政策双紧，经济严重萧条时则可双松，而一松一紧则主要用于调节经济结构，或者维持通胀与经济增长之间的平衡。现实中，很多时候是政策当局相机抉择，很难对所采用的政策做精准把握。在各国货币政策与财政政策相配合的实际操作中，还会遇到一个很现实的问题，即央行对货币政策有较大的主动权，能够自主运用各种货币政策工具，而财政部却可能受国家立法机关的财政纪律的约束（本意是为了控制赤字），所以有些原本相互配合的政策，推出时却呈现出不同步的现象。货币政策和财政政策的不同组合见表 2-31。

表 2-31　货币政策和财政政策的组合

		财政政策	
		扩张	紧缩
货币政策	扩张	从财政、货币两方面扩大总需求，拉动经济增长，但有通胀风险	财政政策抑制总需求，控制通胀，但宽松货币政策用于保持经济适度增长
	紧缩	财政政策扩大总需求，但同时收紧银根避免过度通胀	从财政、货币两方面抑制总需求，防止经济过热

3. 赤字与货币投放

从前文分析可见，财政收支必然会影响基础货币的吞吐（如果是面向银行之外居民的财政收支，同时还会影响广义货币）。财政收入大于支出（财政盈余）时，便会回笼基础货币，收入小于支出（赤字）时，则投放基础货币，这非常类似于早期银行时代之前的政府发行货币的状态，净支出就形成货币投放，而在政府支出之前，社会上没有货币流通。但现在有了银行之后，尤其是有了二级银行制度之后，先由央行发行基础货币，发行量可能较大，因此政府先从这个既有的基础货币池子中获取收入，然后才能支出。

如果财政盈余，收入大于支出，则会将外面流通的基础货币进行回笼。而如果财政赤字，收入小于支出，那么对于差额部分，政府也需要通过发行债券的方式先借入。发行债券时，也会暂时回笼基础货币，财政支出时才将其投放出去。因此，这便可能会影响央行原先的货币政策，央行对此则基本上保持配合。主要影响有以下几个方面：

（1）总量：财政盈余会回笼基础货币，如果盈余超预期，则会过度回笼基础货币，那么央行需要额外投放基础货币去弥补。当发生赤字时，如果财政动用了过去留存在国库中的资金，则会导致基础货币被投放，如果超出了央行的基础货币目标，央行则需要用相应策略去回笼基础货币。此处，央行基本上处于配合的地位。

（2）时间：财政发生赤字时，财政会先发债借入基础货币，事后再通过支出将其投放出去，但中间会有个时间差，会短期内回笼基础货币。虽然说央行不能直接给政府借钱，但是，当债券发行量大的时候，如果回笼过多基础货币影响到了货币政策，那么央行其实也不得不增加投放基础货币（比如，投放再贷款以支持那些购买了国债而基础货币不足的银行），这实质上也类似于央行间接给财政借款。同时，一年之内，财政收支也有季节性，比如我国企业所得税上缴都安排在每季度第一个月，这时会集中回笼基础货币和广义货币。这需要财政在收支上更有计划，并与央行保持沟通，以便央行提前准备货币政策工具予以对冲，进而保持基础货币合理吞吐，总体基本平稳，不发生大起大落。

（3）结构：即使财政收支大体平衡，基础货币吞吐基本平衡，也可能导致不同银行、不同区域间的结构不平衡。比如，全国财政调剂余缺，发达地区贡献了财税，财政转移支付到欠发达地区，这导致发达地区的银行的基础货币被回笼，而欠发达地区的银行则收到基础货币。而欠发达地区本身资金运用机会少、优质客户少，可能会导致这些地区的银行处于"存差"状态，它们需要将富余的基础货币以证券投资、同业投资等形式运作出去。而发达地区的银行则刚好相反，可能会面临"贷差"。在这种情况下，央行、监管部门要指导银行业合理开展同业业务，调剂资金余缺。

2.4 货币数据实测

在上一节详细介绍了当今各国通行的"中央银行—商业银行"二级银行制度之后，我们接下来以我国 2023 年数据为实例，实际观测这一制度的运行。相比起理论模型，现实世界需要处理更多的细节。当然，和上一节中的虚构案例不一样，我国并不是刚刚从零开始建立这一整套机制，因此，我们选取的是 2023 年增量数据，即以 2022 年年末为起点，观察整个 2023 年新增的基础货币、广义货币是如何投放、派生出来的。

2.4.1 基础货币投放

首先，我们先结合我国实际情况，完成对基础货币的界定。根据央行资产负债表披露的情况，我国基础货币在表中被称为储备货币，是央行的重要负债类别，包括以下三项内容：

（1）货币发行：即央行发行流通在外的现金，主要被居民所持有，也有少部分被银行所持有。

（2）其他存款性公司存款：央行统计口径中，"其他存款性公司"指的是整个银行业，因此这部分便是指银行在央行的存款准备金，包括法定和超额两部分。但我们无法从央行披露的这项数据中区分法定和超额这两部分。

（3）非金融机构存款：主要是第三方支付公司（比如支付宝等）将客户备付金（即客户在支付宝账户中的余额）按规定转存至央行，也是基础货币的一部分。后文对此有详细介绍。

截至2023年年末，我国基础货币余额约为38.9万亿元，占央行总负债（也等于总资产）的85%，因此是央行资产负债表的主要构成部分。基础货币的上述三部分金额分别约为11.9万亿元、24.5万亿元、2.5万亿元，银行存放央行的准备金是其主体（见图2-2）。

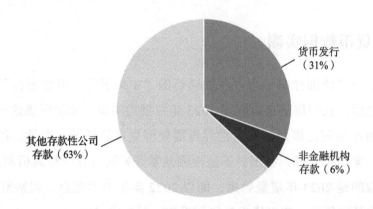

图2-2　2023年年末基础货币的结构

资料来源：人民银行。

但我们在研究基础货币投放与回笼时，研究的是基础货币的总量，一般不会对构成基础货币的这三部分加以区分。换言之，基础货币在这三部分之间怎么分布，是基础货币被投放出来之后，在后续的各种交易中形成的（比如银行向央行取现，于是存款准备金变成银行库存现金，会改变基础货币在三部分中的分布，但不会改变基础总量），这和基础货币的投放、回笼并无直接关系。数据显示（见表2-32），2023年年末基础货币比2022年年末大约增加2.81万亿元，我们需要从央行资产负债表的其他科目变化中去大致推测，2023年全年基础货币回笼是如何形成的。因为央行投放或回笼基础货币的所有方式，均会在其资产负债表的科目中体现，要么是基础货币和央行另一资产科目同增同减，要么是基础货币和央行另一负债科目一增一减。

表2-32 2023年基础货币投放结构 （单元：亿元）

影响基础货币的方式	金额
对银行再贷款投放	42 429
外汇占款	5742
财政回笼	-5019
其他资产和负债变动而回笼	-13 107
其他因素回笼	-1904
合计：基础货币变动	28 081

资料来源：人民银行。

上一节已经介绍过，央行投放基础货币的主要渠道是向银行发放再贷款，这会体现在央行对银行债权（对其他存款性公司债权）科目中。2023年全年，该科目大约增加4.24万亿元，因此可认为央行通过投放再贷款，向银行投放了大约4.24万亿元基础货币。另外，2023年央行外汇资产增加5742亿元，因此央行外汇占款向银行投放了5742亿元基础货币。然后，央行的负债科目"政府存款"全年增加5019亿元，也就是国库存款净增5019亿元，这会回笼5019亿元的基础货币。同时，央行资产负债表中有一个"其他资产"科目，2023年全年下降8664亿元，我们暂不清楚这里面是些什么资产，但一般来说，资产科目下降一般也会导致其负债端的基础货币科目下降（或者其他负债科目下降，但2023年央行"其他负债"科目增加了4443亿元。当然，这里有一定的猜测成分，更准确的判断依赖于对其他资产负债具体内容的了解），因此我们也先假设其他资产和负债变动而回笼基础货币大约1.31万亿元。以上四部分合计，一共导致合计投放基础货币

3.00万亿元，与基础货币全年的实际投放金额2.81万亿元还有1904亿元的差异，这是其他一些零碎的科目变动导致的，比如央行购买黄金、发行债券（央票）都会导致基础货币变动，但金额不大。

或者用我们更熟悉的央行资产负债表的形式来表示会更易于理解。当然，这是一张"2023年全年变化值"的资产负债表，而不是2023年年底的资产负债表（见表2-33）。

表2-33　央行2023年资产负债表变动简表　　（单位：亿元）

央行	
资产金额	负债金额
对银行债权　42 429	基础货币　28 081
外汇占款　5742	政府存款　5019
原表中的"其他资产"　−8664	原表中的"其他负债"　4443
其他资产　654	其他负债　2618
总资产　40 160	总负债　40 160

可见，央行调整了对银行债权、其他资产科目，财政收支调整了政府存款科目，再加上其他一些零碎的资产负债科目，最终使全年基础货币增加了2.81万亿元。这种分析可以定期完成，央行资产负债表中的大部分科目较为清晰，但也存在一些类似"其他资产"这种内容不明的科目，会影响分析效果。但整体上，还是比较容易分析央行全年（或一个月、一个季度）是如何投放或回笼基础货币的。

2.4.2　广义货币派生

正如上一节所介绍的，银行通过资产业务及其他业务派生广义货币，同时还有财政收支也会投放广义货币。和分析基础货币时一样，一开始我们并不用关注广义货币内部的结构分化，比如M0、M1、M2的结构，因为这是广义货币派生出来后，存款通过在不同存款人间转移才形成的分化。我们依然使用2023年的实际数据，来分析这些渠道各自派生多少广义货币。我们将各种广义货币派生方式尽可能全面地列出（见图2-3），但其中浅色的部分一般金额较少或不太常见，此处分析时就做忽略处理。另外，有些渠道暂时没有权威披露数据可供参考，因此作为最后的回轧差项来倒推。

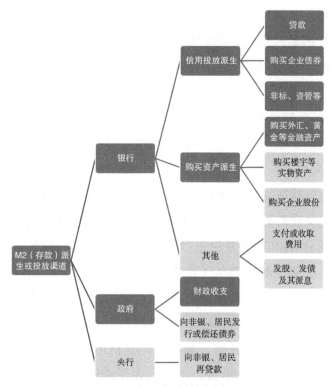

图 2-3　广义货币的派生渠道

以上各项派生方式中，较为重要的包括银行发放贷款、购买企业债券、购买非标和资管等、财政收支等四大项。其他的一般作忽略处理（但是，这些项目中如果某些年份的金额较大，则依然是会单列分析的，比如 2015 年央行向证金公司发放再贷款用于救市，直接派生了广义货币）。以下具体介绍这些投放方式及其 2023 年金额的估计。

1. 银行发放贷款

理论上，银行向居民部门（包括企业、个人、非银行金融机构、资管产品)投放贷款均会派生广义货币,这也是派生广义货币最为主要的方式,投放多少贷款便能派生多少广义货币。但是,央行定期披露的贷款数据其实是每期的"净增加额",即期末贷款余额减去期初余额,这个净增加额和实际贷款投放数之间其实有些误差,因为这期间还存在贷款核销、信贷资产证券化等干扰因素。比如,期初贷款余额是 100 元,当期投放贷款 100 元(相应派生 100 元的广义货币),但是,银行同期核销了 10 元贷款,又通过信贷资产证券化转出了 10 元贷款(假设另一家银行购买了这些资产支持证券,ABS),那么期末贷款余额只有 180 元(100+100-10-10=180 元),则央行统计的当期贷款增加额仅为 80 元,这其实是漏计了实际贷款投放所派生的 20 元广义货币。因此,在计算发放贷款所派生的广义货币金额时,需要将所披露的当期贷款金额加上核销、信贷资产证券化金额。

注意,上文我们假设是另一家银行购买了这些 ABS,这是符合习惯的,因为我国大部分 ABS 确实是由银行购买的。如果是居民部门购买的呢?那情况不一样。如果是居民购买了这些 ABS,那么是居民以其持有的广义货币来购买 ABS,对于这家转出 ABS 的银行来说,资产负债表左边贷款下降 10 元,右边广义货币(该居民在本行的存款)下降 10 元,可见这笔交易确实是会减少广义货币的。此时,漏计的广义货币派生量只有核销的 10 元,当期实际派生广义货币是 90 元。当然,由于我国银行的 ABS 一般是由另一家银行购买的,因此便不考虑这种情况,而是将 ABS 全部视为漏计的实际贷款投放来处理。

根据央行披露的社会融资(简称社融)数据,2023 年,银行一共发放贷款 22.22 万亿元,同时银行 ABS 为 -6279 亿元,贷款核销为 1.10 万亿元,三者合计超过 22.69 万亿元,也就是全年银行投放贷款共派生约 22.69 万亿元的广义货币。注意,这里我们选用的是社融中的贷款数据,意思是这部分数据只统计了对实体的贷款,而银行对其他非银行金融部门的贷款其实也是会派生广义货币的,但一般其金额不大所以直接作忽略处理(所谓的忽略处理其实是将其归入最后的轧差项,见后文)。

2. 银行购买企业债券

银行购买企业新发行的债券和对这家企业放贷一样，是派生广义货币的。比如银行购买了某企业发行的100元企业债，其资产负债表的变化如下（见表2-34）。

表 2-34　银行资产负债简表

银行	
资产	负债
企业债券　100元	存款　100元

这一例子体现的是银行购买企业新发行的债券的情况。此外，银行购买（非银行业）企业新发行的股票也是同理，但这种情况几乎可忽略不计，因为我国《银行法》规定银行不能参与实业企业投资，虽然能参与一些非银业金融企业投资（比如中国银联、银行的其他非银子公司等），但金额非常小，因此直接作忽略处理。如果是债券的二级市场交易，比如银行从居民部门手中买走后者所持有的债券，其实也会派生广义货币，效果和上一节银行从居民手中买楼是一样的。但银行参与二级市场交易这一部分找不到非常权威的数据，因此平时一般也作忽略处理了。

银行2023年购买企业债的数据没有直接的来源，我们一般采用一个估计方法：从央行披露的其他存款性公司资产负债表中取出银行"对非金融机构债权""对其他居民部门债权"两项，前者代表对非金融企业的债权，后者则是对个人的债权。将两者合计，即为银行对所谓"实体"（除政府、金融机构之外的部门）的全部债权，将这项合计数再减去同期对实体的贷款数据（来自社融的贷款），剩下的即为银行购买的企业债的金额。2023年，银行对实体债权全年增加21.07万亿元，而信贷投放为22.22万亿元，因此银行购买的企业债余额下降，回笼M2约为1.15万亿元，则银行购买企业债到期回笼1.15万亿元的广义货币。

3. 外汇占款

当居民因为贸易或引进投资从境外获取了外汇后，会向银行换取人民币。比如，居民因为商品出口赚得了 10 美元，按 8 元人民币兑换 1 美元的汇率卖给银行，则银行的资产负债表变为（见表 2-35）：

表 2-35　银行资产负债简表

银行	
资产	负债
外汇　80 元（10 美元）	存款　80 元

此时，便有 80 元广义货币被派生出来。此时，如果把外汇也视为居民持有的一种资产，那么居民向银行结汇，即银行向居民购买这一资产，从货币原理上看，和银行向居民买楼达到的货币效果其实是一样的。当然，我们在银行资产负债表右边是看不到上例这样的"存款 80 元"的，因为这 80 元存款汇总在银行全部存款中，分辨不出来来自外汇占款的这 80 元，因此，我们需要观察资产负债表左边的外汇资产这一科目（在央行披露的报表中称"国外资产"，其实包括外汇、黄金、其他国外资产等多种资产，但是以外汇为主）。但这里又面临一个新问题。一般情况下，银行为了控制自己的汇率风险，也会按规定将外汇出售给央行，即向央行结汇，换回存在央行准备金账户里的 80 元人民币（见表 2-36）。

表 2-36　银行资产负债简表

银行	
资产	负债
存放央行　80 元	存款　80 元

但在现实中，居民向银行结汇和银行向央行结汇不一定完全一致，银行会根据自己的情况，留存一些外汇。比如接上例，银行并未将 10 美元全部出售给央行，而是只出售了 5 美元，自己留了 5 美元另有用途。于是，银行和央行的报表分别为（见表 2-37）：

表 2-37　银行和央行的资产负债简表

银行	
资产	负债
存放央行　40元 外汇　40元（5美元）	存款　80元

央行	
资产	负债
外汇　40元（5美元）	银行存入　40元

这时，要判断一共投放了多少广义货币，就要把央行、银行的外汇占款相加。2023年，银行的国外资产减少869亿元，央行的国外资产增加6642亿元，两者合计增加5773亿元，我们将其视为外汇占款全年投放的广义货币。当然，这里也会有一些误差，这是由于我们是基于央行报表上的国外资产科目进行估计的，但其实央行除了在境内和银行之间交易导致国外资产变化之外，也可能在境外进行操作，这时便不会影响境内广义货币。外汇占款近几年数额不大，也可以作忽略处理。由于其数据来源比较容易获取，我们一般也可单列此项。

4. 财政收支

根据上一节内容，财政只有对除银行外的部门发生收支，才会影响广义货币。我国财政收支预算主要包括"四本账"：一般公共预算、政府性基金预算、国有资本经营预算、社会保险基金预算。

（1）一般公共预算：收入以税收、行政性收费、罚没等收入项目为主，支出用于维持国家正常运转，收入和支出两者之差便会形成对广义货币的投放或回笼。比如收入大于支出，便会回笼广义货币。但在收入中，要先扣掉调入资金及使用结转结余（往年结余，即来自往年的收入，并不是当期的收入）。当然，如果对精度要求不高的，直接忽略结余问题也可以。根据财政部披露的数据，2023年，全国一般公共预算收入为216 784.37亿元，支出为274 573.81亿元，形成净支出约5.78万亿元，因此投放广义货币约

5.78万亿元。

（2）政府性基金预算：主要是国有土地使用权出让收入，一般用于土地收储整理、基础设施建设等市政建设领域。2023年全国政府性基金预算收入70 704.85亿元，支出101 338.59亿元，净支出约为3.06万亿元，因此投放了3.06万亿元的广义货币。

（3）国有资本经营预算：包括各级国有企业经营的资本收益。金额很小，2023年收入和支出分别仅有6 743.61亿元、3 345.22亿元，当年财政结余约0.34万亿元，回笼了相应的广义货币。

（4）社会保险基金预算：2023年社会保险基金预算收入111 499.69亿元，支出99 281.29亿元，当年财政结余约1.22万亿元，社会保险基金一般不进入国库，因此收入和支出不影响M2。

综合上述四类，2023年我国财政收支的净支出一共投放广义货币约8.5万亿元。

财政还有一些其他操作也会导致资金在国库进出。比如，国库现金招标，即国库将资金移出存至商业银行，以便提高收益率。此时资金转为一般存款，同时投放基础货币、广义货币。当然，由于金额不大，也作忽略处理了。

5. 支付公司客户备付金缴存央行导致广义货币下降

支付公司全称是非银行支付机构，即指获取央行发放的支付牌照的、经营支付业务的非银行机构，以蚂蚁集团旗下的支付宝、腾讯公司旗下的财付通最为知名。支付公司客户备付金是指客户在支付公司开立了虚拟账户，并将资金存放其中形成的余额（不包括将这些资金进行投资、理财之后的部分，比如余额宝），这部分资金本质上来自客户和支付公司之间的商业信用。按照过去的监管要求，客户将这部分资金存放于虚拟账户之后，支付公司要按要求转存于存管银行，以保证资金安全。但是，由于过去监管不严，支付公司挪用客户备付金的案件时有发生，因此，2017年1月，央行发布了《关于实施支付机构客户备付金集中存管有关事项的通知》，要求将这些资金逐步实现集中存管。经过几年的推进，目前已基本实现了全行业的客户备付金 100% 存管于央行，体现为央行资产负债表上储备货币（基础货币）下面的"非金融机构存款"科目。

当客户将银行资金（以 100 元为例）转入支付公司虚拟账户，其发生的会计变动如下（见表 2-38）。

表 2-38 银行资产负债变动简表

银行	
资产	负债
存放央行 −100 元	存款 −100 元

而在央行资产负债表上则体现为（见表 2-39）：

表 2-39 央行资产负债变动简表

央行	
资产	负债
	基础货币： 其中：银行存入 −100 元 　　　非金存款 +100 元

可见，这一转账的结果是广义货币收缩，而基础货币总量不变（但内部结构有变）。因此，客户将银行存款转入支付公司虚拟账户（包括客户自己直接转入，也包括在支付的时候，付款方用银行卡余额付款，而收款方收到资金后，自动将其存于自己的虚拟账户中），是会导致广义货币收缩的。2023 年年末，央行非金融机构存款较上一年年末增加 1622 亿元，表示 2023 年全年客户向支付公司备付金账户中转入 1622 亿元，从而导致广义货币下降 1622 亿元。金额较小，如果未来变动不大，也可忽略处理。

6. 银行购买资管产品及其他杂项

银行用自有资金购买各种资管产品也会派生广义货币，但这种投资包括的资管产品种类繁多，获取准确数据非常困难。银行日常购买资管产品，主要涉及两大类业务：一是通过购买债券基金、货币基金、委外专户等产品，进行自有资金投资；二是借资管产品通道，进行非标资产等的投资，这种情况下其本质是银行要给自己的客户投放资金，和贷款非常类似，只是因种种原因导致无法发放贷款，因此以资管产品为通道来绕道放款。常用的通道资管产品包括券商资管产品、信托计划等。近年随着监管从严之后，这些做法正在被遏制。

银行购买了一个资管产品后（以100元金额为例），假设该资管产品托管于本行，即资管产品中未投放出去的资金会暂存于本行，则银行的资产负债表变化为（见表2-40）：

表2-40　银行资产负债变动简表

银行	
资产	负债
资管产品　+100元	资管产品存款　+100元

因此，也会派生100元的广义货币。

但是，对于银行购买资管产品，我们暂时没有足够权威、精确的数据来源，无法直接提取该数据。同时，由于这是最后一项重大的广义货币派生方式，因此可以用回轧差的方法，即将全年新增的广义货币总量，减去前述由其他方式派生的能够精准计量的广义货币，那么剩余部分便是银行购买资管产品派生的广义货币，及其他杂项、误差项（包括前述的一些作忽略处理的误差项）。

根据央行披露的数据，2023年，全年广义货币增量为25.84万亿元。但是，央行官方广义货币口径在2018年1月进行了调整，用非存款机构部门（除银行外个人、企业、非银行金融机构等）持有的货币市场基金取代货币市场基金存款（含存单）。也就是说，原本是把全部货币市场基金在银行的存款计入广义货币，现在改用非存款机构部门持有的货币市场基金替代它。新口径更加符合广义货币的定义，即非存款机构部门持有的可用于交易流通的货币。但这一调整导致最终的广义货币总量并非全部来自上述派生方式，因此会形成一定误差。但误差有限，因此我们继续使用上述方法。

将2023年新增的广义货币增量25.84万亿元，依次减去银行发放贷款派生数、银行购买企业债派生数、外汇占款投放数、财政净支出的投放数、支付公司余额下降而投放的数，那么最后的轧差项是-4.62万亿元，即银行赎回资管产品（及其他杂项、误差项）回笼了4.62万亿元的广义货币（见表2-41）。这主要是在2022年年底，债券收益率下降和理财、债基等产品赎回形成负反馈效应，一直到2023年5月才得到有效缓解，因此2023年上半年银行赎回资管产品现象比较明显。

表2-41 2023年广义货币派生结构 （单位：万亿元）

派生方式	金额
银行放贷	22.69
银行购债	-1.15
外汇占款	0.58
财政净支出	8.50
支付余额	-0.16
其他	-4.62
合计	25.84

资料来源：人民银行。

至此，我们便完成了2023年全年新增广义货币派生来源的分解。从央行角度看，如果要控制全年的广义货币增长，它也需要考虑这样的来源分解。对它而言，有些派生方式并非由它主观控制，比如财政净支出完全不由央行控制，外汇占款央行有一定影响力但也无法完全控制，而银行购买资管产品的行为受银保监会的监管政策影响较大，所以央行如果需要调节全年广义货币增长，那么一般会采取措施对银行资产业务施加影响，比如通过窗口指导或其他手段敦促（或约束）银行放贷等。

7. 对广义货币增长率的分析

前文我们研究、分解了广义货币增量，这样做的好处是比较直观、易于理解。但在很多日常分析工作中，对广义货币的分析一般是以增长率来表示的，很少直接研究增量。比如，在评判广义货币增长率是否合适时，一般是拿广义货币增长率与名义 GDP 增速、货币深化速度等因素相比较，从而评判某一广义货币增长率是否合适。根据费雪方程式，货币总量 M 乘以货币流通速度 V，即为物价水平 P 和所交易的商品总量 T 之积：

$$MV = PT$$

货币流通速度 V 不可测，但一般可假设它是一个基本不变的恒量（这一假设在支付手段不发生重大变化的前后两年之间，是基本成立的）。因此，公式左侧的 M 的增长率，约等于右侧整体的增长率。公式右侧是物价水平 P 和交易商品总量 T 之积，我们可以将其近似为名义 GDP。比如，去年生产 5000 个杯子，价格 5 元（PT = 25 000 元），第二年生产 5500 个杯子（T 的增长率为 10%，对应实际 GDP 增速），价格为 5.5 元（P 的增长率是 10%），PT 为 30 250 元。PT 的增长率为 21%，其中 10 个百分点是物价增长贡献的，10 个百分点是产量增长贡献的，另 1 个百分点是两者的交叉贡献。这 21% 即为名义 GDP 增速，但这里会有一点误差，即 GDP 代表的总产出不一定投入流通，比如厂商生产的产成品即使未卖出，也是计入 GDP 的。但日常分析中，往往是物价增长率（CPI、PPI 等，往往以一定经验比例将 CPI、PPI 加权求和）、实际产出增长率（实际 GDP 增速）数据更容易获取，因而上述 PT 的增速又可近似为物价增长率与实际产出增长率之和，而将两者的交叉贡献忽略。于是，便有：

$$广义货币增长率 \approx 实际 GDP 增速 + 物价增长率$$

然后在此基础上，还要考虑不计入 GDP 却又需要货币流通的一些交易，主要包括资产和商品的二级市场交易、货币深化。资产和商品的二级市场交易包括二手房交易、证券二级市场交易、二手货交易等，均需要一定量的广义货币，其中一般二手房交易占最大比重。货币深化是指一些原本不投入市场流通的自然资源（比如土地、矿产、人力资源等）后来开始投入之后，不计入GDP但也需要相应的货币，在我国则是以土地最为大宗。而人力资源是指，原本在自然经济条件下，很多农民通过耕种自给自足，其收入并不需要货币流通，而后随着城镇化推进，他们的收入会逐步货币化。但是，这些不计入GDP的内容很难精确计量，一般是根据往年的二手房、土地等交易量，结合历史经验来大致估计一个经验数。于是，便有：

$$广义货币增长率 \approx 实际GDP增速 + 物价增长率 + 经验数$$

有了这一公式，如果货币当局或分析人士大致掌握了实际GDP增速、物价、房地产市场情况后，就相对容易评判广义货币增长率保持在多高水平是合适的，如果增长率明显高过这一水平，则货币是超发的，显著低于这一水平则货币发行不足，可能会导致通货紧缩。这时，央行会采取相应措施，比如通过窗口指导敦促银行多放贷或少放贷，使广义货币增长率基本合理。

综上，我们一般会把前文广义货币增量分解的表格，再转换为增长率或增长贡献。其方法为，将表2-41中的每一行数字除以2022年年末的M2余额。这样就得到以下表格（见表2-42）：

表2-42　2023年广义货币各派生渠道的增长贡献

派生方式	增长贡献
银行放贷	8.5%
银行购债	-0.4%
外汇占款	0.2%
财政净支出	3.2%
支付余额	-0.1%
其他	-1.7%
合计	9.7%

上表的含义是：2023年广义货币增长率为9.7%。其中，银行发放贷款派生、银行购买企业债派生、财政净支出的投放、其他投放（银行购买资管产品等）分别贡献这9.7%中的8.5、-0.4、3.2、-1.7个百分点。可见，银行放贷是派生广义货币的主力，贡献了广义货币增长率中的约8.5个百分点，财政净支出拉动广义货币增长了3.2个百分点，而银行赎回资管产品回笼了广义货币，拉低了广义货币增速约1.7个百分点。通过这一方法，我们还能比较不同时期的广义货币增长率变化，比如2023年广义货币增长率比2022年的11.8%下降了2.1个百分点，我们把2022年的数据算出来，与2023年的数据列在一起（见表2-43）。

表2-43 2022年、2023年广义货币各派生渠道的增长贡献

派生方式	2022年	2023年
银行放贷	9.1%	8.5%
银行购债	-0.1%	-0.4%
外汇占款	0.1%	0.2%
财政净支出	3.7%	3.2%
支付余额	0.1%	-0.1%
其他	-1.0%	-1.7%
合计	11.8%	9.7%

注：本表2022年数据加总存在四舍五入误差。

相比2022年，2023年广义货币增长率有所下降，主要是银行放贷和购债、其他投放（银行购买资管产品等）对M2增长率的贡献分别下降了0.9个百分点和1.1个百分点。基于这一方法，我们在每期广义货币增长率出现高低变化时，就能够较为精确地回答出来为什么会发生这种变化。总之，由于银行资产业务是派生广义货币的主要来源，那么广义货币增长率变化都需要通过银行业务、财政收支等情况来解释。

8. 最后考虑广义货币内部结构

2023年全年，25.84万亿元的广义货币以不同方式派生出来后，便投

入了社会流通。货币在居民部门的不同人之间转来转去，那么从每个时点的截面数据（某时点的广义货币余额）上看，就会形成广义货币在不同群体间的分布，包括流通中的现金（M0）、单位（企事业单位）存款、居民存款、非银行金融机构存款（含资管产品）、居民部门持有的货币市场基金。比如，2023年年末，广义货币余额在上述几种人群间的分布结构如下（见表2-44）。

表2-44　2023年年末广义货币余额结构　　（单位：亿元）

结构	余额	占比
M0	113 445	3.9%
单位活期存款	567 098	19.4%
单位定期存款	520 996	17.8%
个人存款	1 378 577	47.2%
非银存款	293 323	10.0%
居民部门货币基金（轧差项）	49 274	1.7%
广义货币总量	2 922 713	100%

资料来源：人民银行。

假如银行投放了一笔企业贷款，理论上它会先派生为企业在银行的存款，即上述结构中的单位存款。企业随即会将资金使用出去，比如用于支付员工工资，于是这笔存款转成了个人存款。员工领到工资后，有可能从某商店（企业性质）购买生活用品，于是又变回了单位存款，当然，员工也可能拿它去做投资，购买了一款理财产品，于是这笔存款又转成了非银存款（理财产品存于托管行的存款）。然后，理财产品还可能将所募集的投资者资金再投资出去，比如购买了企业发行的债券，于是资金又去了企业，形成单位存款。因此，最终的余额形式的变化与原来的派生方式其实是完全无法对应的，因为居民部门整体每天发生无数笔交易，资金流通是异常复杂的。但同一期间内两者的增量是必然相等的，即当期派生了多少广义货币和当期的广义货币余额增量必然是相等的。于是，我们可以构建这样一张表格，左边是广义货币余额结构的增量，右边是派生方式的来源（见表2-45）。

表 2-45　2023 年广义货币的余额增量结构和派生来源结构

（单位：万亿元）

余额增量结构		派生来源结构	
M0	0.87	银行放贷	22.69
单位活期存款	0.01	银行购债	−1.15
单位定期存款	5.90	外汇占款	0.58
个人存款	16.69	财政净支出	8.5
非银存款	2.29	支付余额	−0.16
居民部门货币基金（轧差项）	0.08	其他	−4.62
合计	25.84	合计	25.84

资料来源：人民银行。

这张表格有点类似"资产负债表"的功能，即右边代表从哪些渠道派生了广义货币，左边则代表这些广义货币投入流通后在社会上不断转手，最后增量体现到哪些存款类别上。从这一表格中我们也能获取一些信息，比如银行投放了大量贷款派生了广义货币，形成了企业、个人的存款，但这部分的存款增量又明显小于银行放贷派生的量，这是因为银行赎回非标等投资，又导致企业存款下降。

2.4.3　基础货币、广义货币联合分析

以上部分便完成了对基础货币、广义货币的具体分析。然后我们回到"中央银行—商业银行"二级银行制度，以 2023 年实际数据为例，全面观察一下这个整体。我们首先呈现我国二级银行制度下的具体货币数据（见图 2-4）。

央行一共对外发行了 38.9 万亿元的基础货币，其主体是银行存放央行的 24.5 万亿元准备金，此外有发行在外的现金（被银行、居民部门持有，分别为 0.5 万亿元、11.3 万亿元）、支付公司存管的客户备付金（2.5 万亿元）。银行也通过放贷等方式，派生了金额远高于基础货币的广义货币，其主体是居民部门在银行的 276.0 万亿元的各种存款（包括单位存款、个人存款、非银金融存款）。同时居民部门还持有 11.3 万亿元的 M0，也计入广义

货币。此外，居民部门持有4.9万亿元的货币市场基金，其流动性较强，因此被计入广义货币。居民持有2.5万亿元的支付公司备付金，也可用于日常支付，但未计入广义货币。以上这些全部数据，便是我国二级银行制度下，2023年年末的全部货币数据。

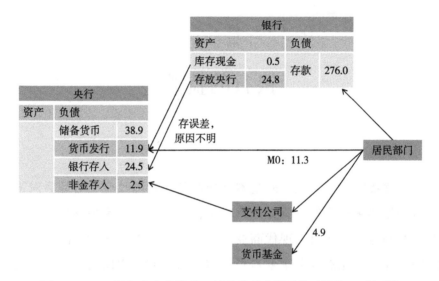

图 2-4　2023年年末广义货币、基础货币余额结构（单位：万亿元）

资料来源：人民银行。

| 第 3 章 |

银行的监管

上一章我们介绍了银行的基本运作原理,各国政府一般都会对银行业经营与运作实施严格的监管,这意味着银行经营的稳定关系到经济社会发展的公共利益。但同时,现代商业银行本身又是市场化运作的、以盈利为目的的企业,因此需要在企业自身利益和公共利益之间选取一个平衡。我们在本章 3.1 节首先介绍银行业具体肩负什么宏观经济职能,然后在 3.2 节介绍银行监管的原理,并回顾我国银行业过去一轮放松监管、收紧监管的过程,最后在 3.3 节介绍宏观审慎监管。

3.1 银行的宏观经济职能

此处我们用宏观经济职能来指代银行业在正常经营过程中,除为自身实现盈利目的之外,还能够为整个国民经济的正常运作提供的一些功能或职能。这里又分为两个层面或视角:一是偏微观的层面,即具体微观银行机构能够为社会上的企业与个人客户提供的服务,当然,这里所谓服务并不是指存款、贷款、汇款等具体业务,而是经过理论提炼总结之后,银行能为客户提供的服务的本质功能是什么;二是偏宏观的层面,指的是健康运作的银行业整体上能够为国民经济运行提供的职能。

3.1.1 微观层面：银行的本质功能

在微观上，现有的成熟理论研究成果已经提炼过银行的主要功能，主要包括流动性风险承担、信用风险承担、信息生产。同时，银行也因为为客户提供了这些功能而获取了相应的收入。通俗地讲，银行是因为为社会做了这些事情而获取收入，并不是不劳而获。

1. 流动性风险承担

金融业的本质功能是实现资金供给方、资金需求方双方的资金融通，具体到银行业，则一边是存款人，一边是借款人。根据前面章节的介绍，现代商业银行实施不完全准备金制度，银行真实拥有的可供提现的资金是其持有的存款准备金，它占全部存款的一定比例，该比例由央行的法定存款准备金率来规范，但这个比例其实很低，比如仅10%。我们继续沿用前文的例子（见表3-1）。

表3-1 银行资产负债简表

银行	
资产	负债
存放央行10元 贷款100元	再贷款10元 存款100元

银行的资产主要是贷款，是典型的缺乏流动性的资产。而存款是流动性很强的负债，存款人可随时来取现。这时，存款人如果都来取现，银行是无法应付的。但是，只要提取的存款比例低于10%，那么银行便能平稳运行，因为它至少可以将存放央行的资金提取成现金，以应付存款人取款（当然，现实中平时银行本身会准备一定量的库存现金）。这样，银行便用高流动性的负债匹配了低流动性的资产，或者称为资产与负债的流动性错配。那么在不考虑其他期限、风险等因素的情况下，流动性越高的资产或

负债，收益率理应越低，也就是说，银行的存款利率将低于贷款利率，两者形成一个利差，由银行享有。也可以说，存款人获取的收益率较低，但他同时享受了高流动性，而银行持有贷款时，牺牲了流动性，但其收益率较高。银行在存贷款之间享有的利差收入，在本质上是源于银行承担了流动性风险。比如，存款人当中如果有较高比例来取现，银行一时难以应付，那么可能就需要从央行或市场紧急融资，并可能付出较高成本。或者一家银行风险偏好极低，不愿意承担较高的流动性风险，那么就会准备更多的流动性资产，比如把部分贷款出售，改为配置一些高流动性的资产（如债券），那么其资产收益率就会下降，银行获取的利差收入随之降低，但同时其承担的流动性风险也下降。因此，银行通过资产与负债流动性错配，承担了流动性风险并享有了相应的收入，这部分收入又称为流动性风险补偿。

2. 信用风险承担

除了流动性风险之外，银行还面临另一种非常重要的风险类型，即资产的信用风险。银行向借款人发放贷款，借款人难免会因种种原因无法按约定偿付本息，因而使银行遭受损失，这便是信用风险。银行放贷的信用风险不能转嫁给存款人，要随时保障存款安全。换言之，存款是一种风险极低的负债，而银行贷款则是有一定风险的资产，两者信用风险等级不同，存在信用利差。信用利差被银行获取，用来弥补银行所承担的信用风险。

为此，银行需要有效控制风险，以防信用风险失控而无法被银行自身的信用利差所弥补。注意，这里是指控制风险，而不是消灭风险，因为从理论上讲，真实世界充满不确实性，不可能做到完全消灭风险。因此，银行放贷业务要做到的是控制风险。什么是控制风险呢？其本质上采用的是保险原理，方法为银行尽可能评估出某一类借款人的债务违约损失率，比如评估出来是 1%，然后银行在给所有借款人放贷时，在所有贷款利率之上额外多收 1 个百分点的利息。一旦贷款总体上确实出现了 1% 的损失，所有借款人就额外多支付的 1 个百分点的利息，这刚好大致弥补了 1% 的违约损失。这是银行在发放贷款业务时最为常用的一种风险定价方式，其本质是所有借款人多支付了 1 个百分点的利息（相当于"保费"），为那 1% 的最终违约的人买单。显然，这一方式只能用在风险偏低的领域。因为，如果评估出来最后的损失可能是 10%，那么让全部借款人额外支付 10 个百分点的利息来弥补最终的可能损失，或许没有几个借款人乐意。如果有乐意这么做的借款人，则可能发生逆向选择，因为只有从事很高风险业务的人甚至是赌徒才愿意承担这样高的借款利率。所以，银行放贷业务只能服务风险水平偏低的客户群体。

3. 信息生产

由于上述风险定价方式基于保险原理，那么自然而然，它也会遭遇保险业的"天敌"：逆向选择与道德风险。逆向选择是指，银行原本遴选了一批客户，预计其平均违约损失率是 1%，借款人需要额外支付 1 个百分点的利息，那么其他风险等级更高的借款人会有动机把自己伪装成损失率为 1% 的借款人，并尝试来这里获取贷款。如果他们蒙混过关并获取了贷款，那么将来这些借款人违约率将不止 1%，银行原先收取的 1 个百分点的"保费"将不足以弥补信用风险，风险定价失效。同时，一些非常安全可靠的借款人并不乐意承担 1% 的保费，于是不愿意来申请贷款，宁愿自己另外想办法融资。道德风险是指，这些原本平均违约损失率是 1% 的借款人成功获取了贷款后，可能会对资金使用漫不经心、疏于管理，结果导致其最终的损失也不止 1%，风险定价失效。

银行并不能准确掌握借款人群体真实的、最终的违约损失率，这便是困扰贷款业务的信息不对称问题。为想方设法克服信息不对称，银行要从事很多繁重的工作：首先，定位客户群体，选择从一些风险水平相对较低的人群中遴选客户，直接排除一些风险等级相对较高的群体（哪怕这些群体中也可能会有一部分低风险的个体）；其次，对备选的客户进行充分的调查研究，尽可能掌握其有关信息，严格筛选，确保入选客户的平均违约损失率不会失控;最后,在贷款发放之后,银行还要紧密跟踪并监督借款人审慎经营,以保证资金安全,在出现问题时及时介入干预,即"贷后管理"。这一系列工作围绕银行搜寻、掌握、处理借款人信息来展开,为的是克服信息不对称,因此这些工作被统称为信息生产。银行也因为完成这些工作而获得了回报。

因此,银行通过承担流动性风险、信用风险以及完成信息生产工作,来获取它应得的收入。过去社会上曾流行过一些认为银行"躺着赚钱"的批评声音,在某些情况下可能不无道理(比如有些企业有着众人皆知的卓越信用,银行向它们放贷几乎不需要完成信息生产工作),但很多时候这只是普通大众不了解银行本质的表现。

3.1.2 宏观层面:银行的宏观经济职能

在了解了银行微观层面的功能之后,我们再进一步扩大视野,将视野扩展到整个宏观经济,便能提炼出几项银行业服务于宏观经济运行的主要职能。

1. 货币创造

现代商业银行通过资产业务派生的银行货币,构成了广义货币的主体,它们为社会经济活动提供了货币,或者说为经济注入了流动性,这些货币(流动性)可以用来履行支付、财富储藏等职能。如果没有银行创造银行货币,仅靠货币当局主观调节货币发行,则很难实现较为合理的发行量。这一部分在第1、2章中已详细介绍过了。

2. 资源配置

银行在选择借款人时,会平衡自己的收益与风险情况,筛选一批合适的借款人,并向其发放贷款。贷款通常用于生产经营或消费(借款人将资金用于消费也会间接带动生产经营)。因此,银行本质上实现了将稀缺资源进行优化配置的职能。因为一国银行业的信贷总量是有限的,需要进行优化配置，所以在控制风险的情况下，要尽可能取得更好的生产经营成效，以便使全社会总产出最大化。可以说，银行放贷在微观上是为了自身的经营，在宏观上是在为国家实现资源优化配置。

3. 风险缓释

银行吸收了一定的信用风险、流动性风险，使存款人能够在保证高度安全的情况下，还能享受高流动性，随时可以提取现金，银行自身则吸收了资金投入企业生产经营后产生的风险。因此，这本质是在为存款人提供"保险"服务，即提供针对流动性风险和信用风险的保险。当风险可控时，银行借助自身的盈利、资本等吸收了风险，使社会经济运行保持平稳。或者换个角度说，从企业角度上看，不管经济好坏，总会有一定比例的企业因经营失败而造成违约，如果这些违约损失能够被银行的信用利差合理吸收，那么便能使系统保持整体稳定。

4. 货币政策传导

在现代二级银行制度下，央行的很多货币政策操作都需要通过银行体系来传导。央行直接操作的对象一般是以基础货币为主，这类操作可以是通过再贷款向银行投放基础货币，并制定再贷款投放的金额和利率，用以引导银行的贷款投放行为，最终通过银行的贷款投放等方面的行为变化来实现其货币政策目标（比如引导银行收紧信贷来应对经济过热，或是敦促银行扩大信贷来应对经济低迷）。这部分内容详见第2章。

3.1.3 小结：理解银行职能

我们研究银行的微观功能和宏观职能，有多方面原因。

首先，目前有很多创新业务，在一些具体业务层面上对银行业务形成替代，于是引发了银行业会被替代、颠覆的讨论。而这就需要我们回到银行的微观功能，才能判断各种创新有没有偏离或替代银行的本质功能。在此我们举几个银行业内部、外部的例子。

（1）互保联保的小微业务：互保联保是指银行（或其他放款人）在投放贷款时，让几个借款人组成一个互保联保圈子，当其中有借款人发生债务违约时，本圈子中其他任意一位借款人都负有连带偿付责任。一般两个借款人为互保，三家及以上为联保。具体开展业务时，还会对单一一家借款人占本圈子全部贷款的比例进行约束，比如不超过 40%。互保联保最初由孟加拉国格莱珉乡村银行（Grameen Bank）运用在对贫困农户的贷款上，效果良好，其创始人穆罕默德·尤努斯（Muhammad Yunus）后来还获得了 2006 年诺贝尔和平奖。这一方法的初衷非常明显，就是在圈子内实现风险共担，减少银行损失，其实是把保险原理运用到了每一个小圈子内（本来是应该运用到整个借款人群体中的）。但是，如果缺乏对每个借款人的仔细尽调（互保联保往往使银行放松了对单一借款人的详细尽调），互保联保反倒会使逆向选择大行其道、道德风险暴露无遗。比如，当一个借款人知道自己信用良好时，他是不愿意组团参加互保联保的，反倒是明知自己信用不佳的更愿意参加。从我国银行业的实践效果来看，互保联保贷款的借款人质量明显更差，并且在暴发风险时，还会起到"火烧连营"的后果，把参加互保联保的一些正常借款人拉下水。

（2）P2P 业务：从 2013 年开始，互联网金融变得较为热门，其中以 P2P 为代表。曾经一度出现了替代银行的讨论。严格地讲，P2P 是利用一个信息平台撮合资金供给方和资金需求方，并且双方理应满足一对一或多对一的清晰的债务债权关系，这与银行的资金池有本质区别。资金池是指银行的所有从负债、股东获取的资金是汇总到一起使用的，并不存在某笔资产与某笔负债的一一对应关系。银行从资产端获取收入后，减去全部负债利息支出，就是银行的收入。但 P2P 不一样，其资金供给方和资金需求方清晰对应，P2P 公司不为这笔债权的最终安全性负责，而只提供撮合、信息等方面的服务，这类似于银行从事的信息生产工作，并借此收取服务费。而这笔债权的收益与风险全由资金供给方自己承担。因为 P2P 公司不承担流动性风险、信用风险，所以理论上也不会享有风险回报，那么正常的 P2P

公司收入会明显低于银行。但是，有些 P2P 公司为了追逐更高收入和规模，向投资人（资金供给方）承诺较高的收益，将资金投向资金需求方（往往是一些风险偏高的投向，因为只有这样才能收取较高利息）以赚取更多利差，这就有意无意把自己办成了一家银行。但 P2P 公司又不像银行一样接受严格监管，最后导致风险大量暴发。换言之，P2P 平台自身并没有足够实力去承担流动性风险、信用风险，不可能取代银行。

其次，我们一旦认清了银行的功能和职能，便能够评判银行是否在有效履行这些功能和职能，政府是否有必要采取措施进行管制，这也就为科学监管提供了依据。

显然，这些宏观职能跟银行的微观功能是紧密相关的，宏观职能能不能履行好，很大程度上取决于微观功能效果如何。比如，宏观的资源配置职能，本质上需要银行改善其信息生产等工作，有效甄别客户，这样才能实现宏观上的资源优化配置。风险缓释职能则更是如此，很大程度上取决于银行自身的风险管理，如果银行自身对流动性风险、信用风险管理不当，那么不但不能为宏观经济缓释风险，有时甚至反倒会起到扩大风险的效果。换言之，银行经营的健康稳定并不仅仅是行业自己的事，而是事关整个经济稳定，具有很强的外部性。而银行自身是盈利性的企业，如果任其自由经营，银行难免会为了追求盈利而铤而走险，博取的收益由它自己享有，而产生的风险则由社会承担。所以，政府从管理一国经济运行的角度，有必要保证银行稳健经营，而并不能像其他行业一样，放任其自由竞争。这便是银行监管的根本初衷。

3.2 银行的监管：微观监管

商业银行是追求盈利的企业，按市场化原则运作。一般来说，市场化运作的企业是自负盈亏的，有些会盈利，有些则可能亏损，甚至时不时还会有企业倒闭。但在上一节我们已经提到，银行业履行很多宏观经济职能，具有很强的外部性，尤其一些国际化布局的大型银行，如果其风险暴发并对外传染，就有可能会给整个国民经济甚至全球经济运行带来较大动荡。因此，各国政府均对银行业施以较为严格的监管。银行监管的底线，是不发生系统性风险。

3.2.1 微观监管原理

存款是银行的主要负债，而存款履行货币职能，又是广义货币的主体，因此必须随时保证其信用水平。现代信用货币的本质就是债权，它能够成为货币，纯粹是因为持有人相信它信用足够好，在将其支付出去时，对方愿意接受。因此，既然存款是货币，那么就有必要保证其绝对安全，以便使其能够良好地履行货币职能。但这里就出现了一个矛盾，即银行业是市场化运作的，如果真正实现完全市场化（或者接近完全竞争的市场），那么与其他完全市场化的行业一样，银行业的参与者就可以自由进出，最终供给与需求达到均衡，全行业经济利润为零，并且其中肯定有经营成功者和经营失败者。换言之，经营上会有成功者也会有失败者（这是完全竞争市场的基本特征），但一旦有了经营失败者，那么当这家银行倒闭而无法偿还其债务时，就会有一部分存款沦为废纸，这就与前文的"保证存款绝对安全"产生了矛盾。

如何兼顾经营市场化与存款安全性，这一矛盾贯穿了银行业发展始终，人们一直在寻找能够两全其美的方法。美国建国后的银行业发展史很好地体现了人们寻找兼顾银行市场化竞争与存款安全性的两全之法的历程。[⊖]

1. 特许经营

实施特许经营制度是指，让银行业不处于充分竞争状态（甚至是零竞争状态），以此来保障银行安全，也就是存款安全。其主要实践模式就是本书2.2节介绍的国家银行制度。

事实上，这并不是两全其美的方法，而是在权衡之后，选择优先保障

⊖ 莫斯. 别无他法：作为终极风险管理者的政府 [M]. 北京：人民出版社，2014.

存款安全，在一定程度上牺牲完全市场化，并实施牌照制，甚至让发放牌照变得非常严格。这样，银行业就不会成为充分竞争、充分市场化的行业，参与者数量有限。此外，还要对银行日常经营的方方面面进行管制。比如，长期以来，很多国家或地区对银行存贷款利率给予一定的管制，对银行准入门槛也给予一定的管制，这分别构成价、量两方面的管制。这甚至涉及一些更为具体的细节，比如直接对银行的信贷规模、网点数量、经营地域给予行政管制。更加极端的做法，则是实施绝对的国家银行制度，对行业实施高度管制，让银行本身就成为国家机关的一部分（或者虽非国家机关的一部分，但国家给予隐性担保），处于零竞争状态。此时，民众完全相信存款是受国家保障的，是安全的。

当然，这样做的弊端也非常明显：银行业并未实现真正的市场化、商业化，并不是真正意义上的现代商业银行，而是或多或少带有国家机关的特色。由于银行业受到政府不同程度管制，银行内部的很多决策并非以市场化（股东价值最大化）为导向，而更多遵从国家安排。体现到微观业务和服务层面则一般表现为，不以客户需求为中心，而是以自己的流程或监管要求为中心，没有动力为了服务客户而去想方设法地寻求业务创新，不思进取；体现到整体行业上，则表现为全行业的业务能力止步不前，无法有效满足实体经济的金融服务需求。

在新中国成立后的计划经济时代，这一模式有过其历史意义，但在改革开放之后，尤其是确立了社会主义市场经济制度之后，其弊端就非常明显了。因此，整个银行业也在朝市场化方向改革，当然这项改革并不是一步到位，不是直接转变为完全取消特许经营制度，而是循序渐进地降低特许经营门槛并允许更多的参与者开办银行（称为"增量改革"），同时也对原有的国家银行进行市场化改制，逐步让整个行业的市场化程度显著提高。

2. 资本管理

实行自由银行制度的国家，所面临的问题刚好相反。银行业的市场化程度是足够的，但是由于充分竞争，银行经营失败经常发生，存款安全无法得到保障。甚至，每隔一段时间还会发生较大规模的银行危机，较多数量的银行成批倒闭。于是为了保障存款安全，国家开始限制银行的杠杆水平，以便控制其风险，降低经营失败的可能性。比如，2.3 节中介绍的法定存款准备金率的应用，便是早期控制银行杠杆的方式之一。此外，自由银行制度最为典型的美国，早期还采取了另外一种办法，即对银行实施资本管理，以便控制银行经营的杠杆。现在，资本管理已经成为银行业乃至金融业监管的核心措施。

资本管理的思想是银行的股东（后来还包括了其他资本的出资人，如资本债券的出资人）要完成一定比例的出资（称为银行的资本），银行的资本占银行贷款等风险资产的比重，必须超过一定比例（见表 3-2）。言下之意是，如果银行风险资产发生损失，只要其损失不超过资本，那么可以先由资本来承担损失，而不会影响存款安全。通俗而言，即银行资产发生损失时，先亏股东（及其他资本的出资人）的出资，资本亏光了才会使存款人受损失，所以只要资本的出资比例达到可能的损失之上，就有较大把握保证存款安全。

表 3-2 银行资本管理示意图

资产	负债与股东权益
资产	存款及其他负债
（损失）	资本

美国在早期自由银行时代便开始探索资本管理。1864 年颁布的《国民银行法》中便有对资本的要求，即基于当地人口规定了对资本的最低要求（是一个金额绝对值）。进入 20 世纪后，在 20 世纪 30 年代，美国银行业开

始尝试"资本/总资产""资本/总存款"这样的比率要求。1950年后开始有了将资产按风险权重进行调整的想法,提出了"资本/风险资产"的比率要求,这已经基本接近现代的资本充足率管理要求了。[⊖]但这一监管要求在很长一段时期内并未得到重视而成为重要的监管指标,只能算是一些尝试。大致到了20世纪80年代之后,这一指标开始逐步被纳入正式监管指标之中,并规定了对资本充足率的最低要求。这一具体要求在后来不断被修改,比如曾在1985年被所有银行规定为5.5%。1975年,在十国集团央行行长的倡议下成立了巴塞尔银行监管委员会,该机构为国际清算银行下的常设机构,力图统一全球主要国家的银行监管标准。该标准又称为《巴塞尔协议》,其中重要的一项内容便是对全球统一资本充足率的监管要求,最早设为8%。

风险资产的计量也是资本管理中的重要内容。风险资产是指未来收益存在不确定性甚至可能发生损失的资产类别,包括贷款、企业债、金融债等,而主权级资产则一般被视为无风险资产,比如国债、中央银行票据等。不同类型资产的风险水平是不一样的,为了更为准确地计量全部资产的风险水平,《巴塞尔协议》为不同类型的资产设定了不同的风险权重,比如对一般企业贷款的风险权重为100%、3个月以内的对其他银行的债权为20%等,而无风险资产则为0%。然后,银行将自身持有的各类资产按各自的风险权重进行加权求和,最后得到所有资产对应的风险加权资产,简称风险资产。《巴塞尔协议》又规定银行必须准备好占风险资产一定比例的资本,比如8%,这便是标准权重法的资本充足率管理。后来,《巴塞尔协议》不断细化不同风险权重下的资产类别,但标准权重法的原理一直没变。我国原银监会2012年颁布了《商业银行资本管理办法(试行)》,对不同类别资产设定了各自的风险权重。2023年,国家金融监督管理总局印发《商业银行资本管理办法》,对风险加权资产的计量规则进行了修订,并且将银行划

⊖ 刘彦明. 美国银行业资本充足率监管 [J]. 银行家,2008. (9).

分为三个档次,分别匹配不同的资本监管方案。表 3-3 中罗列了针对第一档银行的一些常见资产类别的风险权重。

表 3-3 银行常见资产类别的风险权重(第一档银行)

项目	权重
现金类资产(现金、黄金、存放中国人民银行款项)	0
对我国中央政府、中国人民银行、开发性金融机构和政策性银行(不含次级债权)的风险暴露	0
对省(自治区、直辖市)及计划单列市人民政府风险暴露	
一般债券	10%
专项债券	20%
对一般公司的风险暴露	
对投资级公司的风险暴露	75%
对中小企业的风险暴露	85%
对小微企业的风险暴露	75%
对其他一般公司的风险暴露	100%
对符合审慎要求且还款不实质依赖于房地产所产生的现金流的居住用房地产风险暴露	
贷款价值比在 50%(含)以下	20%
贷款价值比在 50% 至 60%(含)	25%
贷款价值比在 60% 至 70%(含)	30%
贷款价值比在 70% 至 80%(含)	35%
贷款价值比在 80% 至 90%(含)	40%
贷款价值比在 90% 至 100%(含)	50%
对次级债权(未扣除部分)	
对我国开发性金融机构和政策性银行的次级债权(未扣除部分)	100%
对我国商业银行的次级债权(未扣除部分)	150%
对我国其他金融机构的次级债权(未扣除部分)	150%
对全球系统重要性银行发行的外部总损失吸收能力(TLAC)非资本债务工具(未扣除部分)	150%
股权	
对金融机构的股权投资(未扣除部分)	250%
被动持有的对工商企业股权投资在法律规定处分期限内的	250%

（续）

项目	权重
对因市场化债转股持有的工商企业股权投资	250%
对获得国家重大补贴并受到政府监督的股权投资	250%
对工商企业的其他股权投资	1250%

资料来源：国家金融监督管理总局。

现实中，不同银行统一资本充足率最低标准，比如 8%，虽然便于实际操作，但有逻辑缺陷。按照资本管理的思想，应该是准备一定比例的资本，用于应对可能发生的损失。但各银行的资产风险水平是不一样的，将所有银行的同类资产按同一风险权重加权（比如所有对企业的贷款的风险权重均为 100%），并不能准确反映各行的真实风险情况。如果有些银行的资产实际风险很高，那么按标准权重计量出风险加权资产，再按资本充足率要求准备好资本，其实是不足以吸收其损失的。或者有一家相反的银行，其资产的实际风险很低，按标准权重计量会高估其风险资产，进而不得不准备过多的资本，导致效率浪费。因此，从资本充足率监管实施以来，仍然不断有银行经营失败。

要克服这一问题，就需要将风险计量得更为精确。1978 年美国信孚银行提出了新的风险调整后的资本收益率模型（risk adjusted return on capital，RAROC），基于现有的数据测算出自身的信用风险、操作风险、流动性风险等的概率分布，并求得其损失的期望值、标准值等数据。然后，将损失分为预期中损失、预期外损失、小概率的极端损失三类。预期中损失即风险损失的期望值，发生的确定性较大，一般用资产减值损失（拨备）来应对；而一个标准差对应的损失就是预期外损失，需要由经济资本来覆盖；极端损失则很难进行日常管理，万一发生了，只能用购买存款保险或接受国家救助的方式来应对。因此，在资本管理的过程中，理论上需要基于一定的历史数据合理评估自身的风险情况，从而科学地准备资本规模。显然，大部分风险计量能力不足的银行无法做到这一点。即使银行具备这种风险计量能力，由于模型较为复杂且有一些参数含有主观估计，还需要防止道德风险，因为银行可能故意将风险计量得偏低，从而节省资本，扩大收益。因此，一个次优的选择便是"一刀切"，即实施标准法，给出一个统一的最低资本充足率要求，要求全部银行实施。

《巴塞尔协议》在升级为《巴塞尔协议Ⅱ》《巴塞尔协议Ⅲ》后，将确定风险权重的资产类别分得更细，或者对不同类型的银行，提出不同的资本充足率要求（比如系统重要性银行的资本要求更高），但不管看上去多么精美，协议仍未从根本上改变上述一刀切的缺陷。后来的可实施内评法，一定程度上能够弥补这一缺陷。目前，我国国家金融监督管理总局参考最新的《巴塞尔协议》设定了资本充足的具体要求，包括：

（1）资本类别：目前资本分为核心一级资本、其他一级资本（两者合称一级资本）、二级资本三档（排列在前面的称为更高档的资本类别），分别由不同的资本工具来充当（见表3-4）。

表 3-4　现有的银行资本工具类别

资本类别		主要资本工具
一级资本	核心一级资本	普通股
	其他一级资本	优先股、永续债
二级资本		二级资本债券

（2）资本要求：银行的以上三档资本要达到最低资本要求，此外还要满足额外的资本要求，包括储备资本、逆周期资本、国内系统重要性银行附加资本等，这些额外资本要求均要用核心一级资本来满足。目前这几项的要求见表3-5。

表 3-5　我国现行资本充足率要求

	资本类别	资本充足率要求
最低要求	核心一级资本	5%
	一级资本	6%
	全部资本	8%

（续）

资本类别		资本充足率要求
额外要求 （需由核心一级 资本满足）	储备资本	2.5%
	逆周期资本	0%
	国内系统重要性银行附加资本（按系统重要性得分从低到高分为五组）	0.25%/0.5%/0.75%/1%/1.5%

如果把最低要求和额外要求（须由核心一级资本满足）直接求和，那么最终的资本充足率要求分别为（见表3-6）：

表 3-6 我国现行资本充足率要求

资本类别	国内系统重要性银行	其他银行
核心一级资本	7.75%/8%/8.25%/8.5%/9%	7.5%
一级资本	8.75%/9%/9.25%/9.5%/10%	8.5%
全部资本	10.75%/11%/11.25%/11.5%/12%	10.5%

以上只是最低监管要求。在实际工作中，监管部门还会针对银行的具体情况，提出更高要求。此外，纳入全球系统重要性银行的大型银行，还会有其他一些资本要求。关于资本管理更为细节的内容本书暂不展开，感兴趣的读者可参阅相关文献。

总之，银行资本管理的实施，使银行在依然满足市场化经营的前提下，拥有了一定的安全垫，发生风险时风险先由资本吸收，这在一定程度上确实起到了保护存款安全的目的，使银行在经营市场化和存款安全性之间取得了一定的均衡。虽然无法精确实现单家银行的风险计量，使一刀切的资本充足率要求仍有一定缺陷，但资本管理仍然不失为一种较为有效的监管手段。因此，资本管理也就成为现代商业银行监管中的核心措施。

3. 存款保险

存款保险是银行业想出来的另外一种兼顾经营市场化和存款安全性的尝试，它和资本管理一样，最早也是起源于19世纪美国的自由银行时代。

当时银行众多，投机盛行，银行经营失败经常发生，银行和货币体系极不稳定。1829年新上任的纽约州州长马丁·范·布伦（Martin Van Buren）面对动荡的银行体系，开始考虑建立银行债务保险计划。一位名叫约书亚·弗尔曼（Joshua Forman）的商人向布伦州长致信，向他介绍了当时中国广州行会采取的一项风险共担机制：各商行都可进行对外贸易，但万一破产，其他商行都对债务负有连带责任。弗尔曼认为这是让广州商行在国际贸易中保持卓越信用的保障之一。随后他起草了一个草案，其内容与现代的存款保险已非常类似，包括建立保险基金，下设专门委员会，评估申请参加的银行，并监督银行的资产投向。

在后面的几年，纽约州等多个州开始建立银行债务保险计划，但各州的具体实施内容有些差异。比如保险范围不同，有些包括存款、票据在内的各种债务，有些则只包括票据等；有些覆盖不同类型的银行，有些则仅针对保险计划成立后的新成立银行；各州的保险费率也不同，有1%～10%不等（对应的保险范围也不同）；此外，在保险赔付、对银行的日常监管等方面，各州的具体规定也不同。截至1917年，美国有14个州建立了存款保险制度，各州运行情况参差不齐。在20世纪30年代大危机中，大量银行遭受挤兑，美国于1933年出台《格拉斯–斯蒂格尔法案》（Glass-Steagall Act），创立了全球最完善的存款保险制度，并于1934年成立了联邦存款保险公司（Federal Deposit Insurance Corporation，FDIC），该公司是该制度的运营主体。联邦存款保险公司主要覆盖在该公司投保的所有联邦储备体系会员银行、国民银行（这两者强制投保），以及州银行和其他金融机构（这两者自愿投保）。起初，保费按银行存款总额的0.12%计收，1991年1月和7月该比例分别升至0.195%和0.23%，1999年开始基于银行评级进行差异化收取。目前，美国几乎所有的银行都已参保，对每个存款账户的保险金额最高为10万美元。

目前，全球已有100多个国家建立了存款保险制度。在我国，人民银行于2015年5月出台了《存款保险条例》，该条例由国务院批准实施，银行存款保险制度开始建立。2019年5月，存款保险基金公司成立，成为履行存款保险职能的主体。目前，我国存款保险制度覆盖了几乎全部吸收存款的银行业金融机构，包括商业银行、农村合作银行、信用社等。对单个存款账户的最高保险金额是50万元（包括本外币存款），50万元以上的部分不受保护，也不保护金融机构同业存款等。2019年，存款保险制度在包商银行案中迎来了成立后的第一次实战检验。

存款保险制度的核心思路，仍然是为了调和银行经营市场化和存款安全性的矛盾，让银行能够更好地按照市场化原则去开展经营。一旦参保银行经营遭遇风险而面临倒闭时，存款作为一种特殊的负债由存款保险进行赔付，而超过存款保险单户金额以上的部分以及其他负债则视为普通负债，仍然按照公司破产清算流程依次进行清偿。这样的安排完全沿用了保险的思路，由参保的市场主体共同支付一定的保费，形成存款保险基金，然后对其中的个别经营失败银行的存款进行赔付。这样，既允许了行业内市场化运作，又可保障大部分存款的绝对安全，一定程度上确实兼顾了银行经营市场化和存款安全性。

但既然存款保险沿用的是保险的思路，那么它也和其他商业保险业务一样，有其优势，也有一些缺陷。

首先，存款保险和其他保险一样，具有主动、积极管理风险的职能与优势。比如，出售火险保单的保险公司，平时会积极开展防火减灾的预防工作，对预防措施不当的投保人提高保费，这一方面是为了减少自己的理赔金额，提高财务表现，但另一方面也提升了全社会的防火水平。又比如，出售车险保单的保险公司，甚至可以在投保人车上安装检测设备，监控他们的不良驾驶行为，一经发现就提高保费，以此来敦促驾驶员安全驾驶。同样，存款保险公司也会积极开展对银行业务的监督，很多国家的存款保险公司本身就被赋予了一定的银行监管职能，它们配合监管部门开展工作，平时会紧密跟踪银行业经营情况，敦促银行稳健地开展业务，对行为过于激进的银行进行干预，甚至以提高保费等手段为惩罚。因此，存款保险制度本身就是维持银行稳健经营的手段之一。目前，我国存款保险公司也可配合人民银行、国家金融监督管理总局等部门，综合投保银行的宏观审慎、经营合规、风险水平等情况，最终决定保费高低或其他投保条件，以此来敦促银行稳健经营。

其次，存款保险制度面临保险业务的固有缺陷，包括道德风险、逆向选择等。道德风险是指，人们在投保之后认为反正这些潜在损失已有人理赔，对风险控制就会漫不经心。道德风险严重之时，会产生"负反馈"，即"越保越险"现象，投保的风险会彻底失控。逆向选择是指，风险越高的群体，越有积极性来投保。道德风险、逆向选择破坏了保险业存在的根本逻辑——大数定律，因此是保险业的公敌。存款保险也面临这一公敌，比如在道德风险方面，投保后的银行不再关心稳健经营，行为越发激进，而存款人也觉得反正存款存在哪里都是绝对安全的，也不再"用脚投票"去选择稳健的银行，这反而抵消了市场竞争的效果。在逆向选择方面，某些极其稳健的大型银行或者有些大型国有银行有很强的国家信用，对投保并无积极性，而往往是一些经营风险偏高的银行积极性很高。目前，人们尚未找到根除道德风险、逆向选择的系统性方法，只能通过更严格的监管来尽可能控制它们的程度。

最后，存款保险制度不能抵抗系统性风险，这也是保险业务的固有缺陷。如果一国的整个银行体系遇到系统性风险，众多的银行出现大面积倒闭，可能整个存款保险基金是不够赔付的。这和如果一个城市出现大面积火灾的话，保险公司也无力赔付是一个道理。系统性风险只能通过宏观审慎管理来控制。

综上，存款保险制度是一种兼顾银行经营市场化和存款安全性的尝试，让银行能够更大程度地参与市场竞争，即使万一经营失败，存款安全性依然可以得到保障。存款保险自成立以来，确实起到了一定的作用，但依然不可能克服系统性风险。

3.2.2 微观监管的破坏

以上是从原理上解释了银行监管，即为了保证存款的绝对安全，监管部门实施了一些监管措施。但如果从银行自身的角度或立场出发，我们却有不同的发现。一方面，特许经营使得银行业并不像其他普通行业一样陷入完全竞争，因此全行业能够享受到高于普通行业的利润水平，我们将这种利润称为"特许利润"，这也使世人相信银行业务是一门很赚钱的生意。但另一方面，以资本管理为代表的杠杆水平约束，又制止了银行通过进一步加杠杆来增加利润的冲动。换言之，这些原本以保护存款为初衷的措施，最后都和利益扯上了关系，而此时事情就开始变味了，出现了各种破坏监管、谋求利益的违规行为。这些行为大致可分为两大类：一类是未获取银行牌照的机构违反银行特许经营制度，仿照银行的业务模式来赚取利差，这种一般被称为"影子银行"；另一类是银行自己为了追逐更高利润而耍花样，暗中规避具体的监管要求，违规加杠杆以博取更高回报，这种一般被称为"银行影子"。⊖

1. 影子银行

在上一节，我们介绍了银行的本质功能，银行业实施特许经营制度，开办银行要向监管部门申请银行牌照，获取牌照之后才能从事银行业，银行承担了流动性风险、信用风险，从事信息生产，并因此获取收入，它并不是不劳而获的。尤其是在承担风险方面，这其实是银行业务的一大本质特征，是其他大部分金融业务所不具备的。而信息生产则可能是很多金融业务均不同程度具备的功能。

一种非常容易与银行业务相混淆的业务是资产管理业务。提供资产管理业务的金融机构为资产管理公司，在我国包括基金公司、证券公司的资产管理公司、银行理财子公司、信托公司等很多种类型，一般统称为"资

⊖ 目前，"影子银行"与"银行影子"尚未形成明确的规范定义，因此不同文献使用这两个概念时的内涵与外延可能有所差异，请读者注意。

产管理人"。它们向投资人发行资产管理产品以募集资金，然后将这些资金按照约定投资到一定范围的资产中去赚取收益，这些收益在扣除了资产管理人自己的管理费之后，将尽数归还投资人。换言之，资产管理业是指由专业的资产管理人帮投资人打理资金，或者说资产管理人为投资人"打工"并收取"工钱"（管理费），这种管理费有点类似于银行业的信息生产收入。但资产管理人不为投资承担流动性风险、信用风险及其他风险（如市场价格风险等），因此投资管理人也不会因承担风险而获取收入。所以在大多数情况下，资产管理人获取的收入要少于银行的业务模式所能产生的，因为他只收取管理费，而银行除信息生产之外还会因承担风险而获取回报。而如果一些资产管理人比较贪婪，也希望像银行那样通过承担风险的方式获取更多收入，那么他可以偷偷向投资人承诺：我向你发行资管产品，资金用于投资，不管我的投资收益如何，我都会向你支付4%的回报。如果投资人对4%的水平是满意的，他就会答应。这种收益承诺是违背资产管理业的原则的，被称为"刚性兑付"，它本质上是使资产管理业务在实质上变成了债务融资，即资产管理人以4%的利率向投资人债务融资，资金用于投资以赚取收益。当然，如果投资出现风险，那么风险就由资产管理人承担，如果创造出更高收益，那么收益就由资产管理人享有。所以，资产管理人以承担风险的方式博取更高收益，本质上是类似于银行业务的。

在这一种情况下，资产管理业实施了刚性兑付，本质上演变为类银行业务，违反了银行业的特许经营原则，属于无证开办银行业务。此外也存在一些金融业务，虽然表面上没有承诺刚性兑付，但在实践中由于投资比较安全保守，也几乎没有风险发生（或只是偶然发生），则这些业务所实施的也可能在一定程度上类似刚性兑付，比如货币市场基金。业内习惯将这些行为归为"影子银行"的范畴。越来越多的机构偷偷从事影子银行业务，这实质上会增加银行业的竞争，从而分走了一部分银行业的特许利润。但是，这些机构并未像银行业那样接受各种严格的监管，实际上它们也并没有实力承担这些投资风险。所以一旦投资出现亏损，它们可能没有能力向客户给付约定收益（银行业是通过资本管理、存款保险等手段来确保自身对存款人的债务安全的）。

我国在2010年之后开启的一系列金融创新，中间就夹杂着不少暗中实施刚性兑付的资产管理业务，包括信托公司、证券公司的资产管理公司甚至基金公司在内均向客户发行刚性兑付的资产管理产品，承诺付给客户相对固定的收益，然后将资金用于投资，更高的投资收益归资产管理人自身所有。这其实是以资产管理业之名，行银行业之实。另外一种典型的影子银行还包括伪P2P等，这在上一节已有介绍。2018年，我国人民银行、银保监会、证监会、外管局联合颁布了《关于规范金融机构资产管理业务的指导意见》（即"资管新规"），严格要求所有的资产管理业不再实行刚性兑付，逐步回归资产管理业的本源。同时，还对伪P2P、各种所谓的财富管理公司等进行打击或予以取缔。目前，我国影子银行风险已经得到大幅控制，银行业的特许经营得到了较好保证。

2. 银行影子

贪婪的不仅仅是影子银行，某些不安分的银行本身也会为了追逐更多利润而暗中规避各项监管措施，以谋求更多收入。资本管理是最重要的监管措施之一，制约了银行加杠杆的水平，而更高的杠杆能够带来更多的收入，因此某些银行会通过绕开监管要求、额外增加杠杆的方式，博取更多收益。在我国，这些方法过去大致又分为两类，一类是在表内将一些资产类型包装、粉饰为资本占用更低的资产类别（这些类别适用更低的风险权重），从而降低了风险加权资产；另一类是与上文的影子银行做法类似，银行干脆将资产包装到理财业务中去，表面上是由客户自行承担风险，但产品其实是刚性兑付的，风险仍由银行承担。第二类方法的原理与影子银行类似，便不再重复介绍，以下我们将介绍第一类方法。

第一类方法的典型做法，是将银行贷款（风险权重100%）包装成为同业资产，而早期银行同业资产的风险权重仅为20%（期限3个月以内）或

25%（期限3个月以上）。就具体做法而言，假设有一家企业向银行申请贷款，银行审批同意，可以为其放款，这样贷款的风险权重就是100%，最后计算得出的风险加权资产就较大，占用资本较多。为节省资本占用，银行与另一家信托公司合作，由该信托公司发行一款信托计划，银行以自营资金购买该计划，然后该计划再向申请借款的企业发放信托贷款。同时，银行还可以和信托公司签订协议，约定该借款企业的还款风险由银行自行承担，信托公司不用承担风险，本质上只是完成交易的"通道"。这种非信贷资产在业内通称非标准化债权资产，俗称"非标"。由于信托计划作为一种同业资产，早期的风险权重仅20%或25%，银行就借此节省了资本占用。于是，在同类资本充足率要求的情况下，银行可以投放更多业务了。比如，银行拥有资本8元，资本充足率要求是8%，那么它最多能投放100元的风险资产。如果风险资产全是贷款，权重是100%，则只能投放100元的贷款。如果是将贷款包装成非标，并且权重仅20%，那么100元的风险资产其实对应500元的非标资产，银行就能赚取更多利息收入了。但这种做法显然违背了资本管理的初衷。因为，借款企业还是那家企业，银行依然承担了这家企业的借款风险，并不会因为贷款包装成非标了，其风险就减少了。而现在该银行以8元资本，事实上支撑了500元的企业借款，真实的资本充足率仅为1.6%。

银行将贷款包装成非标，还有其他意图。比如，前几年，我国监管部门不允许银行向特定行业投放贷款，包括房地产企业、地方政府融资平台等。于是，银行便将对这些企业的贷款包装成非标，这类贷款不再体现在贷款数据之中。再比如，银行要定期统计贷款的不良资产率、逾期贷款率、重组贷款率等信息，并报告给监管部门以及在报告中公布。但是，如果把不良资产转移至非标，则不会再按上述要求统计资产质量情况，于是银行就可以美化报表。有些时候，监管部门还会窗口指导银行的合意贷款规模，要求某一段时期信贷投放量只能在一定规模左右，此时银行又可以通过非标的方式为企业提供融资，来规避信贷规模监管。诸如此类做法，将信贷包装成非标，可以规避一系列监管要求，包括资本占用、合意信贷规模、信贷投放、贷款资产质量、存贷比等。因此，在 2010 年之后的数年之中，用非标方式向企业放款的方式曾大行其道。后来监管部门较早地发现了这一问题，并采取措施遏止这一现象，比如对银信合作提出了具体要求，并且严格要求按穿透到底的业务实质计算资产的风险权重（投给企业的非标要按 100% 权重）。但是，非标"通道"的形式不断更新，银信合作被监管后，银行又以其他资产管理业为通道，继续投放非标，情形屡禁不止。直到 2017 年严格监管之后，这些现象才逐步得到控制。

3.2.3　小结：理解微观监管

当银行存款履行货币职能之后，人们就持续地在寻找兼顾银行经营市场化和存款安全性的方法，包括特许经营、资本管理（以及其他监管指标）、存款保险等。但没有一项是绝对完美的。因此，各国目前通行的是各种方法多管齐下，在继续对银行业推行特许经营、牌照控制的同时，还施以各种严格监管，尽可能将风险控制在一定水平，以保障存款安全。但此后银行倒闭的情况仍然时有发生，因此，人们开始思考存款货币银行业背后更深层次的原因，便有了下一节展开的宏观审慎监管。

3.3　宏观审慎监管

上一节我们重点介绍了银行监管的初衷，以及典型的监管措施，包括特许经营、资本管理、存款保险等，此外还包括很多其他监管措施。银行监管的初衷是为了维持银行整体经营稳定，尤其是为了保证货币的绝对安全，以便维护公众对存款货币的信心。但是，虽然各国长期对银行业施以监管，却依然没能杜绝银行业危机的发生。尤其 2007 年次贷危机，是在《巴塞尔协议 II》在全球实施了几年之后发生的，不禁使人们开始怀疑这些监管措施的有效性。人们在研究后认为，对每个单一微观主体的有效监管，并不必然带来整个宏观金融体系的稳定，即使在每一个微观金融机构都合规经营的前提下，也可能有宏观稳定性遭破坏的情况发生。因此，宏观审慎管理被提上了日程。

3.3.1 宏观审慎的早期思考

微观监管的严格并不一定带来金融体系的整体稳定，这一现象很早就引发了各国金融监管部门的注意。在早期各种思考的基础上，以 2007 年次贷危机为契机，人们开始系统地思考宏观审慎监管的内在逻辑，并形成了较多成果。

微观审慎与宏观审慎并不一致，一个早期便引起人们注意的例子是银行信贷业务的顺周期性。由于银行信贷业务要平衡安全性与收益性，因此银行在经济周期的不同阶段会有不同的放贷决策。在经济向好时，企业产销两旺，投资热情高涨，往往会向银行申请更多贷款用于扩大经营。而这时企业的经营风险刚好降低，银行也乐意给它们投放更多贷款，有时甚至还会降低贷款标准，比如放松抵押物要求等。如此一来，原本就不错的经济形势，在大量贷款助推下继续高涨，甚至有可能会导致经济过热。而经济下行时，则刚好相反，企业对市场前景不乐观，不想申请更多贷款，银行也觉得企业经营情况不佳，担心贷款出风险，于是放贷更为谨慎，这对单家银行来说是理性、审慎的选择，却导致了整个银行业放贷量收缩，对不佳的经济形势起到推波助澜的作用，导致经济进一步下行。这便是银行信贷业务的顺周期性，也是非常典型的微观审慎加剧宏观周期波动的例子。

现在银行业通行的资本管理，虽然本意是从微观上增强银行经营的稳健性，但宏观上反而增加了银行的顺周期性。早期的资本管理，简单且"一刀切"地规定了资本充足率要求，比如最早的 8%。当经济向好时，银行贷款业务盈利能力不错，产生了更多利润，利润的一大部分补充了资本，使银行具备了更大的信贷投放能力。银行从盈利性动机考虑，不会乐意让资本富余，而是倾向于投放更多信贷，将富余的资本尽可能利用起来。而当经济下行时，银行贷款业务表现不佳，甚至可能产生一些坏账损失，使利润和资本被快速侵蚀，于是银行信贷投放能力下降，信贷收缩，这又加剧了经济下行。因此，建立逆周期的监管要求，是宏观审慎监管的首要内容。

次贷危机带来的另一个重大关注点是"大而不倒"问题，即雷曼兄弟等大型金融企业的倒闭引发了一系列风险传染后果，波及面巨大。如果由政府去挽救它们，不但要消耗大量的公共财力，而且会导致这些大型机构陷入"大而不倒"的境地从而引发道德风险：反正不管自身经营情况如何，哪怕出现重大风险，政府也不会坐视不管，后果最终会由公众承担。在这种道德风险作用下，这些大型机构可能会对微观监管漫不经心，在具体经营上不再足够审慎，因此更容易陷入经营困境，最后它们的错误会由公众买单，甚至是由多国的公众买单。因此，宏观审慎监管考虑对这些"大而不倒"的大型金融机构施以更加严格的监管，将其归类为系统重要性金融机构（systemically important financial institutions，SIFIs），严防他们在经营上放松审慎，造成严重后果。

2009年，在总结次贷危机经验、教训的基础上，国际清算银行（BIS）提出了宏观审慎的概念，来应对顺周期性、"大而不倒"这类微观监管无法解决的问题。这一概念内涵丰富，一时很难形成清晰的定义，而且还在发展演变过程中，但已逐渐被主要国家的金融监管实践所采纳，致力于与微观监管相互配合，一同维护宏观体系的稳定。

事实上，宏观审慎问题的最底层的哲学基础其实发端于西方的自由银行制度，该制度很大程度上排除了政府对市场的介入，允许微观主体以盈利最大化为目标开展业务。而后不断发生的危机（或危机隐患），使政府的监管（即微观监管）不断加强，但所采用的大多是"头痛医头、脚痛医脚"式的、"打补丁"式的监管，这对维护微观主体的健康是有利的，但无益于从全局上解决维持宏观体系稳定的问题。周小川曾用一个比喻来形容：一个连队每一个士兵身体状况都不错，都符合作战要求，但作为总和的连队是否符合作战要求，恐怕还不好说。就起源于国家银行制度的我国银行业而言，政府对银行业仍有较大影响力，反而有利于缓解宏观审慎问题，比如在经济面临冲击时，监管部门会通过窗口指导等手段敦促银行加大信贷投放，有助于缓解经济下行。当然，这一做法可能会受到某些西方人士的批评，他们觉得我们是由政府干预银行经营。事实上，这反映了两种底层哲学基础之间的差异，基本上谁也不可能说服谁。当然，在全球主要国家都在加强宏观审慎的背景下，东西方两种哲学其实是有整合的倾向的。

3.3.2 宏观不稳定的外在表现

前文用一些简单的例子说明了，微观监管严格的情况下，仍然会发生宏观整体的不稳定。微观审慎并不必然带来宏观审慎。这里主要有以下三大原因：[一]

1. 风险的传染性

目前各国金融业高度发达，在经济全球化背景下，各国金融机构又通过各种业务形成联系，大家的资产负债表高度关联，我的资产是你的负债，你的资产又是他的负债，错综复杂，这就造成了金融机构之间风险的传染性。这种风险的传染性在银行业以传统的存贷款为主的时代表现得并不明显，但随着金融市场化程度提高、各种金融创新业务发展了之后，金融机构通过复杂多样的同业业务、资金业务、衍生品业务相互关联，风险的传染性便大幅提高。尤其是当一家系统重要性金融机构出现危机时，危机便有可能迅速传染至其他机构。在我国，2019年被监管部门接管的包商银行，虽然从总资产规模上看还称不上一家系统重要性银行，但由于它在银行间金融市场上业务一直较为活跃，将资金拆放给很多金融机构或投入金融产品中，因此它被接管后，金融市场也出现了一定的波动，后来人民银行采取了一定的措施来加以应对。

[一] 周小川. 金融政策对金融危机的响应——宏观审慎政策框架的形成背景、内在逻辑和主要内容 [J]. 金融研究，2011(01).

传染性还会体现在金融机构和非金融企业之间，比如多家银行给某一家企业发放较多贷款，如果企业经营出现问题，银行之间也会出现一些博弈现象。假设某一家银行提前掌握信息，发现企业有问题，便提前收回贷款（俗称"抽贷"），这有可能导致这家企业所面临的问题进一步恶化，进而导致其他银行贷款陷入风险。因此，理性的银行便会尽可能早地抽贷，将风险留给其他银行。若大部分银行都这样想，企业便可能大面积陷入困境。我国从2011年开始，在长三角的浙江省、江苏省部分地区出现了这种现象，即部分银行抽贷导致整个区域出现较大面积的中小企业资金链断裂。后来，监管部门参考了一些地方的做法，设立了"银行业金融机构债权人委员会"制度，要求各放款银行共同协商处理企业债务问题，不得擅自抽贷。

某些大型企业集团，如果从多家金融机构处获取融资的话，那么也会形成较大的风险传染性。比如某地的一家大型企业集团，除向多家金融机构融资外，还会通过商业信用等方式，对上下游企业形成欠款。一旦其资金链出现问题，风险则可能波及多家金融机构和上下游企业，风险传染性很强。此时一般也是由当地政府介入处置。

在金融机构（及其客户）之间因资产负债关联，导致风险具有高度传染性的情况下，一旦某一家机构出现问题，风险有可能迅速沿着资产负债链条传染至其他机构，甚至当只是出现问题的苗头时，债权人出于恐慌而提前收回资金，导致风险暴发并引发传染。理论上，监管部门只有管控住资产负债链条上的所有机构的风险，不让它们的经营陷入困境，才有可能杜绝风险传染，但这显然是不可能的任务。因此，一般做法是通过严格监管，将这些机构的自身风险（微观审慎监管）和传染性（比如规定同业业务量的上限）控制在一定范围内。

2. 标准的刚性

包括监管、会计、评级等各种有关标准的刚性，是导致金融业务顺周期性的主要原因。

前文举例的资本管理导致的顺周期性,便是其中最为典型的例子。此外,还有很多其他监管指标也能产生类似的效果,比如资产减值损失(俗称"拨备")。监管部门对银行的拨备提出一定的要求,如果这要求也是相对刚性的,硬性规定"拨备覆盖率"(拨备余额/不良资产余额,这些指标的具体介绍将在后续银行分析的章节中展开)为一定的数值,比如我国过去一直是150%。这样,当经济下行且银行的不良资产增加时,银行就需要大幅增加拨备计提,这导致银行利润下降甚至产生亏损,没有足够的利润用于补充资本,影响后续信贷投放,从而导致经济进一步下行。而在经济上行期,企业不良资产较少,银行就不需要计提太多拨备,进而利润增加,资本增加,于是信贷投放力度也增加,这样就会继续推热经济。还有其他有关流动性、杠杆水平的监管指标,如果监管标准设置较为刚性,其中很多都会起到加大顺周期性的效果。

会计准则方面,在对金融资产进行计量时,近年来有一种趋势就是加大了对公允价值原则的采用力度,对很多资产采取盯住市价的方法以确定其价值。公允价值原则最早由美国证券交易委员会提出,大约在1991年被财务会计准则委员会(FASB)接受,随后FASB确定了用公允价值确定资产价格的原则。[1]而后,国际会计准则及各国(也包括我国在内)自己的会计准则都逐步接受了这一原则。但事实上,这一原则有一个前提,就是所计量的资产存在于一个正常交易的市场中,在这个市场上由交易行为来生成所谓公允价值,且大家都认同这一价格是公允的。但在某些特殊情况下,这一前提可能并不成立,最为典型的就是金融危机。次贷危机期间,很多金融资产被投资者不计成本地抛售,价格出现暴跌,很多投资者面临巨大的账面损失,这其实是因为流动性冲击导致成交价过低,当时的成交价并不公允。进而,投资者开始抛售这些金融机构的股票,风险进一步传染、

---

[1] 何劲军. 公允价值在美国财务会计准则和国际会计准则中的应用及启示[J]. 财会研究, 2009(16).

扩大。当然，还有另外一种情况，也就是当资产价格处于泡沫状态时，公允价值原则也会出问题。因此，既然不能保证随时资产处于正常交易的市场中，那么公允价值的有效性就会受到质疑。此后，对于公允价值原则的研究和优化一直在持续。

此外，信用评级方面也有类似的问题。比如银行在企业出现问题时下调信用评级，进而使企业问题进一步恶化，也会加大顺周期性。

3. 集体的非理性

投资者的集体非理性也是导致宏观不稳定的原因之一。现代行为金融学已经取得了很多研究成果，对很多个体、集体的非理性行为进行了解释，包括羊群效应、动物精神、简化计算（俗称"拍脑袋"决策）、激励机制等。羊群效应即从众效应，人的思维或行为受到众人影响，变得更加从众，而不会理性思考这样做的合理性，这很容易导致群体狂热；动物精神是凯恩斯提出的，他认为人的投资行为并不完全理性，除理性以外还要依靠冒险、创新等精神，最终也可能导致群体躁动；简化计算指当人们面临巨量的信息，或者是信息不够充分时，收集、处理信息的成本显著超过了合理水平，人们便无从完成合理计算，而是直接简化，采用一些不尽合理但简单粗暴的决策方式（中文俗称"拍脑袋"决策），或者干脆就依赖外部评级等一些简化信息，这也会导致市场无序；激励机制是指一些金融机构内部由于管理难度或其他原因，设置了一些明显不合理的考核激励机制，或者这些激励机制本身就存在收益、风险不匹配的情况，这导致金融机构的行为异化。集体非理性是人类现阶段不可能完全消除的一些现象，也只能靠监管部门尽可能去控制其影响。

3.3.3 宏微观结合的大监管体系

很显然，以上总结的一些造成宏观不稳定的原因，大部分是人类现阶段无法消除的。因此，宏观审慎监管的工作目标，只能是加大监管力度，尽可能确保不发生系统性风险。目前，各国通常都建立了微观审慎和宏观审慎相结合的大监管体系，一般设有专门的微观监管部门，并由央行实施宏观审慎监管，同时央行还会负责货币政策。央行将同时负责的宏观审慎及货币政策称为"双支柱"，而微观监管则是双支柱的微观基础，我们将这种宏微观相结合的监管体系称为大监管体系。

英国所采用的便是典型的"双支柱"监管模式。英国在 2007 年次贷危机之后，参照澳大利亚等国家建立了金融监管体系，即"双支柱＋双峰监管"模式。由英格兰银行（英国央行）负责货币政策及宏观审慎（双支柱，分别由货币政策委员会 MPC、金融政策委员会 FPC 负责），同时英格兰银行审慎监管委员会（PRC）下设审慎监管局，因此三大委员会分别负责货币政策、宏观审慎和微观审慎。另外在英格兰银行之外还设有金融行为监管局（对财政部、议会负责），审慎监管局与金融行为监管局构成所谓的"双峰"监管（见图 3-1）。

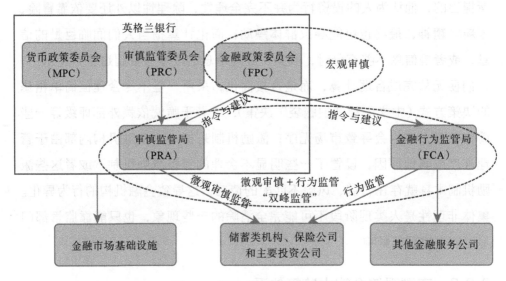

图 3-1　英国"双峰"监管模式

资料来源：牛慕鸿，徐昕，钟震. 英国"双峰"监管模式的背景、特点及启示 [DB/OL]. (2018-02-13). http://finance.caixin.com/2018-02-13/101211109.html.

我国情况与西方有些区别。2003年原银监会从人民银行分拆出来之后，一行三会的金融监管格局持续了多年，人民银行负责货币政策，三个监管机构负责金融机构具体的审慎监管工作，实践中三会还负责所监管行业的发展规划（监管与发展由同一部门负责，在利益上似乎存有矛盾）。这一格局有其成效，但也有其漏洞，在一开始便有质疑之声，近年来难以适应金融业发展与监管需要的情况更是日益严重，宏观与微观之间不协调，微观监管部门之间也不协调。尤其是不同金融管理部门之间的政策、措施的协调一直存在问题，有时监管重叠，有时监管空白。局部风险暴发的惊险剧情每一两年一出，频频发生，比如2011年温州中小企业危机、2013年银行间市场"钱荒"以及2015年股市震荡等。为解决监管协调问题，"钱荒"之后的2013年8月，国务院批复成立由人民银行牵头的金融监管协调部际联席会议制度，情况虽有所改观，但局部风险仍然时有发生。此后，在党和政府的各次有关会议上，金融监管协调问题被屡屡提及。2015年11月，党的十八届五中全会通过了"十三五"规划建议，提出"加强金融宏观审慎管理制度建设，加强统筹协调，改革并完善适应现代金融市场发展的金融监管框架""健全符合我国国情和国际标准的监管规则""实现金融风险监管全覆盖"。2017年7月召开的全国金融工作会议提出，设立国务院金融稳定发展委员会（简称金稳委），强化人民银行宏观审慎管理和系统性风险防范职责。金稳委的设立成为推进监管协调的关键一步。

我国改革后的金融监管体系，既兼顾了我国国情和历史路径，同时也参考了金融危机后部分国家的经验，对现存问题有很强针对性，较为科学、合理，预计将有良好收效。宏观层面，由人民银行负责货币政策、宏观审慎（即双支柱），双支柱分别致力于实现币值稳定和金融稳定，同时央行也在一定程度上参与审慎监管。微观层面，由国家金融监督管理总局、证监会负责具体的监管措施落实，这是双支柱的"柱础"。而宏观、微观之间由金稳委等机构实现协调。货币政策、宏观审慎、微观监管三者分工明确又充分协调运作，金融监管的"双支柱+柱础"模式基本成型（见图3-2）。

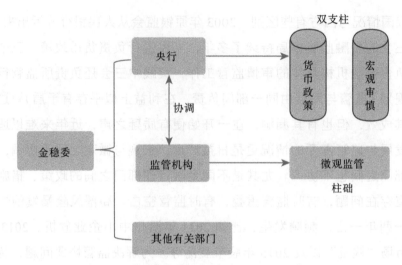

图 3-2　我国现行宏微观结合的金融监管体系

初步比较下来,我国与英国模式的主要区别在于:

(1) 微观监管方面,不由两个机构负责"双峰监管",微观审慎监管和行为监管均由监管机构(国家金融监督管理总局、证监会)负责(但监管机构内部有类似"双峰"的划分,比如内设分别负责审慎监管和消费者保护的部门)。这主要是考虑到我国金融机构发展程度与西方还有一定差距,有时在实际操作中,微观审慎与机构行为区分没那么清晰,执法及检查也可一同进行,宜由一个机构统一负责。微观审慎监管与机构行为监管的区别请见表 3-7。

(2) 央行不直接负责微观审慎,而是在宏观、微观层面统一接受金稳委协调、指导,这是宏观、微观联结的关键点。

至此,宏观、微观有机结合的大监管体系,兼顾微观审慎和宏观审慎,成为目前各主要经济体较为通行的监管体系,竭力维护着整个金融体系的稳定。2020 年年初,全球遭遇百年一遇的新冠肺炎疫情,对各国经济、金融造成了较大冲击,但并没有发生重大金融风险,可能是意味着次贷危机后逐步打造的大监管体系初步经受住了考验。

表 3-7　审慎监管和行为监管的差异

	审慎监管	行为监管
风险分析工具	通过资本充足率、动态拨备率和流动性比率等监管指标，保障金融机构稳健运行	通过发布行业准则和产品准则，以及调查取证、法律剖析、纠纷数据库分析、暗访等，对金融机构的服务行为和金融产品进行规范和干预
专业知识要求	以风险专家、财务专家、金融工程专家为主，侧重于金融风险分析防范和数据分析	以律师为主，侧重法务工作
工作侧重点	金融交易的供给方	金融交易的需求方
对象	金融机构	消费者、金融机构

资料来源：孙国峰. 英国双峰监管实践与借鉴——目标导向，央行统筹 [DB/OL]. (2018-02-26). http://opinion.caixin.com/2018-02-26/101213969.html.

| 下 篇 |

银行分析

通过本书上篇了解了银行业基础知识之后,我们现在开始进入下篇,展开介绍更加接近"实战"的内容,即对具体单家银行进行经营管理、经营绩效方面的分析。这里会用到一些分析企业的通用方法,也会用到一些专门针对银行业的业务分析、财务分析等方法。与对其他任何行业的企业的分析一样,我们对单家银行的分析,一般是遵照"战略定位—具体经营—经营成果"这样的顺序,即先研究这家银行在战略上的目标和定位,然后看它为实现这一目标所采取的具体经营策略,最后看它的经营成果,主要是指财务业绩。但是,在日常的分析工作中我们不一定遵循这个顺序,而是随时将各方信息结合起来分析,以便全面了解这家银行。有时甚至可以反过来,即先获得银行的财务报告,从财务数据出发,然后再结合该行的经营策略、战略定位,用财务数据去验证该行的策略、战略执行情况如何,甚至可以评价该行既定策略、战略的合理性如何。

在下篇的第4章,我们首先介绍银行业务的一些基本知识,以及银行开展具体经营与管理时的一些典型做法和策略。然后在第5章介绍银行财务分析的具体方法,尤其是站在股东的角度,重点分析银行的盈利能力、增长能力等,以及银行股估值情况的分析。因为只有充分了解了真实业务后,才能在财务分析时理解财务数据背后的业务实质。最后在第6章介绍银行的战略定位、发展趋势等问题。

| 第 4 章 |

银行业务分析

本章旨在介绍银行具体开展的业务,及其他与经营管理相关的问题。在本书前面几章介绍银行基础时,我们已经涉及存款、贷款等主要业务品种,但其实银行业务种类非常丰富,我们先在 4.1 节介绍银行主要的业务品种,然后在 4.2 节介绍银行的资产负债管理,这是银行经营管理的核心,是"总指挥"。后面几节是经营管理相关的其他几个问题,4.3 节介绍银行在经济周期波动中的表现,4.4 节是银行在科技进步中的表现,4.5 节则聚焦于银行的公司治理问题。

4.1 银行主要业务介绍

我们身边有各种各样的银行,为企业、居民提供丰富多样的金融服务。除最熟悉的存款、贷款、汇款之外,还包括其他很多种资产业务、负债业务、中间业务等,甚至有些银行已经开始涉足一些非金融服务,比如开始在手机银行 App 上为客户提供一些生活服务。因此,银行很像是一家大型综合金融服务商(甚至还提供了一些非金融服务)。本节主要介绍银行的主要业务品种。当然,本节的内容依然紧扣本书主题,是为银行分析工作提供有关银行业务的基础知识，读者借此可以具备对银行主要业务的基本认识。这些内容一般能够满足银行分析工作的需要，但如果要对某一类业务达到精通的地步，那么还需要参阅更多针对该业务的专著，并参与实践。事实上，本节介绍的每一项业务，都有大量专著和文献可供参考。

4.1.1　银行业务的管理

银行业务种类繁多，包括了各种金融服务甚至是非金融服务，在日常工作中，有多个分类维度，最为主要的是以下两个分类维度：

（1）按客户群体分：银行为企事业单位（对公客户，有些银行还会把政府机关、事业单位另设一类，称为机构客户）、居民个人（零售客户）、其他金融机构（同业客户）、海外居民（国际客户）等提供金融服务，因此全部业务可按此维度分类，分为对公、零售、同业等业务类别。此外还有一些无明确客户的，属于"为自己服务"的自营业务，比如自有资金的投资等。

（2）按产品分：主要分为贷款、其他资产业务、存款、其他负债业务、中间业务等，然后这里面可以再进一步细分，比如中间业务又包括银行卡、汇兑、理财、代理等。

很显然，上述两个分类维度是交叉的。比如贷款，可以是为对公客户提供的，也可能是为零售客户提供的。更多时候，银行会核算某客户贡献的全部收入或利润，而很难核算某种业务的利润，这主要是由于费用划分不清晰。比如，某企业客户贡献了贷款利息收入、中间业务收入，但很难将在这家客户上投入的费用分摊至贷款、中间业务（或者只能按一定规划分摊，比如按两类收入的比例），因此无法精确衡量两类业务的利润。

银行为了管理好这么多业务种类，会合理布局内部组织架构，设置不同部门来完成不同职能和业务。在实践中，银行的部门设置不是严格按照某一分类维度，而是按客群、按产品、按职能分类设置的都有。比如，办公室（行政部门）、人力资源部、财务部、法律合规部、科技部、战略发展部之类的属于职能部门（不同银行的具体部门名称可能有所差异），这类部门与其他行业的企业差异不大，主要负责银行内部的各项管理事务（一般称后台部门）。而业务部门（一般称前台部门）有按客群分的，比如对公金融部（或公司业务部）、个人金融部（或零售金融部）、小企业金融部之类的，也有按产品分的，比如信用卡中心、小企业信贷部、票据业务部之类的。此外还有一些所谓的业务管理部门（一般称中台部门），不直接面向客户从事业务，但也为业务部门提供产品研发、市场策划等方面的管理工作。当然，实践中所谓的前、中、后台部门划分并没那么清晰。银行的组织架构设置不是一成不变的，而是随着业务实际需要不断调整更新，组织架构调整能够反映银行在经营战略或策略上的调整，也是我们分析银行时需要关注的信息。本节主要关注银行业务，因此是以前台业务部门为主。

一般来说，银行业务部门设置是按客群划分为主，以便落实"以客户为中心"的要求，为相应的客群提供"一站式"服务，客户找到相应的部门就能解决几乎一切需求，以免客户为了不同产品而费劲地联系不同部门。但对于某些有较大特殊性的产品，则单设按产品划分的部门并由该部门专营，比如信用卡中心、小企业信贷部等。这些产品的特殊性体现在很多方面，比如小企业信贷业务，其部门员工的人均产出远低于大中型企业，如果由对公金融部统一服务全部大、中、小企业，由于大中型企业的人均产出更高（比如，每位银行员工负责的存贷款规模更大），那么银行员工自然没有积极性去服务小企业，最终将影响到这一业务的发展。因此，银行一般为小企业信贷业务专门设置专营部门，并匹配有差异的考核机制，以便让部门员工有服务的积极性。图 4-1 是银行业内较为典型的一种组织架构设置（来自工商银行）。

然后我国大部分银行实行总分行制，在各地设有分支机构。总行为了管理好分支机构的业务，也会制定一些管理办法，处理好"条"和"块"的关系。条，指的是自上而下的某一业务条线，比如总行、分行、支行的对公业务，构成一个条线（即对公业务条线），而每家分支行的所有业务就构成一块。按条管理，类似于垂直管理，指的是分行的对公部门主要向总

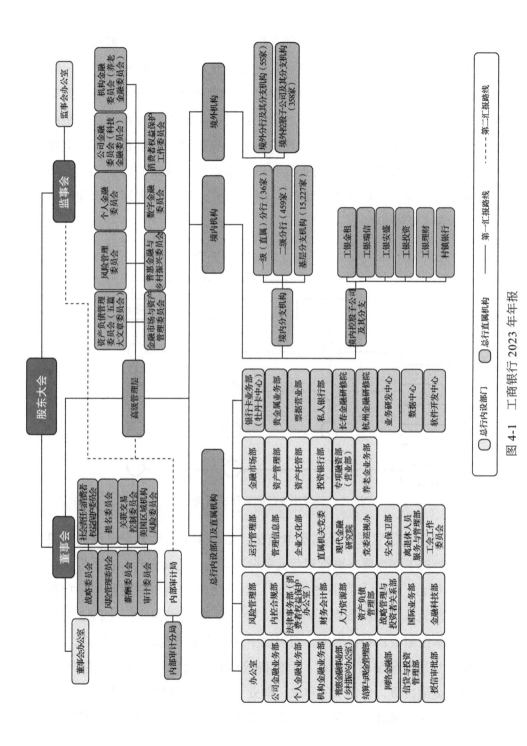

图 4-1　工商银行 2023 年年报

资料来源：工商银行 2023 年度报告第 176 页。

行的对公部门负责，分行只负责日常管理、协调各条线业务等事宜。按块管理，类似于划片管理，即分行中所有业务条线均向分行行长负责，分行行长再向总行负责，总行的对公部门仅对分行的对公部门起到业务指导等作用。按条、块管理并无绝对优劣之分，我国近年来有银行实施过几乎绝对的按块管理，也有实施过按条管理的，但一般来说，按条管理能够更加体现对某类客群、某类产品的业务专业性，缺点是跨条线的协同不足，按块管理则刚好相反。目前大部分银行实施"矩阵式管理"，即两种管理都有不同程度体现（见图4-2）。

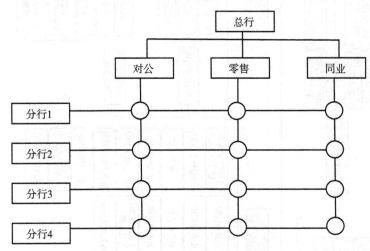

图4-2　条与块并行的矩阵式管理

以上是目前银行管理业务的基本做法，但在本节后续部分，我们需要围绕银行分析的工作需要来进行银行业务分析。由于后续银行分析还要与会计报表分析结合，因此，我们在分析时，对业务的分类也需要参考会计报表，要不然便无法为分析找到所需数据。会计报表（及其附注）上的业务分类，还是基本按照会计科目为主，而附注中还会补充一些其他业务信息，有时会与业务实质有所偏离。为此，我们将银行业务大致分为资产端的贷款、同业资产、金融投资，负债端的存款、同业负债、发行债券，以及中间业务的银行卡、汇兑、理财、托管、投资银行等主要类型。本节先介绍这些业务的基本知识，在下一章的财务分析部分，还会再结合会计报表具体分析这些业务。

4.1.2 资产业务

资产业务是指银行运用自有资金投放或通过信用派生，从而在资产负债表内形成资产科目的业务。最为典型的便是贷款，除贷款外还包括同业资产、金融投资等，种类繁多，分属于不同会计科目。一般来说，一个会计科目理应反映一种业务，但现实中未必如此，种种原因导致银行的业务实质和会计科目不一定清晰对应。比如，一家企业来向银行申请贷款，该银行由于没有合意信贷额度而无法投放贷款，于是它建议企业发行一笔债券，由该银行购买并持有到到期。这样，银行对这家企业的债权就不再计入贷款科目，而是计入金融投资（债券投资）科目，但整个业务实质其实和贷款毫无区别。这样的情况在业务实践中比比皆是，因此，我们虽然参考会计科目分类来分析业务，但也要注意其业务实质。对于后文的负债业务、中间业务等，也是同理。

1. 贷款（含票据贴现）

贷款是银行最为重要的资产业务，甚至可以理解为银行的"主营业务"，贷款一般会占到整个资产总额的一半左右。企业和个人客户在需要资金用于生产或消费时，会向银行申请贷款，银行也会主动上门向一些优质的客户营销贷款。银行拥有一整套高度成熟的贷款营销、调研、审批、贷后管理的工作流程。对于贷款部分，银行分析要关注的要点包括：银行的贷款结构，以及贷款信用风险管理能力。前者反映了一家银行的客户定位、产品定位（可能是银行主动这样定位，也可能是被动定位，因为该银行定位其他客户毫无胜算），后者则是直接反映了银行的核心能力，即风险定价能力。

为分析贷款结构，我们需要将银行的贷款进一步按客群、用途进行分类。对公贷款包括对公短期贷款、对公中长期贷款、票据贴现。其中，对公短期贷款期限在1年以内，一般是发放给企业的流动性贷款，用于企业短期资金周转需要，比如发放员工工资、购置原材料等用途，企业等出售货物并实现资金回笼后便可偿还贷款。对公中长期贷款期限较长，达1年以上，一般是由企业申请资金用于资本开支，比如购置厂房、设备等，投入较大，且不太可能当年收回全部投资，而是要依靠未来的货物销售慢慢回笼资金，从而慢慢偿还贷款本息。较为特别的是票据贴现，它在理论上并不算严格意义上的贷款业务，但在现行银行会计制度下，票据贴现被计入贷款科目之下，因此我们也一同对它进行分析。此处的票据指的是银行承兑汇票或商业承兑汇票，其业务流程如下：

出票人开出一张汇票（汇票上载明，出票人将按约定时间向持票人支付一定金额），并向承兑人申请承兑，承兑人（银行或企业）同意承兑（即承诺兑付，即如果到期时出票人不支付，则承兑人代为支付。因此承兑行为意味着承兑人的兑付承诺），该票据即成为承兑汇票（如果是由银行承兑就是银行承兑汇票，如果是由企业承兑就是商业承兑汇票），然后出票人可将这张承兑汇票用于支付货款。对方在拿到承兑汇票后，可以等到到期时拿回款项，但如果急需资金，也可拿这张承兑汇票找到一家银行进行贴现。贴现的银行在验证了票据真伪后，如果它信得过承兑人，则可以将票据以一定的折扣价"买"过来，到期后再向承兑人收取全部资金，因此折扣部分便是其利息收入。因此，对于贴现银行来说，票据贴现的余额非常类似贷款，是投放出去的资金（对于承兑银行来说，承兑时是不需要运用资金的，在这个流程中只是运用了自己的信用）。票据到期后，一般来说，承兑行会支付给持票人（包括贴现银行），同时向出票人索回资金。如果资金暂时未索回，就会形成垫款并计入贷款科目，但一般金额不大。因此，贷款科目的会计全称是"客户贷款及垫款"。

对于企业而言，向银行申请短期贷款，或把自己持有的未到期承兑汇票向银行贴现，或形成垫款，均是获取短期资金的手段，因此不同的类别间有一定的相似性。而中长期贷款则是获取资金用于资本开支的手段。当然，现实中区分未必这么严谨，也存在一些企业"短贷长投"，申请短期贷款用于资本开支，短期贷款到期后，继续申请下一笔短期贷款，接续负债。当然这样会面临较大的流动性风险，万一下一笔短期贷款未获批准，企业就可能面临债务违约。为减轻这种风险，银行一般需要严格审核企业资金用途，尽可能避免短贷长投。

个人贷款包括个人短期贷款、个人中长期贷款。其中，个人短期贷款期限不超过 1 年，按用途划分又包括个人消费贷、个人经营贷等。个人消费贷是指个人申请用于日常消费的贷款。信用卡透支余额本质上也算个人消费贷，但两者有一定差别，即信用卡透支是有消费场景的，比如持卡人在商店购买商品并刷信用卡支付，这笔透支余额是明确用于购买这一商品的，场景明确（但也存在利用信用卡套现的现象，看似有场景，其实场景是伪造的）。而一般所称的个人消费贷是指银行直接将贷款投放给个人客户，款项由其自由支配且很难对应到场景，这种无场景的消费贷一般称"现金贷"。为体现两者差别，大部分银行在报表中会将信用卡透支单独列示。个人经营贷是指个体工商户、农户等申请用于生产经营用的贷款。个人中长期贷款主要包括个人住房贷款、个人汽车贷款等期限超过 1 年的贷款品种，一般由住房、汽车来抵押。但注意，在有些文献中会将个人住房贷款、个人汽车贷款也纳入个人消费贷统计口径（因为购房、买车也属消费行为），日常分析时需要对分类口径加以确认。

以下是几家主要上市银行 2023 年年末的贷款结构（见表 4-1）：

表 4-1　2023 年年末几家上市银行各类贷款金额　（单位：亿元）

	工商银行	建设银行	招商银行	平安银行	宁波银行	常熟银行
对公贷款①	161 452.04	139 375.97	25 998.55	12 149.91	6 603.88	773.81
票据贴现	12 876.57	11 047.87	4 711.27	2 147.99	851.33	129.79
个人贷款	86 536.21	87 685.98	34 378.83	19 777.19	5 071.97	1 320.80
贷款总额	260 864.82	238 109.82	65 088.65	34 075.09	12 527.18	2 224.39

① 对公贷款不包括票据贴现。

资料来源：各银行年报。

也可以将上表表示为各类贷款的占比，以体现贷款结构（见表4-2）。

表4-2　2023年年末几家上市银行的贷款结构

	工商银行	建设银行	招商银行	平安银行	宁波银行	常熟银行
对公贷款	61.89%	58.53%	39.94%	35.66%	52.72%	34.79%
票据贴现	4.94%	4.64%	7.24%	6.30%	6.80%	5.83%
个人贷款	33.17%	36.83%	52.82%	58.04%	40.48%	59.38%
贷款总额	100.00%	100.00%	100.00%	100.00%	100.00%	100.00%

资料来源：各银行年报。

此外，银行还会披露全部贷款的行业结构、区域结构，有些甚至还会披露不同类别、行业、区域的贷款的不良贷款率等信息，也有助于我们更好地掌握贷款组合的整体风险。

信用风险管理是贷款业务的重中之重，我们需要了解银行在这方面的做法和理念（或信贷文化）。银行会根据实际业务需要，建立一套可行的信用风险评估手段，用来评估客户未来的还款能力和还款意愿，从而控制好贷款业务的风险，这便是银行贷款业务的风险定价能力。可以说，这一能力是银行从事贷款业务最为核心的能力。由于贷款是现代商业银行最为古老的业务之一，因此长期以来已经积累了很多有用的方法，比如传统的5C分析法，即通过借款人的道德品质（character）、还款能力（capacity）、资本实力（capital）、担保（collateral）和经营环境条件（condition）五个方面，全面分析借款人未来的还款能力和还款意愿。这需要银行全面了解客户的财务状况、行业前景、道德品质、抵押担保等信息，综合判断该客户的信用水平，最终审慎地形成是否贷款、给予多少金额贷款、多高利率等决策。

而在5C中，也有次序先后之分。理论上，银行放贷要注重"第一还款来源"，即借款人日常的现金流，包括企业经营现金流、个人收入等，如果这些现金流能够覆盖贷款本息，那么这笔贷款就是基本安全的。为此，银行需要对借款人的未来财务状况进行仔细的调研评估，以便尽可能准确地判断借款企业的偿债能力，这种分析其实是银行"风险定价能力"的核心。

但未来存在不确定性，为以防万一，银行也会视情况要求借款人提供"第二还款来源"，包括抵质押、担保等。如果两个还款来源的关注次序颠倒，比如只要抵押担保充分，便不再着重分析第一还款来源，这一情况就被称为银行贷款业务的"典当化"倾向。这会弱化银行的风险定价能力，并且导致资金流向不明，滋生其他风险。

随着各国银行贷款业务深度覆盖到更多客户群体，类似 5C 分析法这种传统的信用风险评估手段已经难以适用，人们开始开发一些新的手段。比如，大量小微企业（含个体工商户、农户）有较多的资金需求，但它们不具备规范的会计报表，也没有充足的抵押物，因此难以适用传统的信用评估手段，国内外很多银行（或其他放款机构）便逐渐摸索出一些新的信用评估手段。比如我国一些小型银行在服务小微企业的过程中，关注它们的"三品"（人品、押品、产品）、"三表"（水表、电表、税表或海关报表）、"三流"（人流、物流、现金流），其中有些信息是一些难以书面化的"软信息"，比如人品。这些小型银行建立了一套相适应的业务流程，能够有效采集、处理小微企业的这些软、硬信息，从而以合适的成本完成了对小微企业的信用风险评估。再就是 2013 年之后，随着大数据技术、互联网技术的成熟推广，又有一些银行或互联网企业开始尝试以大数据作为信用风险评估的资料，取得了突破（4.4 节将进一步详细介绍这一内容）。

2. 同业资产

同业资产大致包括同业资金业务和同业投资业务，两者的具体内涵可参考人民银行、原银监会等部委于 2014 年 4 月联合发布的《关于规范金融机构同业业务的通知》（银发〔2014〕127 号）。⊖同业资金业务是指银行与同业金融机构之间相互调剂资金余缺的业务，在资产端包括存放同业及其

⊖ 此文发布后多年未更新，而这几年同业业务仍有新的发展，因此该文对同业业务的定义目前也只能作为参考。

他金融机构款项[1]、拆出资金、买入返售款项、同业代付等，主要用于流动性管理或服务同业金融机构，赚取收益并不是其最主要的目的。同业投资业务则是以赚取收益为主要目的的投资业务，比如银行用自有资金投资于同业金融机构发行的债券（金融债、资本债或资产抵押债券等）、资管产品（商业银行理财产品、信托投资计划、证券投资基金、证券公司资产管理计划等），等等。

当然，两者在现实中并没那么容易区分。比如，银行购买了其他银行发行的金融债，有可能是出于自身的投资需要，也有可能是为了维护双方关系，助力对方债券发行。又比如，银行过去将大量的企业借款"包装"成同业投资，以便规避一些监管规定。一般是因为合意信贷额度不足，或借款企业在监管部门的贷款限制行业中，因而无法给企业发放贷款。那么银行便可寻找一家同业金融机构，由其发行一款资管产品，银行通过购买这一资管产品，将资金投放给企业，该资管产品以此在银行资产负债表中体现为同业投资，即非标准化债权资产（简称"非标"），从而规避了贷款相关的监管规定（见 3.2 节）。从监管导向来看，监管部门鼓励将同业业务定位于同业资金业务，因此非标投资的占比近年有所收缩。同时，在新的会计准则下，同业投资业务已无单独会计科目可以列示，而是按持有意图，分属于以公允价值计量且其变动计入当期损益的金融资产、以公允价值计量且其变动计入其他综合收益的金融资产、以摊余成本计量的金融资产等科目中，这也增加了分析的难度。而且，即使银行在附注中注明了这三类金融投资中包含多少资管产品，我们也无法区分里面有多少是银行真正投资的，有多少是将贷款包装而成的非标，而这两者的风险水平是不一样的，后者更应该按贷款那样去分析。好在，在近几年监管整治之下，非标投资的占比是逐步下降的。

---

[1] 此会计科目名称中的"同业"指的是银行同业，而"其他金融机构"指的是非银行金融机构。但在我们日常处理业务时的习惯用语中，"同业"一般涵盖所有银行和非银行金融机构，因此读者在阅读时需要注意。

3. 金融投资

金融投资目前包括以公允价值计量且其变动计入当期损益的金融资产、以公允价值计量且其变动计入其他综合收益的金融资产、以摊余成本计量的金融资产等子科目，是按持有意图来分类的，且无法清晰体现其具体内容。这里面的资管、非标投资已在上文介绍，所以我们在这里重点关注的是金融投资中的其他部分，主要是银行直接投资的债券。银行投资的债券以政府债、金融债等利率债为主，另外有少量的企业债，银行一般会在会计报表附注中披露具体类别结构（见表4-3）。

表4-3　2023年年末几家上市银行的债券投资　　（单位：亿元）

	工商银行	建设银行	招商银行	平安银行	宁波银行	常熟银行
政府债券（含中央银行发行的债券）	87 929.19	73 485.83	19 448.20	8 050.18	6 236.59	451.23
金融债券（含政策金融债等）	18 792.72	14 683.49	7 562.87	1 550.69	1 135.06	56.58
企业债券	7 216.24	3 505.37	—	751.92	1 460.51	119.94
其他债券	—	—	1 435.78	—	—	1.26
合计	113 938.15	91 674.69	28 446.85	10 352.79	8 832.16	629.01

资料来源：各银行年报。

一般来说，银行以交易目的持有债券的比例不高，最多的部分是持有至到期的，也就是计入以摊余成本计量的金融资产。一方面银行体量庞大，哪怕是中小型银行在债券市场上也能形成较大的体量，而国内债券市场上很多品种流动性并不好，因此市场很难承受银行在债券市场上频繁交易。另一方面，银行普遍较倾向于追求营业收入和利润的稳定性，如果过多持有以交易为目的的债券，并计入公允价值计量且其变动计入当期损益的金融资产，则债券市场波动带来的当期损益变化较大，会影响稳定性。因此，银行多以持有至到期为目的。利率债流动性较好，银行在有流动性需要时，可随时将其抵押以向同业金融机构、人民银行融入资金，或者将其抛售变现，因此这部分资产也与流动性管理高度相关。这部分债券投资的规模、占比、收益均较为确定，在大部分银行一般占总资产比例的 20% 上下，不会大幅波动，因此分析难度不大。

4.1.3 负债业务

银行的负债业务是指银行吸收或借入负债的业务，也是银行经营资金的主要来源，是银行重要的基础业务。同时，负债业务不仅仅是银行为自己融资，它也是银行为自己的客户提供的金融服务，因为银行的负债端对应的是债权人的资产端，债权人享受了利息收入和其他服务。大体上，银行的负债可分为被动负债、主动负债。被动负债是指银行在为客户提供各种服务的时候，客户在本行开立存款账户并沉淀下来的结算存款（包括企业、个人、同业金融机构的结算存款），利率一般很低；主动负债则是指银行主动通过一定的利率吸引客户的资金，包括部分定期存款、大部分同业负债、发行债券等，一般利率较高。银行尽可能降低负债成本，一定程度上是靠通过优质服务换取客户的被动负债来实现的。

1. 存款

存款是银行最本源的业务，也是最能体现银行特许价值的负债业务，因为只有商业银行是被允许向公众吸收存款的企业。存款也是银行最主要的负债来源，占全部负债比例一般在 70% 左右。因此，管理好存款对于一家银行的经营非常重要，业内一度有"存款立行"的理念。

跟贷款一样，存款也按客群、期限划分，分为对公活期存款、对公定期存款、个人活期存款、个人定期存款、其他存款等。其中，活期存款是随时可以支取的存款，一般银行会支付非常低的存款利息，目前我国活期存款的法定基准利率是 0.3%，实际上部分银行的利率在此基础上略有上浮，但依然很低。因此，全部存款中活期存款的占比，是影响整体存款利率高低的重要因素。很显然，既然活期存款利率这么低，那么大部分客户肯定不是为了获取利息而存放活期存款的，他们存放活期存款的主要目的，一一般是为了日常结算、资金管理等实际需要，因而日常准备一些随时可能动用的资金。因此，从这一点出发，银行如果想要获取客户可观的活期存款，就需要为客户提供有效的服务，客户享受了服务的便利，比如将这个存款账户用于日常结算，那么资金经常进进出出，就会沉淀下来一定的资金。因此，活期存款更大意义上可以视为，银行通过提供良好的日常服务所换取的客户廉价负债。就这一点而言，我们可以回顾本书2.1节中对银行起源的描述，当时的银行雏形为客户提供汇兑服务，进而留存了资金，本质上与现在的银行是一致的。因此，银行整体存款利率高低取决于活期存款占比，活期存款占比又取决于银行为客户提供的服务质量。这便是"存款立行，而服务立存款"的道理。比如一些大型银行，网点遍布全国城乡，而自身产品线也非常齐全，能够为客户提供非常便利、全面的日常服务，于是很多企业将结算账户开立在该行，最终留存下来大量活期存款。再比如一些零售业务有特色的银行，在零售业务领域拥有很多具有特色的产品与服务，个人客户基础良好，这些个人客户也会开立大量结算账户，留存下来存款。虽然每位客户在结算账户中留存的活期存款不会特别多，基本上能满足日常需求即可，但如果客户量足够大，那么还是能为银行带来可观的活期存款。事实上，大、中、小各种银行均有通过优质产品与服务获取客户从而获取活期存款的例子。因此，在分析活期存款时，需要观察银行是否有足够的优势吸引结算客户，当然还可以粗略评估银行为这些"吸引手段"所花费的成本，比如大型银行维护全国网点、研发优质产品、建设科技系统所产生的成本，虽然不直接体现为活期存款利息（而包含在业务及管理费用中），但本质上也是为获取活期存款所花费的成本。

而定期存款则利率较高。一般来说，企业客户一般要将资金用于日常生产经营活动，存放定期存款的量较少。而目前国内仍有大量个人客户有存放定期存款用于储蓄的习惯（主要是一些投资意识不强、投资知识不丰富的个人客户），因此一些银行的个人定期存款占比较高。定期存款利率相对较高，一定程度上会提升整体存款成本，但是，定期存款也有其优势，就是期限较长，存期内资金来源稳定，有利于银行进行流动性管理。因此，大部分银行乐意吸收一定比例的定期存款。目前人民银行继续公布定期存款的法定基准利率，并允许银行在基准利率基础上自由浮动，但上浮比例受行业自律机制约束，因此不同银行之间也差不多，这导致银行很难用价格手段竞争定期存款。其竞争手段也和活期存款类似，即通过优质服务来吸引客户。跟其他投资产品相比，定期存款吸引力并不算特别大，因此随着国内居民投资意识逐步觉醒，未来银行定期存款的占比有可能会下降。

2023年年末，几家银行的各类存款的金额为（见表4-4）：

表4-4　2023年年末几家上市银行各类存款的金额　（单位：亿元）

	工商银行	建设银行	招商银行	平安银行	宁波银行	常熟银行
对公存款	162 099.28	118 586.60	46 605.22	21 996.77	10 917.66	525.85
其中：对公活期存款	73 666.91	64 712.18	26 446.85	9 029.75	4 152.22	283.17
对公定期存款	88 432.37	53 874.42	20 158.37	12 967.02	6 765.44	242.68
个人存款	165 655.68	148 653.59	34 949.16	12 076.18	4 135.91	1 729.68
其中：个人活期存款	60 838.41	55 516.78	18 296.12	2 903.36	867.16	224.39
个人定期存款	104 817.27	93 136.81	16 653.04	9 172.82	3 268.75	1 505.29
其他存款	2 101.85	4 992.85	0.00	0.00	609.41	223.85
存款总额	329 856.81	272 233.04	81 554.38	34 072.95	15 662.98	2 479.38

资料来源：各银行年报。

同样可以表示为各类存款的占比，以便于更直观地体现活期存款占比高的银行，这往往也意味着存款成本更低（见表4-5）。

表4-5　2023年年末几家上市银行的存款结构

	工商银行	建设银行	招商银行	平安银行	宁波银行	常熟银行
对公存款	49.14%	43.56%	57.15%	64.56%	69.70%	21.21%
其中：对公活期存款	22.33%	23.77%	32.43%	26.50%	26.51%	11.42%
对公定期存款	26.81%	19.79%	24.72%	38.06%	43.19%	9.79%
个人存款	50.22%	54.61%	42.85%	35.44%	26.41%	69.76%

(续)

	工商银行	建设银行	招商银行	平安银行	宁波银行	常熟银行
其中：个人活期存款	18.44%	20.39%	22.43%	8.52%	5.54%	9.05%
个人定期存款	31.78%	34.22%	20.42%	26.92%	20.87%	60.71%
其他存款	0.64%	1.83%	0.00%	0.00%	3.89%	9.03%
存款总额	*100.00%*	*100.00%*	*100.00%*	*100.00%*	*100.00%*	*100.00%*

资料来源：各银行年报。

2. 同业负债

银行的同业负债与前文同业资产对应，包括同业及其他金融机构存放款项、拆入资金、卖出回购款项（在债权人那边，分别体现为存放同业及其他金融机构款项、拆出资金、买入返售款项三个同业资产科目）等。因此，同业负债同样是用于调剂资金余缺，也就是银行在面临一定的短期负债缺口时，先通过同业负债吸收负债以支撑业务发展。这类同业负债的利率已充分市场化，并且随行就市，跟着银行间货币市场的利率波动。当然，跟前文提到的利用日常服务吸引结算存款一样，也有一些银行为各类金融机构客户提供良好的日常服务（比如同业结算服务），于是很多同业机构将一部分资金存放于该行，属结算型的同业存款，成本也较低。这部分结算型同业存款本质上应该算被动负债，监管部门在监管同业业务时也是将其视为例外，不在一些同业业务管控规则（比如同业负债不得超过总负债的三分之一）范围内。

3. 发行债券

发行债券是银行典型的主动负债，通过发行金融债、资本债等方式募集资金。同业存单的发行本质上属于同业负债业务，但在会计科目上，同业存单计入债券发行，因此也可在债券发行中一并分析。同业存单是向同业金融机构发行的定期存款凭证，金融债、资本债则是银行发行的中长期债券，其中资本债还有充当银行资本的功能（请见 3.2 节）。金融债、资本债能够为银行提供长期、稳定的资金,有助于银行的流动性管理,但利率水平也较高。此外,有些特定用途的专项金融债受监管鼓励,比如小微企业专项金融债,银行发行这种金融债募集了资金后,便专款专用,将资金专门用于向符合条件的小微企业发放贷款。该业务可以给予银行一定的监管优惠,比如用这笔专项资金发放的小微企业贷款,在计算全行的存贷比等指标时,可以在分子(贷款余额)中予以扣除,从而降低存贷比。因此,银行有较强的积极性发行此类专项金融债,以便享受监管优惠。这也是监管部门为了推动银行向小微企业等特定领域发放贷款才推行的。

4.1.4 中间业务

中间业务泛指银行为客户提供的不体现在资产负债表科目上的服务(因此也属于"表外业务"),也就是银行不直接参与投融资的业务。中间业务种类繁多,银行一般按一定规则收取手续费或佣金。这些金融服务大致分为两大类:一是和经济活动相关的,包括银行卡、交易结算、现金管理、担保及承诺、代理收付等,这是银行为各种经济活动提供各种交易便利的服务,因此这类收入的高低取决于经济形势。二是和资本市场相关的,包括理财、金融产品代销、私人银行、资产托管等,主要是由于资本市场活跃后,客户的投资活动增加,银行为他们提供了和投资理财相关的服务。此外还有一些其他业务和经济活动、资本市场均有关系。同时,中间业务也和银行自身客户定位有关,有些客户天然就有更多的中间业务需求(比如大型企业集团有更多资金结算、资金管理的需求),有些则较少。因此,客户定位不同的银行不能简单比较中间业务收入占比的高低。以下我们对一些占比较高的重要中间业务收入类型进行简要介绍。

1. 汇兑结算等

汇兑结算是银行最基本的服务之一,也是体现银行本职功能的业务之一。这一类内容较为繁杂,包括银行为各种客户提供的汇款、兑换、结算、现金管理等资金相关的日常服务。每一类又包含很多具体产品，比如国际结算业务便包括现金结算、票据、信用证、托收、保理等具体产品与服务。大部分服务品种为银行创造手续费收入，而有些服务品种还可能会在表内形成资产、负债科目，比如信用证结算会形成信用证贷款。一般来说，越是大型企业集团，尤其是跨国企业集团，对汇兑结算和其他现金管理的需求就越旺盛，而一般的小微企业则可能需求较少，仅需要简单汇款等（一般收费也不高，甚至大部分免费）。因此，汇兑结算服务的收入也能反映一家银行的企业客户整体质量。近几年，政府有关部门敦促银行降低这类业务的收费，以便让利于实体经济，因此这类业务的整体收费水平在下降。

2. 银行卡服务

我国规定只能由银行发行银行卡，主要包括借记卡和信用卡两种（历史上还有过准贷记卡、借贷合一卡等类别，目前存量极少）。持卡人拿着银行卡可以在 ATM 取现，在商户受理终端（POS）上刷卡消费。同时银行卡本质是账户的塑料卡片载体，持有该账户还能够享受其他结算、交易服务。借记卡为银行创造的收入不多，发卡行的收入主要来自信用卡，主要收入包括刷卡服务费、年费、信用卡透支的利息或分期手续费（分期手续费本质上也是利息，银行自 2020 年年报开始已经统一将其从手续费收入调整为利息收入）等。在移动互联网时代之前，银行卡是居民非常便利的日常支付工具。进入移动互联网时代之后，各种移动支付工具都可以绑定银行卡，在支付时依然可使用这张银行卡，还省去了随身携带卡片的麻烦。因此，对于很多个人客户基础不佳的银行来说（主要是一些全国性股份制商业银行），发行、推广信用卡是它们获取个人客户的重要手段。银行一般设专营的信用卡事业部来经营银行卡业务，但是，运营信用卡业务成本较高，需要大量的软硬件设备、科技系统、技术和服务人员、市场营销的投入，因此在发卡量达到一定水平之前，单独核算信用卡业务本身是很难实现盈亏平衡的。

3. 理财业务（资产管理业务）

根据《商业银行理财业务监督管理办法》（2018年9月）的定义，银行理财业务是指"商业银行接受投资者委托，按照与投资者事先约定的投资策略、风险承担和收益分配方式，对受托的投资者财产进行投资和管理的金融服务。"因此，理财业务是一种典型的资产管理业务，银行接受客户委托，为客户提供投资管理服务，并按约定收取服务费。而扣除服务费之后的投资收益或损失，则由客户自行承担，这是资产管理业务"代客理财"的本质属性。但是，我国银行理财业务在最早出现之时便逐渐偏离了这一本质，这其实是由于银行在面临信贷需求时，因负债资金不足而无法投放信贷，便想出一种"金融创新"，向客户发行理财产品以募集资金，然后用非标等形式投放给借款人。虽然它在名义上是理财产品，投资收益或风险由客户自行承担，但其实是给予了客户一个稳定的收益率，也就是投资收益或风险由银行承担了。因此，理财业务沦为了影子银行，对客户实施刚性兑付（详情请见3.2节）。银行为此获取的理财业务收入，本质是影子银行的"息差收入（扣除费用和风险损失之后）"。这种做法让理财业务规模扩张，但偏离了资产管理业务的本质。

2018年人民银行、银保监会等《关于规范金融机构资产管理业务的指导意见》发布之后，银行理财业务得到整顿，逐步回归资产管理业务，部分银行已经成立理财子公司专门从事理财业务。但目前仍有一些发展问题需要解决，比如银行理财业务如何与其他资产管理业公司（比如公募基金管理公司、证券公司资产管理公司、信托公司等）形成差异化定位，如何发挥银行的相对优势（比如企业和个人客户基础雄厚、分支网点密集等）做好理财业务。展望未来，银行理财业务仍然有广阔的发展空间。因为银行主业一般局限于低风险债权资产（包括贷款、债券和其他资产等），对于权益资产或高风险的债权资产，银行无法用表内业务去实现服务，而这些资产领域将来仍有较大发展空间，银行需要逐步涉足这些领域，以便服务好更多的融资人和投资人客户。

4. 代销金融产品

银行可以代理销售其他金融机构的金融产品，包括公募基金、私募基金、信托计划、保险产品、他行的理财产品等。监管部门对代销资格有较为严格的规定，银行须取得相应代销资质才能开展代销业务。银行代销的目的，一方面是服务好自己的客户，向他们提供本行没有的产品，让客户享受到"金融超市"的一站式服务，改善客户体验。另一方面则是为了服务好自己的其他合作金融机构，帮助它们扩大产品销售。因此，银行代销是一种类似"撮合"的业务——服务两端，银行从中收取代销佣金。虽然银行只是代销，理论上并不用对所销售产品负最终责任，但毕竟购买者是银行自己的客户，如果代销业务管理不当，造成自己客户的损失或不满，则仍将影响银行与自己客户的合作关系。因此，银行开展代销业务，仍然有许多管理的要点，包括合作机构的选择、代销产品准入管理、销售适当性管理等。尤其是销售适当性管理成为近年关注的重点，它是指将合适的产品销售给合适的客户，同时不能将高风险投资产品销售给风险承受能力不足的客户，体现"买者自负、卖者尽责"的原则。该原则背后的思想是，虽然代销业务是由买者自行决策并承担后果，但与其他常规商品销售不同的是，这里的卖者比买者更具备金融专业知识，更清楚买者应该买什么，不应该买什么。因此要赋予卖者一定的销售责任，而不能像普通超市一样完全任由消费者选购琳琅满目的商品。为此，银行销售人员需要严格审核客户的风险承受能力和其他财务状况（包括财力、家庭负担、收入等），以便向其推介真正适合的产品。过去，国内外均有发生银行代销人员向客户销售不合适的金融产品，甚至私自销售本行未正式代销的产品（俗称"飞单"）等情况，给客户、银行声誉都带来损失。

5. 投资银行服务

投资银行服务内容也较庞杂，主要为企业提供证券发行、承销、交易、重组、兼并与收购、投资分析、项目融资等金融服务。一般来说，这中间较少涉及银行直接向企业提供表内融资，而是需要银行利用自身的专业能力为企业提供这些中介服务，因此该业务也是以表外业务为主（少部分业务会涉及表内资产，比如给予并购贷款等）。在我国，金融业依然实施分业经营，商业银行不得从事股票类的投资银行服务，因此银行的投资银行服务专指债券、债权类的业务，如果涉及股票类，则银行需要介绍其他证券公司一同参与，由其负责股票类投资银行服务。银行较为典型的投资银行服务包括企业债券承销、财务顾问、项目融资、投融资对接等。当企业客户需要融资，但不适合贷款等传统表内融资业务时，银行可为其设计融资方案（财务顾问），比如为其发行债券，并将债券销售给投资者，或者为其发行其他融资工具（包括非标、股权直投等），再销售给合适的投资者（比如保险公司等机构投资者），而银行自己一般不直接给予融资服务。可见，投资银行服务是银行利用自身专业优势、企业客户优势、投资者客户优势来从中撮合，实现投融资双方的有效对接。未来，随着我国企业、个人的投融资需求越来越丰富，越来越难以用传统贷款等表内业务去满足，投资银行服务空间会更为广阔。

4.2　资产负债管理简介[①]

正如上一节所介绍的，现代商业银行的业务种类非常繁多，包括多种资产业务、负债业务、中间业务和其他业务，它们为客户提供丰富的金融服务。同时，银行又是市场化运作的、以盈利为目的的企业，需要在管理好各项资产、负债的安全性、流动性的基础上尽可能获取盈利。银行的这一经营目标被概括为盈利性、安全性、流动性的"三性平衡"。为实现这一三性平衡的目标，每家银行需要有一个机制从全局上把握资产与负债的平衡，决定什么时候做什么业务，怎么做业务。资产负债管理是达成三性

[①] 楼文龙. 中国商业银行资产负债管理——利率市场化背景下的探索与实践 [M]. 北京：中国金融出版社，2016.

平衡的神经中枢，同样也是银行全面经营管理的神经中枢。本节先介绍资产负债管理的主要内容，然后再介绍在资产负债管理中运用的内部资金转移定价（FTP）等工具。

4.2.1 资产负债管理演进

现代的银行资产负债管理是从早期单一的资产管理、负债管理演进而来的，而银行业面临的实际经营问题是驱动这种演进的根本力量。

1. 单一资产管理阶段

在早期（主要是二战后的经济高速增长期），大部分国家的银行业都经历过高度管制，对银行贷款、存款等主要业务的利率管制都较为严格。而且，早年间金融市场不发达，金融产品不丰富，民众的主要资产配置种类就是存款，因此他们会将很多资金存放于银行。对于当时的银行而言，负债端并无太多的主动管理工作可做，它只能按统一的官定利率，坐等客户存入资金。并且，当时的银行同业资金市场也不发达，无其他负债渠道。因此，这是一种几乎完全依靠被动负债的局面。在这样的情况下，银行主要从事单一的资产管理工作，便是将所吸收的资金尽可能安全、高效地投放至贷款、债券等资产，在保障资产流动性、安全性的情况下，尽可能获取更高回报。当然，此处所谓的"单一资产管理"，也不是说完全不顾及负债，而是指这时候的负债种类非常简单，因此直接将负债的特性视为常量来考虑。事实上，这时候的银行在进行资产运用时，还是要考虑负债匹配的，比如资产运用要保持较好流动性，以便满足存款人提现需求等。

2. 单一负债管理阶段

在全球主要经济体迎来高速增长期后，信贷需求变得旺盛，部分银行开始尝试主动获取更多种类的负债，用于满足更多的资产投放需求。与之伴随的刚好是西方发达国家金融管制逐步放开，银行也能够通过提高利率、增加负债品种等手段，主动获取更多负债。而且在当时，由于经济持续高速增长，资产端不但信贷需求旺盛而且风险不大，放款成了非常简单的事情，于是有些银行甚至将主要管理精力放到主动负债上，只要能够获取负债，就能投放出去获取更大盈利，这就形成了"单一负债管理"。但事实上，这种做法有可能导致银行经营过度杠杆化，有损于安全性。

3. 资产负债管理阶段

大约在 20 世纪 70 年代，随着西方国家金融市场化改革基本到位，经济增速下行，银行经营环境开始变得严峻，单一的资产管理或负债管理均已无法有效实现三性平衡。尤其是在利率市场化、通胀、经济波动等现象增多后，银行面临越来越多的利率风险、流动性风险、信用风险。为管理好风险与盈利的关系，资产负债管理最终成为现代银行主流的全面管理方式。

资产负债管理的根本目标，是通过对资产、负债的共同调整来实现三性平衡。将三性平衡这一目标再细化，可包括尽可能稳定净息差、稳定股票价值、满足流动性需要、保持资本水平等多方面的细化目标。为达成上述目标，具体的管理原则是，资产端与负债端不但要实现总量上基本平衡，还要尽可能实现结构对称（控制住利率敞口和流动性敞口，一般情况下要缩小敞口。但如果对利率有方向性判断时，也可扩大敞口以便赚取更高盈利），以及适度分散资产、负债、客户等结构。而具体工作和方法则日新月异。由于现代银行体量巨大，业务种类繁多，客户数量众多，因此要想实现上述资产负债管理的各项细化目标，就需要借助发达的现代信息科技手段，在银行内部完成全面的管理信息系统的建设，使系统有效触及内部经营管理的方方面面，以便实时跟踪资产负债变动情况。同时加大对未来宏观经济、利率环境、信用环境等重点宏观变量的预判，以便相应对资产负债结构进行前瞻性调整。

因此，资产负债管理已从原先的静态管理，在现代信息科技的支持下，完成了向动态、前瞻管理的转变。进入 21 世纪之后，各国银行业经营出现了一些新情况，比如表外业务日益发达，综合化、国际化进程发展也较快。因此，现代资产负债管理也要覆盖全部表内外业务、全集团和全球业务。可见，现代银行业资产负债管理的最新阶段是全面、动态、前瞻的综合平衡，内容非常丰富。为达成这一目标，全球银行业在实践中摸索出了很多有用的工具和方法。

4.2.2 资产负债管理主要内容

实现全面、动态、前瞻的银行资产负债管理，内容非常丰富，主要包括以下几方面工作：

1. 资产负债整体配置思路

资产负债整体配置思路是指银行对全部资产、负债进行合理配置时所遵循的思路，比如在前文介绍的资产负债管理的最早阶段，被动吸收负债并尽可能获取良好的资产收益，这也是一种整体配置思路。目前，银行资产负债整体配置思路有好几种，大体上分为"按资产定负债""按负债定资产"两种，具体采用哪种取决于银行自身情况。比如，某银行存款客户基础很好，有大量存款存入，那么它的思路就偏向于"按负债定资产"，即考虑如何在满足风险管理和监管要求的前提下，把负债资金合理配置于不同资产当中，以便获取尽可能高的收益。但是，我国在过去较长一段时期内，经济发展形势不错，因此银行面临着较为旺盛的信贷需求，而资本、负债显得紧俏，因此银行更多偏向于"按资产定负债""资产驱动负债""资本—资产—负债"的思路，即以资本定资产，以资产定负债。最近几年，随着全行业资产增速放缓，对于大部分银行而言，资本基本上是宽裕的，并不构成强约束，因此实践中的思路可简化为"资产—负债"，但原理不变。后文的介绍以"资本—资产—负债"思路为例。

"资本—资产—负债"思路大致分为两步：

（1）以资本定资产：假设一家银行在为明年做预算，先从资本和其他监管约束出发，大致确定明年的资产投放规模。以预计明年拥有的总资本为起点，按目标的资本充足率水平，倒推出来明年能够支撑多少风险加权资产。然后，再从风险加权资产出发，结合不同资产的风险权重和收益率，测算出这对应多少总资产规模以及不同资产类别各自的规模（即资产组合），理论上可以在既定的风险加权资产约束下找到一个让收益率最大化的资产组合。或者换一个说法，理论上银行会优先配置风险调整后资本回报率（RAROC）最高的资产，以便使最终的资产收益率最大化（具体方法请见后文）。但注意，这只是纯理论的情况，现实中银行一般不会仅仅按照这一收益率最大化的资产组合来配置资产，而是以贷款优先（因为贷款是银行的"主营业务"，是服务好客户的重要手段，其他资产哪怕收益率再高也无法起到服务客户的功能）的原则来安排好贷款的规模，其余的规模再酌情安排给非标、金融投资、同业资产等。

（2）以资产定负债：然后，根据这一规模组织相应负债，分别制订好存款、同业负债、发行债券等计划。理论上也是成本更低的存款（尤其是活期存款）优先，然后再考虑其他成本更高的负债。

整体资产负债结构在设计过程中，还要严格遵守相应的监管指标，比如其他流动性监管指标。最后各项任务指标分解下达至各经营单位和分支机构，比如全年信贷投放计划、存款吸收计划是多少，然后各分支机构各承担多少，由它们负责具体执行。在执行过程中，资产负债部门实时监控实际情况，遇到问题则随时调整。如遇存款吸收超预期（优秀的中小银行经常出现），则再寻找其他资产投放；如果存款吸收低于预期，则设法以同业负债或开发其他存款产品来弥补。有些银行则是资产投放能力弱，计划中的信贷投放也有完成不了的情况。当然，不同规模的银行会有些差异。比如大型银行由于体量庞大，一般预测较为准确，调整较少。小型银行预测的准确度差些，经常会出现存贷款超出或低于预期的局面。

2. 资本导向的资产管理

首先涉及的是全行资产配置,包括信贷的配置和其他非信贷资产的配置。由于全行资产投放主要受制于资本约束,因此资产配置的核心逻辑是在既定资本约束下,如何实现整个资产组合的风险调整后收益最大化。国内主流方法包括:

(1)经济增加值(EVA)法:主要参考上一年各类资产的 EVA 表现,同时再引入资产质量等其他因素,来决定未来资产的配置。EVA 是指银行的某类资产收益减去其对应的经济资本成本的净额部分。

(2)风险调整后资本回报率(RAROC)法:RAROC 兼顾了收益和风险,评价各类资产所占用的资本的风险调整后回报率,能够实现资本在不同资产类别中的优化配置。某笔资产的 RAROC 的计算公式为

$$RAROC = \frac{净收益 - 预期损失}{经济资本}$$

净收益即该项资产所产生的收入减去支出之后的净额(注意,如果银行能够实现更精准的核算,那么这里的"收入"应该是这次业务所带来的所有收入,而不是这笔资产直接产生的收入。比如一笔贷款除了产生直接的利息收入外,还可能带来中间业务收入,甚至使这个客户出于服务质量好而留存下来大量低利率的存款等)。预期损失则是指这笔资产可预期并可量化的未来损失,需要依靠违约概率、违约损失率、违约敞口、期限等指标来估计。净收益减去预期损失便是所谓的风险调整后的净收益。分母是经济资本,即这笔资产所需要占用的资本,也是按监管部门的资本充足率要求,银行为投放这笔资产所需要准备的资本。RAROC 的含义是银行利用每一单位经济资本,创造了多少风险调整后的净收益。而如果 RAROC 低于资本成本,那么这笔资产配置其实是不划算的。而银行拥有的资本是有限的,因此要优化资本配置,就要尽可能将资本配置在 RAROC 更高的资产之上。

可见，RAROC 法比 EVA 法更全面一些，并考虑了风险。理论上而言，银行在做次年的资产配置计划时，就应主要考虑（但也不是唯一考虑，比如贷款是服务客户的重要手段，因此贷款一般是优先安排的）按 RAROC 高低来投放，以便实现现有资本约束下的最高回报。但是，以上方法对基础数据质量要求较高，均建立在成熟的管理会计系统基础上。需要将各个业务条线的费用、成本等计算清晰，将总行各项管理费用合理分摊至各条线，才能形成各业务条线的 EVA、RAROC（尤其是在计算业务的间接收入时）。对于大型银行而言，这一点难度是比较大的，甚至可以说这种计算是几乎不可能绝对准确的。此外，以上方法也是建立在过去的计算结果之上，关注短期利益，其实缺乏前瞻性。银行管理层还是需要结合本行战略，投放资源到暂时收益不高但有利于全行长远发展的业务上。

3. 成本导向的负债管理

完成资产投放计划后，银行会开始安排负债资金的组织工作。银行一般将负债分为三大类：被动负债（主要是核心存款，以结算存款为主，也包括一部分稳定的定期存款）、主动负债、表外负债（理财资金为主）。负债管理的核心目标，就是在匹配资产运用并满足各方监管和风险要求的前提下，以尽可能低的成本完成负债组织工作。

（1）被动负债（核心存款）：指对利率不敏感的、非常稳定的存款，其中最为主要的就是基础客户（指将基本结算户开立在本行的客户）的结算存款，此外还有一些合作关系紧密的客户的定期存款等。这些存款人一般不以赚取利息为目的，而是以结算、现金管理等为目的，因此对利率极不敏感，大部分人只是存放活期存款，这部分存款对银行而言是最稳定、最便宜的资金来源。当然，这种存款也是最难获取的，很难靠简单的高利率来获取，而是需要银行在网点、渠道、服务、产品上具有强大优势，只有这样客户才愿意选择该行作为结算行。这需要企业的分支机构遍布全国，以及全国性的资金结算网络，而这几乎只有大行才能提供。

（2）主动负债：包括同业负债（部分结算型的同业存款则视为核心存款）、债券和利率敏感型的存款（结构性存款、大额存单、协议存款等）。这类负债只要银行愿意出高价，总是能够获取的，银行拥有较强的主动性。在我国，传统上主动负债原本只是为了短期调剂资金余缺用的，即在资金短期有缺口时临时进行调剂。但后来部分核心存款不佳的股份行开始将其视为常规业务来运作，一边吸收主动负债，一边将资金用于非标等资产投放。

（3）表外负债（理财资金为主）：根据最新监管要求，表外理财作为代客业务，按照与客户约定的方式进行投资运作。因此，它相较全行的资产负债管理有一定独立性。

在负债管理上，需要首先确定总量，这主要是根据全行次年的资产运用计划来定，同时也会考虑宏观经济、市场竞争等相关因素，总体上相对简单。然后，重点是安排负债的结构。从资金成本、监管要求、负债风险（主要看负债稳定性）等各方面考虑，核心存款必然是最优秀的负债。虽然每一笔核心存款都是可以随时取款的，但只要客户基础强，它在整体上就会表现出很强的稳定性。核心存款的获取靠的是全行网点、渠道、服务、产品的综合实力，不是简单依靠业务人员能够获取的。这些网点、渠道、服务、产品本质上也都会产生成本，因此综合考量后，我们会认识到核心存款的成本并不仅限于利率。核心存款不足时（即与总体负债目标存在缺口时），银行就会吸收主动负债。主动负债种类繁多，一般来说按成本优先原则优先吸收成本较低者，同时兼顾稳定性、客户关系、监管指标的影响（有些主动负债会恶化某些监管指标，比如流动性覆盖率 LCR、同业负债占比等）。而某些结构性存款、协议存款的开展，更主要的是为了获取或维护客户，并不能简单遵从成本优先原则。但实践中，也有银行主动扩大主动负债，为的是扩大自己的负债多元化，用多元化来促成整体负债的稳定性。

4. 利率定价与净息差管理

接下来，银行要科学地完成各种资产、负债的利率定价。存款、贷款的定价是目前银行资产负债管理中的难点，因为我国利率市场化在 2015 年形式上完成之后，大部分银行至今依然尚未具备成熟的定价能力。尤其是在存款方面，大部分银行没有形成成熟的存款定价模型。由于目前全行业对存款的无度追求，大部分存款利率基本上都贴着行业自律机制的上限制定，并无科学定价可言。

理论上，存款利率与存款规模、客户关系、市场竞争、货币市场利率、银行自身风险水平等因素均会相关，涉及变量非常众多。在存款规模方面，单笔存款越大，那么分摊至每元存款上的成本就越低，那么就可以给客户更高的利率，而这要求一套对成本核算较为准确的管理会计系统。在客户关系方面，如果是结算客户，则对利率不敏感，如果是储蓄客户，则对利率较敏感，二者定价是不一样的。在市场竞争方面，存在当地其他银行抢夺存款的情况。在货币市场利率方面，该利率也影响着存款利率，这是因为在某些情况下，同业负债与存款有一定相互替代性，两者的利率理论上不应该天差地别（但实践中受各种因素影响，差异有时巨大）。另外，银行自身风险水平也影响着存款利率，也就是存在信用利差，但目前有存款保险制度保护存款，一般这种影响不太明显。目前，国内银行业尚未形成很成熟的定价模型，将这些指标科学纳入。

贷款定价的成熟度要好于存款定价，但问题是，合理的负债成本（包括存款成本）是贷款定价的重要输入变量（需要通过内部资金转移定价 FTP 模型完成，关于 FTP 的详细分析请见后文）。如果这一输入变量就是质量欠佳的，那么贷款定价即便模型更好，定价结果也仍然不理想。目前贷款定价已有多种较为成熟的模型，其中最容易理解的是成本加成法。其大致原理如下（实践中还要纳入税率等其他因素。为使公式简洁易懂，我们暂时忽略）。

$$贷款利率 = 贷款 FTP + 管理成本 + 风险成本 + 调节系数 + 经济资本成本$$

最后，在完成模型计算后，还需要考虑市场竞争等其他因素，并在与客户讨价还价之后，形成最终的贷款利率。这里还涉及银行客户定位的问题，如果客户定位不科学（比如中小银行非要定位大型企业客户不可），导致银行自身议价地位低下，那么最后的定价只能是随行就市，银行则会处于被动接受的一方。而有些银行定位于小微企业，议价地位高，最终的定价反而比上述公式给出的结果还要高，银行由此取得了超额回报（由于上述公式中已考虑了风险，因此这部分超额回报是风险调整后的）。

其他非存贷业务（主要是同业业务）理论上也可执行类似的定价模型，但其定价更多是随行就市，对大部分银行而言，这方面主动定价能力不强。

完成定价后，银行还要使规模、定价、收益三者之间达到最佳均衡。净息差是连接这几个指标之间的核心指标（分支行则可使用存贷利差替代净息差）。净息差也不是越高越好，它只是在既定规模下越高越好。如果银行能够进一步扩大规模（扩表），但新增规模的边际净息差是很低的，那就会拉低全行的净息差。只要扩表符合资本、监管的条件并且风险可控，这种做法一般而言仍然是有利可图的。

事实上，按照前述"资本—资产—负债"的配置思路，在既定资本约束下，谋求更高风险调整后收益的资产，进而谋求更优成本的负债结构，本身便已形成了资本、风险约束下的最优净息差水平。实践中，资本约束较强（毕竟需要满足监管指标），但风险约束较弱（因为更隐蔽），容易发生为了追逐更大规模、更高盈利而扩表并将资金用于高风险资产的情况。

4.2.3 FTP及其主要功能

银行要达成资产负债管理的上述功能，需要强大的工具或机制支持，内部资金转移定价（FTP）是整个过程中最为核心的机制，也是完成资产与负债价格传导的关键结点，其重要性不言而喻。但现实中，如何科学完成FTP测算与制定，目前仍然是业内普遍面临的挑战。

1. FTP的实施办法

首先，总行设立一个统管全行资金池的部门，一般称司库或资金运营中心，全行所有资产与负债均由司库统收统支，按一定内部价格从各条线"收购"它们获取的负债资金，然后再按一定内部价格将资金"批发"给它们去投放资产（见图4-3）。分支机构不得坐支（即自收自支），它们获取了负债，便将资金按该负债的FTP价格"卖给"司库，需要投放资产时，再以该资产的FTP价格从司库"买入"资金。

图4-3　资金运营中心原理

这种做法，不但可以用于精准核算每笔业务的盈利，还能让总行以调节FTP价格的方式引导分支行的行为，让它们多承做经济价值更高的业务。FTP还将所有风险管理职能收回至总行，分支机构只需要完成相应业务量。并且，对于分支机构来说，存款、贷款各有各的FTP考核，每笔资产由向总行FTP要资金来支撑，每笔负债也通过FTP上交总行，因此分支机构自己不需要匹配资产和负债。

2. FTP的具体流程

总行从分支机构收购资金，或将资金批发给分支机构去发放资产时，需要合理确定利率价格。这又分为产生定价基准、确定定价规则、调整定价加点三个步骤（见图4-4）。

产生定价基准，是指根据各业务条线的实际情况，选择合适的市场收益率作为该业务的基准利率，并按一定规则形成一条完整的收益率曲线（横轴是产品或期限等，纵轴是基准利率）。这个基准的意义是，能够反映本行该业务或产品（资产或负债）的边际筹资成本（对负债）或边际投资收益（对资产）。因此，理论上该基准利率理应反映实际市场利率。但是，由于过去存贷款业务本身并没有合适、公允的实际市场利率，因此在实际制定基准利率曲线时，需要重点参考央行公布的存贷款官定基准利率。

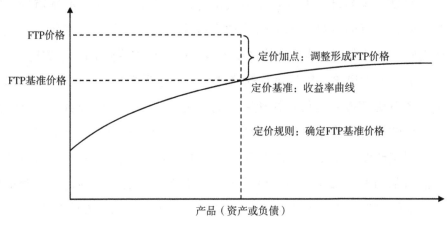

图 4-4　FTP 价格形成步骤

资料来源：楼文龙. 中国商业银行资产负债管理——利率市场化背景下的探索与实践[M]. 北京：中国金融出版社，2016.

确定定价规则，是指在定价基准曲线上建立一定规则，以找到某种具体产品的 FTP 基准利率，比如按照期限、久期等，即已知某期限的产品，确定该期限在基准利率曲线上的定价是多少。

调整定价加点，是指在找到某产品的 FTP 基准利率后，再结合该产品的利率风险、流动性风险等因素适当加减点，形成最终下达给分支机构的 FTP 价格。或者，若总行有意从战略上推动某种业务，那么也可以使 FTP 价格优惠向该产品倾斜，以鼓励分支机构大力参与。

分支机构领到下达的 FTP 价格后，再将其作为自身存款、贷款定价的一个重要输入变量，在这个变量基础上，加上自己的管理成本、风险成本、资本成本等，完成市场化的利率定价；同时将其作为考核指挥棒，按总行导向，将资源投放到更能产生价值的业务领域里去。

3. FTP 用于风险管理

FTP 还将银行的各项风险管理职能全部收回至总行，由总行统一进行风险管理，以避免各分行机构各行其是，导致风险管理失控。我国银行业市场化程度越来越高，尤其是在准入市场化、利率市场化、汇率市场化等改革之后，银行面临越来越大的流动性风险、利率风险、汇率风险，风险管理也成了银行资产负债管理的主要内容，而这也需要由 FTP 来实现。

（1）流动性风险：银行自身的流动性，是指银行快速获取现金的能力，包括所持有资产按合理价格快速变现的能力，也包括能够按合理价格快速获取负债的能力。由于资产、负债种类多样，合理安排资产负债以便保持全行合理流动性，就变得非常关键。从 2013 年"钱荒"发生后，银行业内部和监管部门都更加重视流动性管理。历史上，监管部门制定了一套指标来监控银行的流动性，包括存贷比、LCR、LMR 等，以及流动性缺口管理，需要银行在资产负债管理中严格遵守。这些指标核心的关注点包括负债的稳定性（尤其是核心存款的占比）、高流动性资产（或可融资额度）的占比、资产负债期限错配程度等。在银行日常经营管理上，主要管理手段包括流动性日间管理、动态现金流的计量和管控、流动性压力测试、监管流动性指标跟踪、应急管理等。监管部门规定，银行董事会承担流动性管理的最终责任。而银行总行通过 FTP 把全行所有的资产、负债数据全部汇总后，便能够实时掌握全行的流动性匹配情况。

（2）利率风险：利率风险是指利率变化对银行带来的风险。具体来讲，利率风险又可细分为四种风险：重定价风险，即利率水平发生平移变化，比如各期利率同步变化；利率曲线风险，即利率曲线形状发生变化；基差风险，即本来匹配的、相同特征的基准利率，发生不同步的变动；期权风险，即客户发生不利于银行的行为，比如利率上升时存款取出重存，利率下降时贷款提前还款然后重贷。银行管理利率风险的主要着手点是利率缺口管理，这需要用到银行的重定价期限结构（一般在银行年报中会有披露，请见第 5 章"银行财务分析"），而重定价敞口能够反映当基准利率发生一定单位的变化，会导致净利息收入发生多少变化。此外，还有一种升级版的敞口管理工具，即将所有资产、负债的未来现金流作贴现，形成净现值，然后看基准利率变动对该净现值的影响,即价值缺口。这便是基于净现值的敞口管理。这一方法理论上更为科学,但由于用法复杂,国内实践还不多。

银行管理利率风险的主要方法,其中最简单的是控制敞口规模,设置限额。一般情况下,银行通常将缺口限制在一个范围内。但当银行对利率变化方向的判断有较大把握时,可以将敞口往对自己有利的方向调整。但是,这种调整还要考虑客户或交易对手的行为,对方如果对利率变化方向有同样的判断,则不一定乐意往同一方向调整,另外银行不一定有对所有资产或负债的调整主动权。具体的调整方法也是通过FTP向分支机构发送信号,增加某些期限的资产或负债的FTP优惠,让分支机构加重配置,从而实现调整。目前正在尝试的新的利率风险管理方法是利用利率衍生品做对冲。目前我国利率衍生品包括利率远期、利率期货、利率互换、利率期权,但交投并不活跃。从实践情况来看,主要是这些利率衍生品的标的仍主要集中于SHIBOR等,而我国利率尚未并轨,存贷款利率和SHIBOR关联性不强,因此无法利用这些利率衍生品对冲。

银行也是由总行通过FTP管理全行的利率风险。资产负债管理部门汇兑全行所有资产、负债的利率期限结构,统一进行调整。如果分支机构或业务部门承做了大量期限较长的资产,全行流动性指标出现偏离,那么就由总行通过调减其他资产期限或者增加长期负债,来达到资产与负债的匹配。于是分支机构便不需要关心利率风险问题,可以全身心投入业务发展中去。而万一总行在这种情况下难以实现匹配(比如其他长期资产无法压降,也无法找到长期负债),那么资产负债部可调高该长期资产的FTP,提升分支机构承做该资产的成本,以降低它们的积极性,从而实现这块业务的压缩。

(3)汇率风险:汇率风险是指汇率变动带来的风险。汇率风险的分析和管理与利率风险极为类似,也是缺口管理,超过缺口限额部分的头寸须对冲掉。理论上,银行也可通过判断汇率变动方向来扩大或缩小缺口,但这样做的较少，因为汇率预测涉及海内外政治经济太多因素，预测难度过大。但由于我国大部分银行外汇业务占比不算高，因此各行重视程度不一。但未来随着我国银行业国际化程度加大，汇率风险管理的重要性会提升。同样，汇率风险也是由总行通过资产负债管理统一进行。

4. 我国银行业 FTP 面临的问题

上述介绍均是基于较为理想化的 FTP 机制，但由于受到现实中的种种因素掣肘，我国银行其实未必能将 FTP 功能发挥得特别完美。

首先，我国还没有形成良好的市场利率体系，还不能构建合理的 FTP 基准。目前，贷款法定基准利率已经逐渐不用了（定价锚改为 LPR），而存款的法定基准利率还在使用（未来也可能改革），而良好的市场利率体系还没建立。银行要真正测算自己的边际筹资成本、边际投资收益和其他市场利率，完成 FTP 基准利率的测度，这本身也需要一个过程。

其次，在边际筹资成本、边际投资收益的基础上，银行还需要能够较为准确地测算总行管理费用（绝对准确是不可能的），同时综合自己的各种资金成本，最后确定 FTP 基准利率。这样，存贷款利率的最终定价才会与市场利率形成直接关联，也就是利率传导通畅。而这对大部分习惯了简单参考存贷款官定利率的银行而言，是一个不小的挑战。

再次，即使科学形成 FTP 价格，管理层也可能因其他考虑而过于随意地修改它（也就是 FTP 形成中的"加点"那个步骤），使最终下达的价格并不完全科学。

最后，即使真的形成了理想的 FTP 价格，并下达给各分支机构，分支机构的反应也未必完全符合预期。理论上，FTP 应该是对分支机构起到"指挥棒"的作用，但有时候可能指挥不动它们。这有时是因为分支机构抵触，有时则是因为分支机构能力不济，无法完全按照总行的想法去落实。当然，这是个程度问题，因为 FTP 机制本身也不可能绝对完美。

4.3 周期波动中的银行

银行业主要为实体经济提供金融服务,其经营情况与实体经济高度相关,二者唇齿相依,其经营成果也高度取决于经济情况。在本节及后续两节内容中,我们把银行的经营管理放到更为现实的经济世界中去。本节关注的是整个宏观经济周期波动中的银行业,主要关注银行业的经营会如何随着经济周期波动。为了更清晰地呈现结论,我们依然会先构建一个高度简化的模型,用一家企业来代表实体经济,用一家银行代表银行业,然后用两者间的业务关系来说明银行与实体的关系,最终用该模型来考察周期波动的总体影响。

4.3.1 银企关系极简模型

用一家企业来代表实体经济,用一家银行代表银行业,我们构建了一个最为简化的经济体。当然,模型中还涉及企业、银行的投资人、债权人,包括企业股东、银行股东、存款人等角色。然后,我们需要进行一些假设,包括:这家银行就是这家企业的唯一债权人,这家企业也是这家银行的唯一借款人;企业股东、银行股东、存款人这些角色不参与企业、银行的具体经营,只是出资和获取回报;为简化分析,我们还假设企业的经营成果外生于本模型,也就是说它的盈利情况是个外生变量,每年终了企业会得到一个利润数,这个数和模型关系不大。

然后我们按此模型考虑这一经济体的运行。首先是企业的情况。企业一方面由自己股东投入了资本金(股权),另一方面从银行获取了贷款(债权),然后将这些资金全部投入生产经营。企业每年会获得一定的息税前利润(EBIT)。本模型不考虑税收,因此改称 EBIT 为息前利润(EBI),当然,这个息前利润是有波动的,这就代表着经济波动。获取息前利润之后,企业向银行支付了利息,剩下的形成净利润,可以分配给股东。接下来是银行的情况。银行从企业收取了利息后,其中一部分要支付给自己的债权人,即存款人，剩下的部分则形成银行的净利润，可分配给银行股东。该模型可以体现为图 4-5。

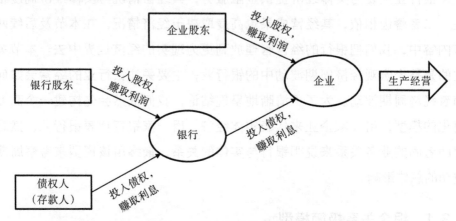

图 4-5　银企关系的极简模型

因此，企业获得的全部息前利润，最后在企业股东、银行股东、存款人之间按约定的债务债权关系来分配。如果把企业股东、银行股东、存款人合计为经济体的全体居民，那么就是企业的全部息前利润在全体居民中分配。当然，我们并不会非常关注全体居民的情况，比如对于一名银行股的分析师来说，他主要是代表银行股东进行分析，那么主要关心的对象就是银行股东。

上述模型中，企业、银行各自有一个财务杠杆，都由债权投资、股权投资共同构成。我们借用杠杆投资中的术语，将债权投资称为"优先级"，将股权投资称为"劣后级"，那么可以将上述模型描述为：由存款人为银行提供优先级资金，银行股东为银行提供劣后级资金，两者共同组成的银行资金又作为优先级资金投放给企业，并且和企业股东提供的劣后级资金一起，共同组成企业的全部资金。于是，企业的净利润是

$$息前利润 - 利息支出 = 净利润$$

此时，我们便可以从经济周期波动出发去分析问题了。企业的息前利

润是有波动性的,它会随着经济景气度起落而波动,经济好的时候息前利润可观,经济不好的时候息前利润表现不佳,甚至在一些经济非常不好的年份,息前利润可能是负数,从而形成亏损。但是,企业向银行支付的利息支出一般是按照贷款合同约定的,即使合同中有利率调整的方法(比如重定价或者双方重新议定利率),贷款利率的变动也是有一个较为狭窄的区间的,并不会大幅变动。因此,只要企业的贷款金额不出现大幅变动,那么企业向银行支付的利息也是相对刚性的。这也意味着,财务杠杆要开始发挥威力了:如果企业息前利润波动,而支付给银行的利息支出是相对刚性的,那么企业净利润就会形成比息前利润更大的波动。

银行这边也是同理。银行的利润是

$$贷款利息收入 - 存款利息支出 = 净利润$$

虽然和企业收入相比,贷款利息收入较为刚性,但相比之下,存款利息支出更加刚性,因此银行的净利润也会随着经济周期波动。比如当经济向好,企业融资需求旺盛,申请了更多贷款,甚至贷款利率也会提升,那么银行获取的贷款利息收入便会增加。而此时,银行向存款人支付的存款利息暂时不会有大的变动,于是银行的净利润便增加了。经济衰退时则刚好相反,贷款利息收入下降,可能是因为申请贷款的人少了,也可能是因为贷款利率下降,甚至还有可能出自不良资产损失(本简化模型中不单独列示不良资产损失,而是将其视为贷款利息收入的负项),而此时银行向存款人支付的利息却相对刚性,于是银行净利润下降幅度更大。

接下来,我们在经济周期波动中,将企业、银行结合起来分析。经济周期一般分为繁荣、衰退、萧条和复苏四个阶段,其中,衰退、复苏两个阶段可能比较令人关注(见图 4-6)。

我们首先观察从繁荣顶部下行的衰退阶段。在繁荣的顶部到达之前,经济活动产销两旺,企业很有信心,纷纷加大负债,扩大生产。而当经济过了繁荣的顶点,进入下行期后,产品销售情况开始变差,营业收入的增长率逐渐下降,甚至出现负增长。但此时,企业向银行付的利息是刚性的(优先级），因此还是要按时还本付息，在付完利息后，留给企业股东的利润就更少了，甚至形成亏损。但值得注意的一个细节是，银行是继续按原来的约定收取利息的，所以此时我们会看到银行的收入还在正常增长，且与企业利润走势不同，于是这就形成了银行经营与企业经营的一次偏离。此时，由于很多人并不会注意到利息支付的刚性这一细节，而是只看到银行经营尚可而企业经营不佳的表象，便形成了一些类似"银行榨取实体"的观点，这其实是非理性的、偏颇的。随着经济继续下行，到了衰退的后半段，企业经营进一步恶化，连正常支付银行利息都成问题了。有些财务状况还不错的企业，则开始收缩产能，并还掉了一些贷款。这时，银行这边就体现为不良资产开始暴露，信贷增长乏力，收入增速下降甚至出现负增长。但银行还是要按约定给存款人支付利息，这也是刚性的（优先级），而不良资产损失只能由银行股东自己承担，因此留给银行股东的利润也出现了较大的下滑。如此，这一利润变化体现在银行报表上，会比企业利润出现变化要晚。

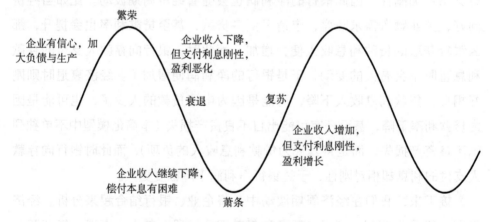

图 4-6 经济周期中的银企关系

其次，观察经济从萧条的底部开始复苏的阶段。在经济萧条的底部附近，绝望的企业家们陆续关掉了产能（有些则是还不了债务，被债权人清算了），产品供给收缩，供需对比开始逐渐趋于均衡，商品价格回升。但刚开始看到复苏的苗头时，谨慎的企业家们可能不会立马申请大笔贷款增加产能，而是一边加足马力生产，一边再观察观察，或者少量增加产能。这时，企业收入会明显增加，而财务杠杆又起作用了，由于信贷余额已不多，因此支付掉不多的利息之后，大部分收入成为企业股东的利润（劣后级的优势）。此时就能看到企业利润快速好转，银行收入则好转得慢一点。这时，会再一次出现银行与企业利润情况的偏离。直到复苏阶段的中后期，企业家信心不断回升，开始积极申请银行贷款，用以增加产能。此时，银行资产规模开始扩大，然后就开始享受更明显的收入增长了。

最后，我们可以用实际数据来简单验证上述分析，采用的数据包括近几年我国的工业企业利润总额的增长率，以及银行业金融机构的税后利润的增长率（由于数据可得性问题，我们无法得到一致的利润数据，因此我们假设税率不变，这样利润总额和税后利润的增长率就可以相互比较了）。2008年，经济下行，工业企业盈利增速快速回落，银行业盈利增速则到次年才明显回落。2010年和2016年经济复苏，情况则与2008年相反，工业企业盈利增速反弹，并显著超出银行的盈利增速反弹的程度。基本上是能够反映财务杠杆的影响的（见图4-7）。

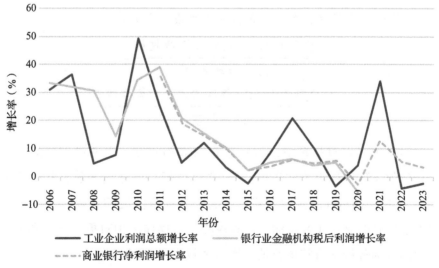

图4-7 我国工业企业与银行业的盈利增长率

资料来源：统计局、国家金融监督管理总局。

4.3.2 周期波动下的银行估值

银行的杠杆经营在周期波动中的表现,还为我们提供了一种全新的估值视角。全面深入的银行股估值分析将在下一章展开,本部分仅简要讨论周期波动对银行股估值的影响,以及银行经营管理层有没有可能采取一些措施来优化经营,从而提升股东价值。

首先需要估算银行股的价值。沿用上文的比喻,银行就是一个"分级的债权投资基金",把所募集的资金以债权投资的形式投向企业,而银行股东就是这个债权投资基金的劣后级份额持有人(存款人等则是优先级份额持有人),而且这一分级基金的"优先/劣后"比例高得惊人。研究银行股价值,本质就是研究这个分级基金的劣后级份额的价值。就估值原理而言,任何企业(包括银行)的价值,都是它未来所产生的现金流的折现。那么,整家银行的价值,首先是来自它从经济中赚取的债权投资净收益的折现。然后,再从这部分价值中减去优先级份额(由银行债权人持有)的价值(也是属于他们的未来现金流的折现),剩余的就是劣后级份额(由银行股东持有)的价值。

也就是说,银行股价值,是两笔债权(固定收益资产)的价值之差。

$$银行股价值 = 银行整体价值 - 银行债权人的价值$$

$$= \frac{\sum 银行赚取的债权投资净收益}{(1+折现率_1)^t} - \frac{\sum 银行债权人赚取的债权投资净收益}{(1+折现率_2)^t}$$

当然,也可以直接预测出银行股东获取的收益,再通过现金流折现算出股东价值(暂时称之为"直接法",也就是规范的估值方法,具体请见第5章)。但是,债权(固定收益资产)的未来现金流终归容易预测一些,因此用上述相减的算法(可以称为"间接法"),操作上相对更可靠。利用间接法,我们分别分析银行整体价值、银行债权人价值两部分。

(1)银行整体价值:这部分价值是银行未来赚取的债权投资净收益的

折现。未来能赚多少，取决于资产规模、净息差、不良资产损失等因素，归根结底是取决于宏观经济和企业经营。折现率则主要取决于货币政策、市场的风险溢价等。如果收益率和折现率同方向变化，甚至如果碰巧两者变化非常一致，那么理论上银行的整体价值变动很小，是非常稳定的。

（2）银行债权人价值：银行债权人以存款人为主，存款人获取相对固定的利息。当市场利率上升时，折现率随之上升，但由于存款人的利息变化小于折现率的变化，那么存款人持有的存款的公允价值其实是下降的，而剩余的股东价值则上升（因为银行整体价值相对稳定）。所以，理论上，存款基础最好的银行（也就是存款利率最低的银行），其股价在市场利率上行的年份应该会有较好表现，这也是"存款立行"的一种体现。

其次，从银行经营管理者的角度看，为了尽可能提升股东价值，在预判经济周期波动的前提下，可以采取一些对应的优化措施。比如，如果预测经济复苏、利率上行，那么可以适当拉长负债的重定价期限，加大利率风险敞口，锁定未来一段时期内的负债成本，到了利率真的上升之后，银行依然能够在一段时期内支付相对较低的负债成本；而在面临经济衰退、利率下行时，则进行相反操作，缩短负债重定价期限，或同时拉长资产的重定价期限（请参考上一节资产负债管理中的有关内容），那么当利率真的下降之后，原来的负债也很快到期，重新获取负债时，利率就已经更低了。这类操作可以提升股东价值，但本质上是转移了债权人的价值，而没有创造新的价值。当然，债权人是银行的客户，银行不应该也没有能力过多地将客户价值转移给股东，因为随着银行业竞争加剧以及客户的议价地位提升，客户也会阻止银行这么做。比如，假设银行预测到经济将要衰退、利率将要下行，并尝试缩短负债期限，但是如果客户也意识到了利率将要下行，那么他们不会愿意缩短期限，反而希望扩大期限，而银行在一般情况下很难拒绝客户需求。因此，这些做法的效果可能非常有限，只不过是在一定程度上缓解周期影响（而不可能完全对冲其影响），大部分业务仍然逃不开周期波动的影响，所以这也是银行业务高度亲周期性的根源。

4.4 银行技术进步

在金融领域谈科技，一般是指金融业常用的各类信息技术手段。金融业是信息技术应用最为深入的行业之一。近几十年来，银行业务的技术进步主要就是由新引进的信息技术推动的，而目前的金融科技领域仍然日新月异，不断地推陈出新。如何运用好先进的信息技术促进业务发展，成为现代银行业面临的重大课题。本节回顾了现代银行业引进信息技术的几大阶段，以及它的最新进展，以此来展现信息技术对银行业务的推动。

4.4.1 银行科技三大阶段

现代信息技术大部分可追溯自二战时期开发的通信和网络技术，第二次世界大战后尤其是冷战结束之后，很多产品和技术逐渐转为民用，而金融业则是应用信息技术最多的行业之一，所应用的技术包括种类繁多的计算机软硬件技术、网络技术以及最新的大数据技术、人工智能等。银行业最初引进计算机技术的初衷相对简单，只是为了在一些简单重复劳动方面替代手工，而后其运用越来越深入，在各业务条线、中后台管理方面技术得到了全方位的深入应用，最后到了没有这些技术就基本无法开办一家现代商业银行的地步。银行业引进信息技术的过程大致可划分为三个阶段。

1. 电子化阶段

银行业最初引进计算机技术和网络技术的原因，主要是海量的业务处理需要借助自动化、电子化以提高业务效率，并减少前后端手工处理的出错率，因此这一阶段的常用称谓是"银行电子化"。其背景是第二次世界大战后全球经济高速增长，银行业务量也呈爆发性增长，继续沿用原来的纯手工操作已经使从业人员不堪重负，因此需要逐步引入一些计算机控制的设备机具来实现初步的电子化。这一过程在美国、日本等发达国家大约发端于 20 世纪 60 年代，在我国则是于 20 世纪 70 年代，我国与发达国家差距并不大，有些细分领域甚至还有后发优势。1974 年，中国银行引进了第一套理光 -8

（RICOH-8）型主机系统，揭开了我国银行电子化进程的序幕。○

这一阶段的主要进步，大致出现在以下几个方面：①在前端，将部分手工操作流程进行电子化改造，开始使用实现现金、票据、账目的自动处理和显示的各种机具，业务办理的效率得到有效提升，客户体验也有显著改善，比如我国大约从20世纪80年代后期开始逐步实现了柜面系统的自动化；②在中后端，大量数据可以更高效地存储于计算机系统中，比纸质档案的保存更为先进，并且这些数据可以通过专用网络传送，比如目前仍在使用的一些著名国际电信网络便是诞生于这一时期，包括SWIFT、CHIPS等；③从经营管理角度看，随着技术推动统计工作效率大幅提升，银行的经营管理层、监管者也能更高效、实时地获取行内或行业信息，从而增强经营、监管的决策有效性。这一阶段也开始使用网络技术，但一般仅限于银行专用网络（包括银行内部的业务网络、银行之间的电信或清算网络、ATM专网等），还没有大量使用广域网。总之，这一阶段在银行业务逻辑上没有产生任何变化，但电子化确实使业务流程、经营管理大幅提升了效率。

2. 网络化阶段

网络化阶段这一称谓中所谓"网络"主要是指互联网，因为在电子化阶段其实已经开始使用网络技术，但当时使用的主要是专用网络，除ATM等少数场景外，专用网络的功能并不能体现在服务广大客户的一线，它更多的是提升银行中后端的功能。在这种情况下，广大客户仍然需要去银行柜面或在ATM上办理业务，这种古老的店面模式显然不可能支撑更高数量级的客户量。尤其是，这段时期刚好也是我国居民收入快速提升的时间，零售银行业务需求开始增加之后，大量的个人客户到银行柜面办理业务，过长的排队时间严重恶化了客户体验。这一问题在网上银行推广之后得到缓解。进入20世纪90年代之后，互联网技术日益成熟，并开始应用到各行各业，到了2000年前后，家用互联网开始日渐普及，其费率快速下降，

○ 宗文. 中国银行创造的多个"第一"[N]. 人民日报, 2012-2-17.

于是银行业也开始引进互联网技术，推出网上银行业务。1997 年，中国银行率先在国内银行业中推出了网上银行业务。

网上银行（一般简称"网银"）的本质是广大客户可以通过互联网办理部分银行业务。在一些安全技术问题得到突破之后，客户可以在微型计算机上打开网上银行，登录自己的银行账户，办理账户管理、余额查询、汇款转账、网上支付等一些简单的业务，虽然只是些简单业务，但极大地便利了客户，也大幅减轻了银行柜台的服务压力。登录方法以登录网页的方式为主流，但也有部分银行开发了自己的网银应用软件，客户在自己的计算机上安装了该软件后就能登录网银，相比较而言，网页版更为方便，更加受到客户欢迎。2003 年之后，电子商务日渐普及，为了网上支付的便利，网上银行也进一步普及。此前，其实银行为了分流客户、减轻柜面压力，也推出过电话银行等其他服务方式，但效果一般。

2003 年之后，移动互联网开始兴起，当然其本质依然是互联网，只不过不是用台式计算机接入网络，而是用手机等移动终端来接入。银行也顺势推出了手机银行，其本质是在移动终端上接入的网上银行。和计算机的网上银行一样，手机银行也有两种登录方式，即网页版和应用程序（App），早年曾以网页版为主，比如通过 WAP 登录（见图 4-8）。但和计算机不同的是，在智能手机上 App 比网页版方便，已成为目前的主流方式。手机银行的服务内容和计算机网银类似，也只包括一些相对简单的业务。手机银行本质上仍然是网上银行，但对于客户而言便利的程度进一步大幅提升，到了随时随地可享受银行服务的地步。

目前，网上银行（含手机银行）已经是大部分老百姓常用的银行服务，大幅减轻了银行柜面压力。试想，如果没有网上银行服务，那么像我国这样的人口大国，光靠银行网点是几乎不可能将银行服务充分覆盖广大居民的。但在这一阶段，网上银行在开户、贷款等几个关键业务环节仍然没有突破，开户、贷款业务涉及对客户信息的实质性审核，需要对客户身份、资信等信息的真实性进行判断，这一点并不是简单的互联网技术能够完成的。互联网能够传递信息，但不能传递信任。比如，银行可以让客户通过网络提交各种材料，比如能够证明身份的材料或其他材料，但无法核实材料的真实性，也无法核实是否有人冒充材料上的人，所以也就不能仅凭客户在网上发送的信息就完成开户、贷款等业务。网上银行开展的账户管理、余额查询、汇款转账、网上支付等简单业务，均需开户之初银行在线下对客户进行身份审核。因此，如何实现银行和客户双方在自始至终不曾见面的情况下能够可靠地办理一切银行业务，实现真正意义的互联网银行，就成了下一阶段的技术课题。

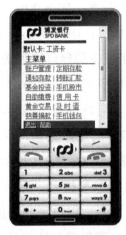

图 4-8　早期移动互联网银行

资料来源：浦发银行。

3. 数字化阶段

随着新一代信息技术在数字化、智能化等领域的突破，银行可以实现在整个业务流程中不必与客户在线下见面，开办真正意义的互联网银行也成为可能。在这整个过程中，数字化是最为根本的推动力量，各行各业越来越深入地使用信息技术，从而使得经济活动的数字化水平快速提升，数字化进程又随之快速积累了大数据，最后是通过对大数据的价值挖掘，逐步实现了网络化阶段无法实现的一些功能，包括开户、贷款等。

互联网技术发展中，有几个关键节点对后来的数字化、大数据应用至关重要。早期的互联网应用得到普及后，开始有网站、即时通信、电子邮件等日常应用，其中网站是最为常用的应用之一。大约在2004年前后，Web 2.0概念被提出，指由用户共同参与提供内容的各种网站。与之相对应的是所谓的Web 1.0，即早期的网站，它由网站建设方创作、生产、组织内容，然后发布在网站上，由用户浏览使用，这是单方向的内容提供。Web 2.0的早期代表是BBS，即后来的网上论坛，在论坛上有众多用户参与有关话题的讨论，所有用户既是内容创作者，也是内容的使用者，论坛不再是由网站建设方单一提供内容。后来，Web 2.0不再局限于网站服务，而是涵盖各类互联网服务，那么就形成了UGC（User Generated Content，用户创造内容）的概念，泛指各种用户主动参与的互联网应用，而不再由互联网服务商单方面提供内容。比如电子商务、即时通信、文件分享等，均是由用户在享受互联网服务的同时，自行创造了内容。与互联网服务商单方面提供内容相比，UGC模式下内容的生产量呈几何级增长，经过长时间沉淀，留存下来了海量的信息和数据。2008年，"大数据"概念被正式提出。

大数据一方面是指数据的总量较大，另一方面也反映数据维度较多，最终能够保持数据的真实性水平。以电子商务活动为例，大量的网上交易能够留存下丰富多元的信息，不仅仅包括交易商品各类、数量与价格，还包括交易双方的很多其他信息，比如收货地址等。这些常年积累的数据又能反映出双方的一些特征信息，比如买家的商品偏好、消费或生活习惯、财力水平等。除电子商务外，在过去互联网大发展的这段时期内，其他领域也在大规模引进数字化手段，越来越多的经济活动被连到互联网，并且开始积累各种数据，比如线上娱乐、还信用卡、生活缴费、处理罚单等。这些数据是用户在享受互联网服务时留下的，大部分都不是刻意伪造的，因此真实性水平较高。再加上维度众多，数据能够综合化地刻画一个人的各方面特征。因此，大数据逐步积累形成并被开发成应用之后，互联网开始具备处理"信任"的功能，因为大数据对一个人的刻画是可信的。在这样的背景下，银行完全通过线上方式，自始至终未与用户线下见面，而能够办理开户、贷款等业务，也得到了突破。起先是传统银行利用掌握的大数据为用户提供互联网贷款，随后，掌握大数据的互联网公司也开始尝试用大数据为客户发放贷款，后来还开办了完全没有物理网点的互联网银行。这便是目前银行利用信息技术进步推动业务发展的最新阶段的情况。此外，银行还可以将大数据用于精准营销等其他职能，定向推送合适的产品给客户，但这些智能化的应用并非银行业特有，任何行业均可拿自己的大数据来分析客户行为并将其用于精准营销，因此不作为银行业务在此讨论。

4.4.2　互联网贷款主要技术原理

互联网贷款是数字化阶段的重要突破，互联网银行和传统银行均在从事这一业务。目前，我国已经开办有多家无物理网点的互联网银行。当然，我国银行业监管分类中并无互联网银行这一类别，这一概念也并非严谨的术语，而是泛指无物理网点的、主要通过互联网手段来服务客户的银行[一]，比如在我国最早于2016年成立的深圳前海微众银行、浙江网商银行。当然，一些银行虽然有个别物理网点，但它们在实际业务运营中起不到什么作用，业务主体还是通过互联网开办的，这类银行在事实上也可视为互联网银行，比如四川新网银行、江苏苏宁银行等。而全球最早的互联网银行其实早在网络化阶段便已出现，比如1995年成立的美国的安全第一网络银行（Security First Network Bank），但由于没有大数据等新信息技术的支持，它在更大意义上只是一家独立的网上银行，后来的经营也不算成功。同时，拥有物理网点的传统银行也在从事互联网贷款业务，即向未曾谋面的客户提供贷款服务，它们当中有些是在银行内部设立部门或事业部来开

㊀ 此外有一个相关的概念就是"直销银行"，它泛指各种不和客户见面、通过通信手段开展的银行业务（或者只从事这样的业务的银行机构）。互联网是当代直销银行最为主流的通信手段，但早年间直销银行还使用过信函、电话等。可见，互联网银行是直销银行的一种。由于如今利用信函、电话手段开办业务已不多见，所以如今提及直销银行，可几乎将其等同于互联网银行。

展直销银行业务,有些则是开办一个直销银行子银行,比如百信银行、招商拓扑银行等。未来,互联网贷款的普及程度还会继续提高。

这些互联网银行(或互联网贷款业务)主要依靠互联网、大数据来实现对客户的拓展和风险控制。根据其客户来源,又可大致划分为专属客群模式和全客群模式。专属客群模式一般由大型互联网公司、大型传统银行或其他大型企业开办的互联网银行来实施,因为这些大股东本来就已掌握了大量的客户资源,这些客户在自己的生态圈及现有业务中获取服务,大股东已经借此积累了这些客户的很多数据(当然,也会从外部获取客户的一些其他数据),因此可以完成对客户的风险评价。换言之,在这种模式下,大股东先天了解这些客户,因此可以筛选出一些优质客户,定向对他们推送贷款服务或其他服务(类似"邀请制",从现有客户中择优邀请)。以深圳前海微众银行的贷款产品微粒贷为例,受其邀请的客户会在微信界面中看到微粒贷界面,而其他未被邀请的客户则看不到(见图4-9)。

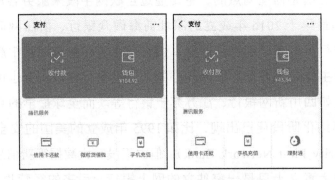

图 4-9 受邀与未受邀客户的微粒贷界面

资料来源:微信。

全客群模式则与此不同,在此模式下,一些没有大股东提供现成的客户资源的银行需要面向全市场获取客户,因此便需要对这些客户完成一个完整的风险评估流程(和其他流程)。当然,这种无大股东资源的银行才是多数,所以这种全客群模式更具可复制性。面对一位完全陌生的客户来申请贷款，按照贷款的风险定价原则、商业可持续原则等，互联网贷款至少需要完成还款意愿分析、还款能力分析和成本优化控制等以下几步工作。

1. 针对还款意愿的反欺诈系统

还款意愿和还款能力是信用风险分析中的两大基础内容，其中还款意愿分析难度更大。尤其是，目前的互联网贷款主流品种往往单笔金额都不大，真正穷困到连这么小金额的还款能力都没有的人往往是不多的，更多的风险发生在还款意愿这边。还款意愿存疑的借款人，可能从一开始就没打算还钱，类似"骗贷"的行为。因此，反欺诈系统本质上是为了识别并排除恶意申请贷款的人。反欺诈系统并非互联网贷款时代的新生事物，而是原本就已有应用，比如在信用卡业务中早已应用反欺诈系统，如果银行发现一张信用卡在某地商场被刷卡后，过了一小时便在千里之外的另一地方被刷卡了，那么系统马上能发现，这里至少有一笔是盗刷的，再结合其他数据识别到底哪一笔是盗刷的。因此，反欺诈系统的本质，是通过客户的行为数据来判断是不是遇上"坏人"或"骗子"了，若分析后认定有诈，则及时介入控制风险。此外，各种新型的软硬件技术、大数据技术可以更全面地捕捉客户行为数据，大幅提升了反欺诈能力。比如现代智能手机技术高度发达，甚至可以识别客户在 App 输入信息的指法习惯、上网的作息时间、设备或地点等行为信息，一旦出现异常情况，便可及时介入，因此反欺诈能力大幅提升。

2. 针对还款能力的大数据风险评价系统

风险评价非常类似于过去的征信系统所做的，原理相近，但又有所区别。目前，互联网贷款主要服务于无法获取传统银行贷款服务的人群，一般俗称"白户"，这些客户没有征信记录，而征信记录是传统银行投放个人贷款时几乎必备的依据。征信记录（或称信用记录）是指此人过去的借款、还款的记录，如果此人过去还款记录良好，那么有较大把握相信其未来的还款情况也会不错。这一简单的"有借有还、再借不难"的规律背后，其实是有统计学依据的，也就是说，一个人的过往信用数据，在统计上确实是与其未来的信用情况显著相关的，这也是传统征信的基本原理。但是，对于白户而言，他们由于从来未曾在银行获取过贷款，那么也就没有征信记录，那么自然也就无从判断其信用情况如何，这导致了他们无法从银行获取贷款，那么他们就没办法拥有征信记录……这成了一个先有鸡还是先有蛋的问题，陷入了死循环。但有了大数据之后，便可以找到一些数据，尝试用这些数据来替代征信记录建立征信模型。和传统征信类似，这一过程分为几个步骤。

　　首先是建模期。先从丰富的大数据中，猜测出一些可能和信用水平相关的变量，选定为风险评价所使用的变量（包括原始变量和组合变量，组合变量就是由其他原始变量计算得到的新变量）。尝试给选定的一些人放贷，并收集信用结果（还款情况）数据，作为样本。然后建立回归模型，以这些变量的历史数据为基础，寻找历史数据与后来的信用结果之间的相关性，找到与信用水平最为相关的变量，并以此初步构建征信模型。其次是验证期，用以测试、验证模型。代入不同于建模样本的历史变量数据，得到模型预测的信用结果，再将它与最终真实的信用结果比对，观察模型预测的信用结果是否有效，即验证模型的性能。最后，在实战中运用该模型。将新客户的这些变量输入，得到对信用的预判，即信用评价，作为放贷依据。以上只是整个过程中最为关键的三个阶段，此外还包括一些其他流程，包括数据采集和处理、模型的跟踪与优化提高等相关工作。比如，在后续的模型使用过程中，还会持续跟踪实际运用的结果，不断迭代优化这些模型。如果长期不优化模型，不排除某些较为专业的不法分子能逐渐大致猜测出哪几个变量是最为重要的，于是针对性地"刷分"，以获取贷款。整个完整流程体现为图 4-10。

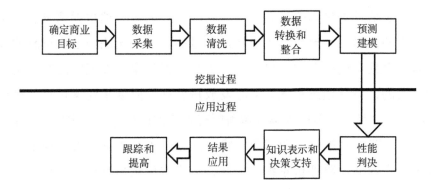

图 4-10　大数据风险评价模型的建立与应用

资料来源：刘新海. 征信与大数据 [M]. 北京：中信出版社，2016.

早期由专家凭经验选取变量，但后来随着各类技术进步，开始使用机器学习等方式，自动从海量数据中找到相关性显著的变量，有时模型计算出来的结果一时还找不到可解释性（该变量和信用之间是相关的，但无法解释为什么相关），但模型是有效的。

3. 成本优化系统

银行从事互联网贷款业务还需要考虑商业可持续性。因为，互联网贷款面向的客户群体包含很多白户，这些人一般是达不到传统银行贷款的门槛的，甚至其中有不少人收入水平较低，因此拒贷率会较高，往往高于90%。并且这些贷款的单笔金额也不大，比如目前主流的互联网贷款品种单笔金额在几千元左右。这些客观因素，给商业可持续性的实现带来一定难度。比如，户均金额仅几千元，那么即使利率达到10%左右，每年收取的利息也仅几百元。而这些贷款需求一般是用于应对资金短期周转，很少出现借款一年的，因此实际收取的利息可能只有几十元。换言之，单户单次贷款能够为互联网银行带来的收入金额其实是很低的。从事互联网贷款的银行面临这样一个现实问题：一个陌生客户来申请贷款，假设银行按照最完整的模型去购买全部数据，代入模型去完成风险评价，可能风控效果很好，但会面临成本过高的问题，因为获取客户的每一项数据都是有一定的成本费用的，买下全部数据可能费用会过高，甚至无法被客户贡献的收入所覆盖。而且，还要考虑到这类业务极高的拒贷率，被拒绝的客户是不能贡献收入的，只有通过审核、实际发放贷款并按照要求还本付息的客户才能贡献收入，而这部分收入需要覆盖所有申请被拒和通过的客户的成本。

于是，互联网银行需要尽可能降低业务成本，尤其是要应用上述反欺诈系统、大数据风险评价系统。为此，从成本优化角度出发，银行会配备多套模型，最初步的模型可能只需要银行购买少量几个变量，虽不能完成最终的风险评价，但可能先排除一大部分不合格的申请者。对于剩下一小部分申请者，再使用第二套模型，并新增购买几项数据，然后又能排除一部分申请者，这样就剩下更小的一部分。如此重复几轮，最后仅剩下少量的申请者需要银行购买更多变量。以此，便可通过分层风控的手段，尽可能使全部数据成本最小化。

以上解决的是单笔业务的成本问题，它非常类似工业企业成本核算中的"变动成本"的概念，即降低了单家客户的变动成本，以便让单家客户贡献的收入能够覆盖变动成本。但同样，互联网贷款也面临"固定成本"问题。开办银行的种种支出，尤其是对科技系统的巨额投入，构成了互联网银行的固定成本。固定成本当然也需要收入去覆盖，但前文提及，这些客户能够贡献的单户收入是很低的，可能每次几十元，在扣除变动成本后，"单户毛利润"金额更小。为了能够覆盖固定成本，便需要巨大的客户量。这也就是互联网银行追求海量客户的根本原因（对其他互联网企业也是同理）。互联网银行只有实现了变动成本的优化、海量客户覆盖固定成本之后，才能获取一定的合理利润，从而实现商业可持续性。

4.4.3 未来展望

以上我们便已经将银行引进现代信息科技的几个阶段，以及最新的数字化阶段（以互联网贷款为代表）的典型技术。很显然，这一模式建立在几个技术进步之上：①数字化：大量的经济活动从原先的线下转变至线上，形成数字经济，并积累了大数据，这是能够实现互联网贷款的"物质基础"；②模型化：反欺诈、风险评价、成本优化等技术是传统银行业本身就已在使用的，但过去更多是用较传统的技术甚至是通过业务员的经验来实现，而现在则用更先进的技术将这些功能实现，其效率更高、结果更可靠，这是互联网贷款的"技术手段"。物质基础和技术手段，共同构成了数字化时代银行业务的核心。未来还会出现什么样的突破，目前暂时不得而知，但我们可以就这一阶段内未来可能出现的演变做一些展望。

首先，我们用一个还算恰当的比喻，将大数据比喻成金矿，而将处理大数据的各种模型（反欺诈、风险评价、成本优化等）比喻成提炼纯金的冶炼技术，那么在一般情况下，金矿会比冶炼技术重要。因为在现代市场经济中，大数据处理模型的门槛其实是越来越低的，其基本原理可以轻易地在各种文献中获取，而且随着人才流动，很多关键技术正在以较快速度向业内普及。而要想把模型用好，就需要长期拿大数据训练，不能纸上谈兵。但大数据资源却是不容易获取的，比如我国目前掌握海量大数据的可能仅有一些互联网巨头和大型企业，以及政府部门。而没有大数据，反过来又使很多机构即使掌握了模型的原理，也缺乏实战的机会，并不能将其转化为真正的金融服务能力。因此，我国政府已经意识到了大数据是一种资产，利用得当则能够提升金融服务水平，尤其是在普惠金融领域，能够让很多没有征信记录但有大数据的长尾人群，得到金融服务的覆盖。为此，政府开始整合分布于不同机构、部门的大数据，打通数据孤岛，合法合规地将数据提供给金融机构使用，便于金融机构向长尾人群提供信贷等金融服务。比如，很多地区政府已经将税务数据提供给银行，供中小微企业贷款参考。

政府集中整合大数据资源并提供给金融机构是一个良好的趋势，有助于金融服务的普及。但对于单家金融机构而言，由于大数据门槛降低，甚至大数据有可能逐渐趋于同质化，那么业务会面临标准化挑战。也就是说，在过去，当大数据被不同部门、机构掌握时，有些机构拥有更好的训练模型的机会，从而能够把大数据转化为实际运用于业务的资源，这便会形成其业务的较高门槛。而其他机构没有机会训练模型，或者哪怕直接引进强大的模型，也没有足够的数据去实现业务。在这种情况下，掌握大数据的机构可能借助大数据资源形成垄断，在贷款定价上给出不合理的定价。而在政府整合大数据资源后，假设在未来的极端情形下，政府大数据足够丰富，各金融机构能够以低廉的成本获取类似的大数据资源，并且大家的模型也是类似的，那么这项业务会变得高度标准化，机构相互之间没什么差异性。而高度标准化的业务最后难免会陷入价格战，负债成本低的大型银行最终占据成本优势。况且，大型银行在模型开发上也更具技术实力优势。因此，单单就互联网贷款的这一业务而言，未来的行业格局还不明确。当然，数字化阶段的创新业务并不仅仅是互联网贷款，银行业借助新技术推进业务发展，在很多方面仍然拥有很大的空间，比如现在很多银行的手机银行 App 已经不再是简单的手机端网上银行而已，而是一个综合化的服务平台。在开放银行的理念下，手机银行 App 可以绑定他行账户，并开放端口接入各种生活服务，使手机银行 App 成为为客户提供全套金融服务和衣食住行等生活服务的综合服务平台。

4.5 银行公司治理

在过去的证券分析工作中，公司治理不算是最重要的内容，但由于公司治理确实会对公司经营产生较大影响，因此也有必要花费一定的时间精力对此进行研究。尤其在近几年，我国银行业的公司治理领域出现了一些正面和反面的案例，尤其在包商银行接管处置案之后，监管部门开始高度重视中小银行的公司治理，并进行了一系列整治，防止中小银行因公司治理问题而产生巨大的风险。本节将简要介绍公司治理的含义及它对银行经营的意义，以及美国、中国银行业的典型公司治理模式，最后通过一个现实案例分析银行的公司治理问题。

4.5.1 公司治理与银行公司治理

公司治理是近几年较为热门的话题,它的内涵不断发展演变,在目前常用来泛指公司所有者(股东)为实现对经营管理层的监督、激励、控制等目的,而在公司内设置的一整套制度安排,其根本目的是平衡各种利益相关方的利益。可见,公司治理是企业出现所有权与经营权分离现象之后,为处理委托-代理关系而进行的一系列制度安排。

现代意义的股份公司制度起源于近代的西方,荷兰东印度公司是早期的典型代表,这种新的企业组织形式具备两权分离、有限责任、股份可转让等新特点,因此能够广泛动员社会资金,并选择专业的经理人负责经营管理,以此解决了生产经营需要更多长期资本与个人资金有限性之间的矛盾,能够适应更大规模的专业化生产经营。当然,我国古代企业也有所有权和经营权分离的现象,即东家和掌柜的关系,但未形成现代意义上的公司制。正因为所有权和经营权相分离,公司股东须聘请管理层负责公司的日常经营,这便形成委托-代理关系。管理层往往对公司具体事务更加了解,此刻在所有者和经营者之间就存在信息不对称,因此管理层有可能偏离股东价值最大化的目标,为自己或其他利益方谋利,或者经营不够勤勉尽责,这些都会损害股东利益。这便构成了代理成本。公司治理的根本目标,是在公司所有权与经营权分离(两权分离)的情况下,能够激励管理层以股东价值最大化为主要目标进行经营管理(同时也兼顾其他利益相关方)。

现代公司制度有着较为通行的公司治理架构,一般由股东(大)会、董事会、监事会和经营管理层组成。目前世界上主流的公司治理模式,包括以美国、英国等盎格鲁-撒克逊国家(也包括一些其他国家)为代表的盎格鲁-撒克逊模式,以德国为代表的欧洲大陆模式,以及我国《公司法》规定的混合模式。三种模式的主要区别是:盎格鲁-撒克逊模式下的董事会兼有决策权和监督权,不单设监事会;欧洲大陆模式则设有双层董事会,上层是由股东和工会代表组成的监督董事会,下层则是执行董事会;我国则将董事会、监事会分设,分别履行决策权和监督权。在我国的模式下,股东会由公司全体股东组成，是公司的权力机构；股东选派董事（包括执行董事和非执行董事）组成董事会，本质上是股东会闭会期间的办事机构，代表股东履行公司的经营决策职能；监事会由股东大会选举的监事和职工选举的监事组成，代表股东履行纪律监督检查职能；公司中还设有党的组织，党委会负责把握公司政治方向；管理层负责公司的日常经营。以上只是大体的框架，在具体的经营管理中，仍需要进一步处理好"四会一层"（股东会、董事会、监事会、党委会、管理层）的权责关系。

具体而言，优异的公司治理需要实现约束管理层"做坏事"、激励管理层"做好事"两个目标。当然，有时候这两个目标是一回事，因为管理层本来就有责任为股东价值最大化而努力工作，没有做好事，这本身就是坏事。约束管理层"做坏事"是指能够有效监督管理层行为，防止他们从事有损股东利益的行为。有损股东利益的行为是代理成本的集中体现，其本质都是损害公司利益而提升个人利益，典型的包括提高自己的待遇福利、占用公司资源（形成个人的各种货币或非货币收益）、消极怠工（休闲也可视为一种收益）等。有些则过度扩大公司经营规模，进行一些对提升公司价值无益的业务扩张，以便于满足自身的野心。激励管理层"做好事"则是指设计一套合理的激励方式，能够激励管理层为股东利益而努力。还有一些情况是对管理层的激励机制不当，比如过于注重短期收益，那么管理层做出的一些经营决策虽能短期创造业绩，但对公司长远发展不利，这种情况下长远看也是会损害股东利益的。

代理成本可以指因为对管理层缺乏监督而导致股东价值的损失，也可以指为了实施有效监管而付出的额外成本。可见，这两者是此消彼长的：事先监督成本越高，则一般能使事后损失越小，事先疏于管理，则可能导致更多的事后损失。代理成本是不可避免的，所以需要找到一个相对合理的均衡，让事前成本和事后成本之和尽可能最小化。因此，公司治理的本质，是一套以合理成本来促进公司管理层为股东价值而努力的公司内部制度，它是决定公司经营成效的关键因素之一。

现代商业银行采用的一般都是股份公司制度，因此也完全适用上述公司治理方面的通行原理。但是，银行的公司治理也有一些属于自身行业的特殊性，主要包括：①银行经营涉及更多的利益相关方，具有更高的外部性，涉及公众存款安全、社会责任和金融稳定，因此公司治理的目标需要在股东价值最大化之外有更多考虑，兼顾存款人、客户、监管部门的利益或要求；②银行业务专业性强、业务量大，信息不对称程度更高，如果管理层有不当行为，则有较多手段去藏匿、粉饰；③公司治理对银行业而言异常重要，因为银行业本质上是由一批专业的经理人通过管理银行股东投入的资本从事经营活动，公司治理对银行经营成效起到的作用极为关键。除了公司治理之外，影响公司经营的还包括技术优势、资源禀赋等，比如一些其他行业的企业，如果技术优势足够强，或者有其他一些禀赋优势（比如特许经营权、市场垄断地位等），那么即便公司治理稍微差一些也不足以对公司经营产生很严重的影响。但就银行这样的行业而言，大部分中小银行不存在技术优势和资源禀赋（部分大型银行可能存在一定的禀赋优势），虽然银行有特许牌照，但目前大部分国家的银行牌照数量也不少，因此，大部分中小银行是不可能借助技术优势、资源禀赋等因素形成竞争优势的。于是，具备良好的公司治理来激发各级员工的积极性，几乎成了它们在竞争中决胜的关键因素。

4.5.2 中美银行业两大模式

股份公司是西方的舶来品，主流的公司治理模式也是来自西方。但是，公司治理又会受到各国自身的政治、文化、习俗等多方面的影响，经过一定的历史演变，形成具有各国自身特色的公司治理模式。以下是对中美两国的模式的比较，对比来看，两国银行业形成了各具特色的公司治理模式，无法简单评判优劣，它们是适应各自的经营环境而产生的。

1. 美国主要模式

美国大型银行多为上市银行，因此公开信息较为详细，我们能够清晰地观察到它们的公司治理模式，即非常典型的盎格鲁–撒克逊模式。更具体地说，是董事会中心主义：不存在控股股东，股东高度分散（很多是机构投资者），对公司干预能力弱；董事会是公司运营的核心，拥有很大的权利，董事会聘请职业经理人负责具体经营，并且对职业经理人有详细的激励约束机制。董事会中心主义是股份公司规模变大，股权在公开资本市场上日益分散之后出现的现象，此时许多零散的股东已不可能参与公司经营，因此将经营管理权交给了专业的职业经理人，由此形成了董事会中心主义。美国文化中崇尚自由、反对权力过于集中的特点，对股东分散化也有助推作用。以下以富国银行为例，介绍这种公司治理的美国模式。

富国银行的公司治理的大体框架也是由股东大会、董事会和经营管理层组成的，但在具体人选、激励约束上有典型的美国特色。美国的公司一般不设监事会，监督检查职能由董事会履行，股东分散的上市公司很难由股东委派董事，因此一般有比例不小的独立董事受股东委托，对管理层进行监督。富国银行的董事会成员比较稳定，有不少董事任职时间超过十年，并且董事会成员中绝大多数是独立董事，少数是执行董事。表4-6为富国银行的历年董事名单及其任免年份。

富国银行董事会选聘职业经理人，高级管理层人数较多，较为关键的是CEO和行长，其中又以CEO最为重要。富国银行的CEO和行长人选非常稳定。富国银行在1998～2007年之间仅经历了两任CEO（Richard M. Kovacevich任职到2006年，之后由John G. Stumpf接任）、两任行长（Richard M. Kovacevich任职到2004年，之后由John G. Stumpf接任）。行长接任CEO是富国银行的传统。为实现对高管的有效激励，富国银行设计了一套详细的薪酬制度。富国银行高管的薪酬包括四个部分：基本工资、绩效奖金、长期激励计划、其他福利（比如养老计划、津贴等）。此外，薪酬制度还规定在某些特殊情况下（如数据造假等）可以追回已支付的薪酬。

表 4-6 富国银行历年董事名单

1998	1999	2000	2001	2002	2003	2004	2005	2006	2007
Rodney L. Jacobs									*
Daniel M. Tellep	Daniel M. Tellep								
John A. Young	John A. Young								
Ian M. Rolland	Ian M. Rolland								
William S. Davila	William S. Davila								
William A. Hodder	William A. Hodder								
Leslie S. Biller	Leslie S. Biller	Leslie S. Biller	Leslie S. Biller						*
Chang-Lin Tien	Chang-Lin Tien	Chang-Lin Tien	Chang-Lin Tien						*
Paul Hazen	Paul Hazen	Paul Hazen	Paul Hazen						*
Spencer F. Eccles	Spencer F. Eccles	Spencer F. Eccles	Spencer F. Eccles	Spencer F. Eccles					
Benjamin F. Montoya	Benjamin F. Montoya	Benjamin F. Montoya	Benjamin F. Montoya	Benjamin F. Montoya					
David A. Christensen	David A. Christensen	David A. Christensen	David A. Christensen	David A. Christensen					
Michael R. Bowlin	Michael R. Bowlin	Michael R. Bowlin	Michael R. Bowlin	Michael R. Bowlin					
Reatha Clark King	Reatha Clark King	Reatha Clark King	Reatha Clark King	Reatha Clark King	Reatha Clark King	Reatha Clark King	Reatha Clark King		
J.A. Blanchard III	J.A. Blanchard III	J.A. Blanchard III	J.A. Blanchard III	J.A. Blanchard III	J.A. Blanchard III	J.A. Blanchard III	J.A. Blanchard III		
Susan E. Engel	Susan E. Engel	Susan E. Engel	Susan E. Engel	Susan E. Engel	Susan E. Engel	Susan E. Engel	Susan E. Engel	Susan E. Engel	Susan E. Engel
Susan G. Swenson	Susan G. Swenson	Susan G. Swenson	Susan G. Swenson	Susan G. Swenson	Susan G. Swenson	Susan G. Swenson	Susan G. Swenson	Susan G. Swenson	Susan G. Swenson
Philip J. Quigley	Philip J. Quigley	Philip J. Quigley	Philip J. Quigley	Philip J. Quigley	Philip J. Quigley	Philip J. Quigley	Philip J. Quigley	Philip J. Quigley	Philip J. Quigley
Michael W. Wright	Michael W. Wright	Michael W. Wright	Michael W. Wright	Michael W. Wright	Michael W. Wright	Michael W. Wright	Michael W. Wright	Michael W. Wright	Michael W. Wright
Cynthia H. Milligan	Cynthia H. Milligan	Cynthia H. Milligan	Cynthia H. Milligan	Cynthia H. Milligan	Cynthia H. Milligan	Cynthia H. Milligan	Cynthia H. Milligan	Cynthia H. Milligan	Cynthia H. Milligan

(续)

	1998	1999	2000	2001	2002	2003	2004	2005	2006	2007
	Richard D. McCormick	Richard D. McCormick	Richard D. McCormick	Richard D. McCormick	Richard D. McCormick	Richard D. McCormick	Richard D. McCormick	Richard D. McCormick	Richard D. McCormick	Richard D. McCormick
	Donald B. Rice	Donald B. Rice	Donald B. Rice	Donald B. Rice	Donald B. Rice	Donald B. Rice	Donald B. Rice	Donald B. Rice	Donald B. Rice	Donald B. Rice
	Richard M. Kovacevich	**Richard M. Kovacevich**	**Richard M. Kovacevich**	**Richard M. Kovacevich**	**Richard M. Kovacevich**	**Richard M. Kovacevich**	**Richard M. Kovacevich**	**Richard M. Kovacevich**	**Richard M. Kovacevich**	**Richard M. Kovacevich** *
	Judith M. Runstad	Judith M. Runstad	Judith M. Runstad	Judith M. Runstad	Judith M. Runstad	Judith M. Runstad	Judith M. Runstad	Judith M. Runstad	Judith M. Runstad	Judith M. Runstad
		Robert L. Joss	Robert L. Joss	Robert L. Joss	Robert L. Joss	Robert L. Joss	Robert L. Joss	Robert L. Joss	Robert L. Joss	Robert L. Joss
						Enrique Hernandez, Jr.	Enrique Hernandez, Jr.	Enrique Hernandez, Jr.	Enrique Hernandez, Jr.	Enrique Hernandez, Jr.
						Stephen W. Sanger	Stephen W. Sanger	Stephen W. Sanger	Stephen W. Sanger	Stephen W. Sanger
								Lloyd H. Dean	Lloyd H. Dean	Lloyd H. Dean
									John S. Chen	John S. Chen
									John G. Stumpf	John G. Stumpf *
									Nicholas G. Moore	Nicholas G. Moore

注：标 "*" 行代表执行董事，加粗字体代表董事长。
资料来源：富国银行年报。

不同年份的情况大同小异，我们以 2007 年薪酬结构为例，展示富国银行的高管薪酬政策。

（1）基本工资：根据可比公司平均水平制定，但不超过 100 万美元。

（2）绩效奖金：董事会在年初设定短期指标（每股收益 EPS 和净资产收益率 ROE），公司完成其中一个指标时即可发放奖金，否则不发放。奖金的具体数额根据富国银行相对可比公司的历史表现、业务条线任务完成情况（仅针对业务条线领导）、个人定性评价等制定，但不能超过事前规定的上限。绩效奖金基本都是现金。

（3）长期激励计划：绝大部分是十年期期权，授予数量根据可比公司的情况制订。管理层不得通过任何手段对冲这部分期权的风险。

表 4-7 是富国银行其他年份的高管薪酬。

可见，富国银行通过将高管薪酬与经营绩效挂钩，实现了高管行为与公司短期利益一致。同时，又通过基于十年期期权的长期激励计划，让高管行为与公司的长期利益一致。以此，富国银行希望能够让管理层的经营管理行为在短期、长期上均与公司利益一致。

富国银行对独立董事的酬劳设计也类似。独立董事的酬劳根据可比公司情况制定，董事根据身份不同会有不同的酬劳，但与管理层薪酬相比都显得数额极少。比如 2007 年酬劳最高的董事为 Philip J. Quigley，仅获得 16 万美元现金、价值 7 万美元的股票（1957 股）和价值 3 万美元的期权（可购买 7394 份股票）。富国银行还要求其董事和管理层持有一定数量的公司股份。独立董事需要在加入董事会后的五年内持有至少 5 倍于年度现金酬劳的股票，而管理层在期权行权后则需要持有所得股票的 50%，福利账户（如 401(k) 计划等）中持有的股票以及高管配偶的持股也可计入。表 4-8 是 2008 年年末富国银行董事及高管的持股情况。

表 4-7 富国银行部分高管的历年薪酬政策

	1998	1999	2000	2001	2002	2003	2004	2005	2006	2007
可比公司	27 家	15 家	15 家	15 家	15 家	15 家	9 家	9 家	9 家	13 家
短期指标	EPS&ROE	EPS&ROE	EPS&ROE	EPS&ROE	EPS&ROE	EPS&ROE	EPS&ROE	EPS&ROE	EPS&ROE	EPS&ROE
Richard M. Kovacevich 的薪酬										
基本工资	925 000	983 333	995 000	995 000	995 000	995 000	995 000	995 000	995 000	995 000
绩效奖金	3 000 000	4 500 000	5 475 000	2 400 000	7 000 000	7 500 000	7 500 000	7 000 000	8 500 000	5 700 000
其他福利	262 247	1 091 421	610 499	466 779	208 956	582 361	768 944	567 509	3 525 735	4 965 797
新授期权可转换股份数	7 480 000	646 300	675 050	865 330	865 740	790 980	830 000	7 806 460	2 000 000	2 000 000
行权价格	30.875	33.50	49.58	46.60	45.24	56.86	59.81	32.25	34.39	31.40
John G. Stumpf 的薪酬										
基本工资							470 833	600 000	700 000	749 615
绩效奖金							2 375 000	4 000 000	5 500 000	4 200 000
其他福利							242 690	246 922	2 497 754	3 807 894
新授期权可转换股份数							459 245	786 240	1 200 000	2 000 000
行权价格							59.70~61.34	32.25~32.93	34.39~35.06	31.4

资料来源：富国银行年报。

表 4-8 2008 年年末富国银行董事及主要高管持股情况

	持有的股份数	在福利账户中享有的股份数	合计
John S. Chen	7 754	0	7 754
Lloyd H. Dean	1 386	12 716	14 102
Susan E. Engel	2 200	50 036	52 236
Enrique Hernandez, Jr.	2 550	27 412	29 962
Robert L. Joss	421 234	4 414	425 648
Richard D. McCormick	55 038	92 093	147 131
Cynthia H. Milligan	29 067	32 993	62 060
Nicholas G. Moore	1 998	9 636	11 634
Philip J. Quigley	81 100	73 064	154 164
Donald B. Rice	221 406	37 162	258 568
Judith M. Runstad	24 370	8 534	32 904
Stephen W. Sanger	400	24 300	24 700
Susan G. Swenson	34 551	29 640	64 191
Michael W. Wright	29 599	101 972	131 571
Richard M. Kovacevich*	3 482 342	408 384	3 890 726
John G. Stumpf*	690 795	57 248	748 043
Howard I. Atkins	149 858	82 506	232 364
David A. Hoyt	303 953	96 604	400 557
Mark C. Oman	666 992	101 661	768 653
Carrie L. Tolstedt	217 434	32 988	250 422

注：标 * 栏为执行董事。

资料来源：富国银行股东大会资料。

富国银行的公司治理结构是非常典型的美国大型上市公司的结构，即股东高度分散，独立董事为主组成董事会，聘任管理层，并通过绩效工资、长期股权激励、持股计划等，将管理层利益与公司利益绑定。美国很多其他银行也是这种公司治理模式。这一模式对管理层的激励较为到位，但管理层拥有较大权力，可能存在约束不足的问题。

2. 我国主要模式

我国大部分银行实施了与美国截然不同的公司治理模式，具有较为鲜明的股东会中心主义特征。其主要特点是，一般会有一家到几家大股东，对银行拥有绝对或较大的控制权，对经营管理会有一定程度的介入。股东委派董事，股东董事与执行董事、独立董事一起组成董事会，其中独立董事比例会比美国的情况低一些。管理层由董事会选聘，有不少是直接由大股东推荐的人选，这一现象在国有银行那里较为普遍（大股东是各级政府），即会由各级政府有关部门从干部中选派高管，但将其继续纳入各级管理干部的序列，所以需要参照各级干部管理的一些规定，比如对薪酬的额度限定等。

以工商银行为例，在2019年年末，其股东结构中包括汇金公司、财政部、社保基金三家国家股东，所持股份占股份总数为69.31%，因此工商银行是一家由国家绝对控股的国有银行。这些股东单位会代表国家对持股银行的财务、人事、考核等多方面实施一些日常管理，影响力较大。比如财政部于2008年发布了《金融企业财务规则》（2019年发布了修订版的征求意见稿），2009年发布了《金融类国有及国有控股企业绩效评价暂行办法》及配套文件，2011年发布了《金融企业绩效评价办法》（后又经多次修订），作为股东单位对持股金融机构进行管理。其他地方政府持股的地方国有银行，也多由地方政府不同部门施以类似的管理。

工商银行高管没有任何股权激励，并且部分高管纳入各级干部管理，薪酬较为透明，结构简单。董事会对高管也有综合性的考核，但不会体现为薪酬的大幅度波动。比如工商银行的董事长、行长每年薪酬在几十万元水平，极少部分高管薪酬超过100万元（见表4-9）。大部分地方国有银行的部分高管也有类似的限薪安排，但也有少数地方国有银行例外，其高管不纳入各级干部管理，为职业经理人，薪酬也充分市场化。

其他非国有的银行也有类似的情况，即大股东对银行的控制力、影响力较大，会施以一些日常管理。当然，它们不存在限薪的情况。然而，在我国这种股东会中心主义下银行还会面临一个问题，就是大股东控制力过大，他们若有不良动机，则可能损害银行利益（本质是损害其他小股东、债权人的利益）。比如将银行当成提款机，让银行通过关联贷款的形式向自己发放贷款（或为自己办理其他资产业务），最终可能形成较大的不良资产损失。这也是一种代理成本，是大股东与其他小股东、债权人之间的委托 – 代理问题。2019 年处置的包商银行、锦州银行案例，均是这种问题的集中体现，后文我们会对这种风险进行分析。

表 4-9　工商银行 2023 年高管人员薪酬情况　（单位：万元）

姓名	从本行获得的报酬情况					是否在股东单位或其他关联方领取薪酬
	已支付薪酬（税前）	社会保障、住房公积金、企业年金及补充医疗保险的单位缴存部分	袍金	其他货币性收入	税前合计总薪酬	
廖林	67.26	22.70	—	—	89.96	否
王景武	60.53	21.98	—	—	82.51	否
卢永真	—	—	—	—	—	是
冯卫东	—	—	—	—	—	是
曹利群	—	—	—	—	—	是
陈怡芳	—	—	—	—	—	是
董阳	—	—	—	—	—	是
杨绍信	—	—	47.00	—	47.00	否
沈思	—	—	49.00	—	49.00	否
胡祖六	—	—	44.00	—	44.00	是
陈德霖	—	—	42.00	—	42.00	是
赫伯特·沃特	—	—	—	—	—	否
黄力	—	—	5.00	—	5.00	否
张杰	—	—	25.00	—	25.00	否
刘澜飚	—	—	25.00	—	25.00	是
张伟武	60.53	21.98	—	—	82.51	否
段红涛	60.53	21.98	—	—	82.51	否
姚明德	—	—	—	—	—	否
官学清	107.67	31.29	—	—	138.96	否
熊燕	102.25	31.58	—	—	133.83	否
宋建华	102.25	31.37	—	—	133.62	否
田枫林	—	—	—	—	—	否

资料来源：工商银行年报。

3. 中美对比小结

相比较而言，两种模式存在各自的优势和劣势，很难简单判断优劣（见表 4-10）。美国的董事会中心主义对管理层的激励非常到位，在与短期、长期业绩挂钩的激励下，管理层一般能够较为积极努力地参与公司经营。但是，其缺陷是股东、董事会对管理层的约束不足。比如，有些银行的独立董事并非由专业人士构成，有些甚至是银行业务的门外汉，他们并不能很好地起到监督管理层、参与重大决策的作用，公司经营已完全由管理层控制。因此，美国银行业管理层舞弊案件也时有发生。而我国的股东会中心主义则易导致大股东介入较多，对管理层的约束比较到位，一般能够较好地控制风险，但激励略显不足。同时，大股东如果有不良动机，那么还会使银行面临大股东不当干预经营的风险。

表 4-10 中美银行公司治理的优势和劣势

国家	优势	劣势
美国	• 公司治理结构相对简单，治理成本相对较低 • 市场化的外部控制机制高度发达，提高商业银行治理效率 • 激励性薪酬计划能够有效驱动董事及高管勤勉尽职	• 银行发展忽视社会责任、经营过度追求高收益导致金融风险积聚 • 股权高度分散，股东对公司经营管理的影响很弱，易导致经营者的短期行为，过分担心来自市场的威胁，经营者追求企业规模的过度扩张行为得不到有效制约
中国	• 确保国家经济金融政策得到有效贯彻和落实 • 银行的发展战略更加平衡经济效益和社会责任目标 • 有利于营造更为审慎的风险管理文化和会计文化	• 公司治理结构更为复杂，对提高治理效率及控制治理成本提出更高要求 • 高层选任、考评甚至日常管理等权力大部分受到大股东影响，董事会在履行治理中枢职能、实质承担银行战略及绩效方面有待提高 • 经济激励有限，董事和高管发挥企业家精神、变革创新、勇于担当的动力相对较低

当然，现实中的实例其实五花八门，也不一定是非常固定的模式。我国银行业也在不断改进公司治理，比如优化高管的激励机制等。即使在我国这种典型的股东会中心主义模式下，由于内部控制失效，管理层架空股东会、内部人控制了银行的不良案例也时有发生。这恰恰说明了公司治理并不是一个建好组织架构就一劳永逸的工作，它需要在现实中不断磨合、

完善。公司治理没有一个完美的模式，都是在权衡各种利弊后取得一定的均衡，良好的公司治理能够协调股东、管理层及其他利益相关方的利益，在有效控制风险的同时，激励管理层为股东和各相关方的利益而努力工作。因此，在进行单家银行分析时，有必要仔细考察该银行的公司治理情况，包括对管理层的激励和约束情况、董事和管理团队的专业水平等，以便充分了解该银行的委托－代理成本情况，尤其是要注意规避可能的风险。

4.5.3 公司治理风险识别：包商银行案例

为了能在控制好风险与成本的前提下，有效改善公司经营，我国仍然有必要进一步改善银行业公司治理。如果公司治理不善，有时面临的不仅仅是经营效率低下的问题，而且还有巨大的风险。甚至可以说，这种风险可能是致命的，而不像正常发生的不良资产风险，只是影响利润多少而已。近年来我国发生的几宗中小银行风险处置案例，反映出一些银行在公司治理上有缺陷，导致了巨大的经营损失，最后还产生了严重的负外部性，波及公共利益。其中，包商银行是最为典型的案例。

1. 包商银行案例

包商银行的前身包头市商业银行于 1998 年 12 月设立，2007 年 9 月更名为包商银行，总行位于内蒙古自治区包头市，分行覆盖全区，并在区外设有分行和村镇银行，是一家规模较大的城市商业银行。作为一家北方的中小银行，它曾经在农牧金融业务、小微企业金融业务、金融市场业务等领域形成了一定的经营特色，一度受到市场关注。2018 年年初，包商银行未如期披露 2017 年年报，开始出现异常情况，但由于我国已经有 20 多年没有发生过大中型银行风险事件了，市场人士普遍存在"银行信用幻觉"（觉得我国银行是不会出大问题的），因此这一情况并未引起足够重视，银行各项业务依然在正常开展。2019 年 5 月，人民银行、银保监会突然宣布，因包商银行出现严重的信用风险，监管部门对包商银行进行接管。经过约一年多清理整顿，最后重整方案出台，包商银行的区外资产转让给徽商银行，区内资产重组为蒙商银行，原包商银行法人破产清算。这次重整耗费了大量的公共资金（存款保险基金的注入资金），也给金融市场带来了不小的动荡，教训非常深刻。

包商银行反映出了公司治理的严重问题。从表面上看，它的公司治理架构无甚异常之处，但其实是"徒有其表"，实质上存在股权结构失衡、内部管理失控、外部监控失效三大问题。[注]

第一，股权结构失衡是指其实际股东"明天系"的持股比例高达89.27%，一股独大，大股东对银行拥有绝对控制权，并且这一点并不在公开信息中体现。"明天系"通过很多壳公司持股，因此绕开了监管部门有关中小银行股东结构的一些规定。在这样的情况下，"明天系"可以从包商银行获取大量不正当的关联贷款，实质上是包商银行向大股东进行利益输送，从而被"掏空"，最终形成了巨大的信用风险和财务损失。清产核资结果显示，2005年至2019年的15年里，"明天系"通过注册209家空壳公司，以347笔借款的方式套取信贷资金，形成的占款高达1560亿元，且全部成了不良贷款。

第二，内部管理失控是指银行虽然都建有公司治理和内部控制的各种架构，但它们都是"徒有其表"，并不能真正发挥风险控制职能。内部运营全凭董事长搞"一言堂"，董事会的各项运行机制和专业委员会全是摆设，相当多的董事不参与决策。监事会的情况也类似，7名监事中有1名股东监事、4名职工监事（均为高管，很难对管理层起到实质监督作用）、2名外部监事，部分监事无银行专业知识和能力，并且无财务专业监事，因此监事会也失效了。在董事会、监事会均失效的情况下，管理层可以凌驾于制度之上，肆无忌惮地进行违规操作，完成大量不正当放款。

第三，外部监控则是阻止银行经营不当行为的最后防线，但也失效了。

[注] 周学东. 中小银行金融风险主要源于公司治理失灵——从接管包商银行看中小银行公司治理的关键 [J]. 中国金融，2020(15).

外部监控机制包括法律法规的约束、政府金融监管部门的监管、会计师事务所及律师事务所等中介机构把关，以及证券分析师对银行的追踪分析、新闻媒体的舆论监督、社会公众的评价、证券市场内在规律的制约和人力资本市场的评价等。事后调查信息显示，包商银行在从事不当行为的同时，显然已经"搞定"了会计师事务所等中介机构，也"搞定"了当地监管干部（有些干部甚至参与不法谋利行为），各种外部监控机制均已失效，内部人员谋取私利的行为非常猖獗。

2. 包商银行事前信息分析

从上面介绍的情况来看，包商银行在公司治理方面的问题很大，但这些问题也有很大的隐匿性，并非可以通过分析公开信息轻易识别。这些信息很多是来自监管部门接管之后彻底调查的结果，而对于证券投资实践来说，能否在事前发现公司治理的异常，从而识别风险，避免投资损失，便是一个很现实的问题。对于这些存在严重公司治理问题的银行，尤其是一些内部人已经存有不当、恶意行为的银行，本身便会做些粉饰、美化报表的行为来隐匿问题。比如其公开信息中的股东名单，都是符合规定的，但其实很多小股东是"明天系"的壳公司。因此，公司治理风险的分析，难度比其他分析更大，也更为复杂，需要综合一家银行在经营过程中透露的各种信息去分析，慎重研判，发现问题的线索。这种对风险暴发之前的事前信息分析的依据是，尽管银行的高管会通过各种手段粉饰、美化报表并藏匿问题，但是由于银行数据量庞大，各种数据之间有一定的钩稽关系，所以想做到十全十美，一点蛛丝马迹都不暴露，难度其实非常大（有时甚至是不太可能做到的），因此通过对不同来源的数据的交叉验证是能够反映出一些异常之处的，很多异常之处体现在有些财务指标或其他指标明显异于同类银行的平均水平或经验水平（当然，异常之处有可能有合理解释，而不一定是风险点，所以我们把这种发现称为"线索"——并不能由此断定问题所在，但它可以引起我们的注意）。我们仍然以包商银行为例，尝试基于它在被监管部门接管之前的各种公开信息,寻找一些能反映公司治理问题的线索。

包商银行被接管前的最后一份年报是2016年年报,我们主要基于该年报及其当时的其他公开信息,对包商银行进行事前信息分析。

先从基本的财务报告入手(本部分内容需要一些财务分析方法,请见下一章)。资产结构方面,包商银行2016年年末的生息资产中有大量的应收款项类投资,明显高于其他几家大的城商行。在《国际财务报告准则第9号》(IFRS9)实施之前,银行的表内非标资产一般计入这一科目,而非标资产透明度很低,因此无法掌握其具体投向。此外,包商银行高流动性的债券投资占比非常低,流动性管理更加激进(见图4-11)。贷款结构方面,与其他城商行相比,包商银行对公贷款占比相对较低,而个人经营性贷款占比相对较高,这是因为它早几年从事较多的小微企业贷款业务,因此个人经营性贷款占比偏高是合理的(见图4-12)。一般来说,传统的小微业务模式下,投入人手较多,人均资产比较小,而包商银行的人均资产确实不大,符合经验特征(见图4-13)。

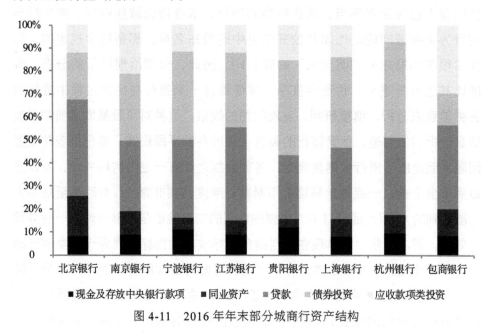

图4-11 2016年年末部分城商行资产结构

资料来源:各银行2016年年报。

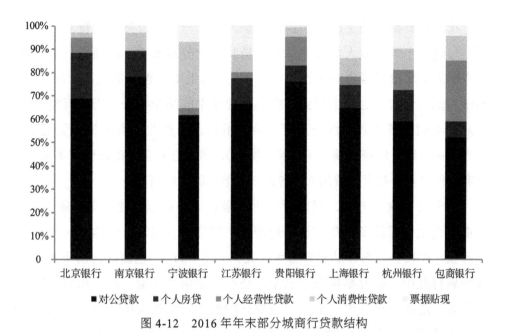

图 4-12　2016 年年末部分城商行贷款结构

资料来源：各银行 2016 年年报。

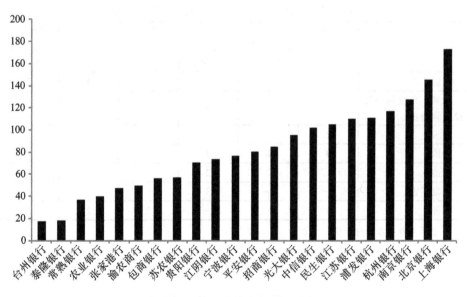

图 4-13　部分银行的人均资产规模（单位：百万元）

资料来源：各银行 2016 年年报。

我们在贷款结构上深入一步，观察两点：一是对公贷款的行业分布情况；二是前十大借款人情况。从对公贷款行业分布来看，包商银行对公贷款中制造业和批发零售业占比非常高（主要是批发零售业贷款占比高），远高于其他城商行。这两个行业是中小企业集中的两个行业，因此可能是公司从事小微业务导致，这一点可以合理解释。小微业务所需员工数量多，一方面会导致人均资产偏低（如前文所述），另一方面会导致管理成本偏高，包商银行"业务及管理费用/平均资产"指标确实很高。

前十大借款人方面，城商行前十大借款人一般以基建、地产等企业、制造业为主，因此多分布在租赁商服、水利环境、建筑、房地产、制造业等行业，而较少分布在批发零售等行业（见表4-11）。包商银行前十大借款人所属行业中，批发零售业占三个，还有一个信息传输、软件和信息技术服务业，这两个行业很少出现在城商行的前十大借款人中，而前十大借款人中的批发零售业贷款显然不是小微贷款，因此前十大借款人显得异常。

表4-11 部分城商行的前十大借款人所属行业

	宁波银行（2016年年末）	江苏银行（2015年年末）	上海银行（2016年一季度末）	杭州银行（2016年年中）	贵阳银行（2015年年末）	包商银行（2016年年末）
租赁和商务服务业	1	—	1	—	4	1
水利、环境和公共设施管理业	3	—	1	—	1	—
建筑业	2	—	—	—	3	—
房地产	3	8	3	5	—	1
制造业	—	2	2	1	—	2
批发零售	—	—	3	—	—	3
其他	1	—	—	3	2	3

资料来源：各银行年报。

然后我们再进一步仔细观察包商银行前十大借款人的信息。[一]仅仅从公

[一] 佚名.包商银行到底有什么"严重信用风险"[DB/OL].(2019-05-28). https://www.creditchina.gov.cn/home/xinyongyanjiu/201905/t20190527_156757.html.

开数据，也能直接看出不少问题（见表 4-12）。十大借款人中的很多家均已列入失信人名单，有很多诉讼、股权冻结等风险信息，显然不是正常经营的企业。再看 2015 年年报，情况也是类似，并且有一家借款人更为异常：一家名为万方恒泰的借款人，其股权向上穿透到底后，竟然是包商银行部分的分行工会委员会，也就意味着自己员工持有的公司从银行获取贷款。可见，包商银行的前十大借款中有很多家并不是正常经营的企业，存在潜在信用风险，甚至可以说这已是非常明显的信用风险。

表 4-12　包商银行 2016 年年末前十大借款人　　　　（单位：千元）

客　户	行　业	贷款余额	占贷款总额比例
包头市荣泰置业有限责任公司	房地产业	1 420 000	0.91%
满洲里联众木业有限责任公司	制造业	1 204 400	0.77%
深圳市中化联合能源发展有限公司	批发和零售业	1 139 000	0.73%
深圳朗信天下金融供应链管理有限公司	批发和零售业	1 107 131	0.71%
满洲里木材交易市场有限公司	批发和零售业	1 054 200	0.67%
宁夏银行	金融业	1 045 720	0.67%
北大方正集团有限公司	信息传输、软件和信息技术服务业	1 000 000	0.64%
中华庆华能源集团有限公司	采矿业	883 000	0.56%
宝恒（北京）投资控股集团有限公司	租赁和商务服务业	880 000	0.56%
吉林省九州能源集团股份有限公司	制造业	825 000	0.53%
合计		10 559 451①	6.75%

①　原年报中记载的贷款余额合计数为 10 559 451，而各项实际相加所得为 10 558 451。
资料来源：包商银行年报。

而包商银行的负债结构没出现什么异常之处。资产质量方面，包括不良贷款率、关注类贷款率、逾期贷款率、"不良贷款/逾期 90 天以上贷款"的比率、不良生成率等，均没有出现什么异常，仅略差于行业平均水平，但无法从中看出"严重信用风险"（见表 4-13）。很显然，这些数据都是内部人员重点粉饰、美化的指标。

表 4-13　2016 年（年末）部分银行的资产质量指标

	不良率	关注率	不良生成率
工商银行	1.62%	4.47%	0.87%
建设银行	1.52%	2.87%	0.78%
农业银行	2.37%	3.88%	1.12%
中国银行	1.46%	3.11%	0.72%
交通银行	1.52%	3.02%	0.71%
招商银行	1.87%	2.09%	1.88%
兴业银行	1.65%	2.59%	2.00%
民生银行	1.68%	3.75%	1.65%
浦发银行	1.89%	3.82%	2.11%
中信银行	1.69%	2.65%	1.62%
平安银行	1.74%	4.11%	3.34%
光大银行	1.60%	3.78%	1.27%
华夏银行	1.67%	4.20%	1.05%
北京银行	1.27%	1.46%	0.72%
南京银行	0.87%	1.93%	1.43%
宁波银行	0.91%	1.33%	1.19%
江苏银行	1.43%	3.01%	1.03%
贵阳银行	1.42%	3.95%	2.69%
上海银行	1.17%	2.16%	0.70%
杭州银行	1.62%	4.82%	1.67%
包商银行	1.68%	2.91%	0.82%
在 21 家银行中排名	15	9	6
在 8 家城商行中排名	8	5	3

资料来源：各银行年报。

利润表方面，2016 年包商银行净息差 2.50%，在 21 家上市银行中处于前列，但不算异常。生息资产收益率是 5.58%，在 21 家上市银行中处于最高水平，考虑到公司从事小微业务，这一净息差和生息资产收益率也算合理。不过包商银行的负债成本则明显异常，其 2016 年计息负债付息率高达 3.58%（见图 4-14），远远高于其他银行，说明公司的负债压力很大，导致它对资金异常饥渴，不计成本吸收负债。

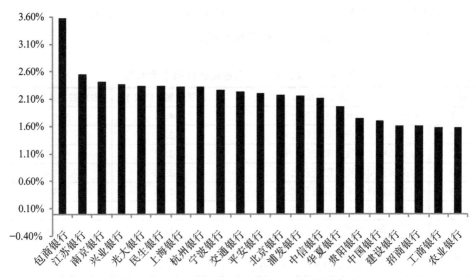

图 4-14 2016 年部分银行的计息负债付息率

资料来源:各银行年报。

在此外的一些监管指标方面也没发现异常。包商银行 2016 年年末的核心一级资本充足率、一级资本充足率、资本充足率分别为 9.07%、9.07%、11.69%。流动性指标方面,公司的主要流动性指标流动性比例、净稳定资金比例和流动性覆盖率分别为 85%、115% 和 307%。2016 年年末拨备覆盖率 177%。这些指标全都符合监管要求,显然,它们可能也是粉饰后的结果。

然后,再去观察直接与公司治理相关的信息。股东结构方面,截至 2016 年年报,包商银行股权分散,并在 2016 年年报中称"前十名股东之间无任何关联情况",因此包商银行没有控股股东和实际控制人。事后证明,这一表述显然是不符合事实的,那么有无可能在事前发现一些问题呢?

我们仔细审视前十大股东的基本情况(见表 4-14),会发现问题不少。我们将其股东信息列示出来(见表 4-15),异常之处显而易见,比如股权结构复杂（股权要穿透多层才能到达实际控制人）、员工数量很少（说明没什么主营业务）等。这些都是壳公司的典型特征。

表 4-14　2016 年年末包商银行前十大股东

排名	股东名称	持股数量（亿股）	占总股本比例（%）
1	包头市太平商贸集团有限公司	4.29	9.07
2	包头市大安投资有限责任公司	2.61	5.51
3	包头市精工科技有限责任公司	2.52	5.32
4	包头市百川投资有限责任公司	2.36	4.99
5	包头浩瀚科技实业有限公司	2.35	4.97
6	内蒙古网通计算机有限责任公司	2.30	4.85
7	内蒙古森海旭腾商贸有限责任公司	1.99	4.21
8	包头市精翔印刷有限公司	1.83	3.88
9	鄂尔多斯市天泓威科商贸有限责任公司	1.57	3.32
10	包头市康安机电有限责任公司	1.33	2.81
	合计	23.15	48.93

资料来源：包商银行年报。

董事会和监事会方面，光从公开事前信息出发无法发现异常。2016 年年报显示公司共有董事 14 名，其中李镇西任董事长，王慧萍任副董事长兼行长。李镇西、王慧萍都是自 1998 年起加入包商银行，长期任职。在 14 名董事中，我们结合领取薪酬情况、兼职情况等，事前可推测其中有 6 名执行董事（且 6 人均持有包商银行股份）、4 名非执行董事、4 名独立董事。4 名非执行董事的提名人未知，但非执行董事的关联公司跟前十大股东没有任何关系，比较异常。这有可能是因为他们背后存在隐形的实际控制人，也可能是存在内部人控制问题，但基于年报信息难以做出更深一步的判断。

我们将上述发现汇总在表 4-16 中。

同时，我们也将差不多同时期的另一家问题银行锦州银行进行类似的事前信息分析（见表 4-17），可见也能发现一些异常之处。

表 4-15　包商银行前十大股东 2016 年的基本情况

股东名称	成为前十大股东时间	成立时间	经过 X 层股权穿透至（实际或共同）控制人，X=	（实际或共同）控制人	法定代表人	员工数	缴纳社保员工数	资产状况
包头市太平商贸集团有限公司	2008	1998	2	温俊义	周学琴	5	4	不公示
包头市大安投资有限责任公司	2009	2009	2	黄永平、卢孝义	马少博	7	7	不公示
包头市精工科技有限责任公司	2009	2005	2	朱秀英	王距清	5	5	不公示
包头市百川投资有限责任公司	2011	2006	3	张立峰	张立峰	6	4	不公示
包头浩瀚科技实业有限责任公司	2010	1997	2	高秉义、王瑞琴	周雪芳	—	5	不公示
内蒙古网通计算机网腾商贸有限责任公司	2011	2000	3	丰伟、史玉英、周红霞、邵俊光、常秀英	吴杰	4	3	不公示
内蒙古森海旭腾商贸有限责任公司	2012	2007	3	梅劲东、于忠良、李培来	赵荣	3	2	不公示
包头市精翔印刷有限责任公司	2012	2008	2	秦雪梅	秦雪梅	5	4	不公示
鄂尔多斯市天泓威科商贸有限公司	2014	2010	2	刘获	高曼	3	2	不公示
包头市康安机电有限责任公司	2014	2008	4	鄂庆明	邵利利	5	4	不公示

注：实际控制人或共同控制人根据股权结构等判断，可能与实际情况有出入。
资料来源：包商银行年报。

表 4-16 包商银行风险分析汇总

关注点	项目名称	是否存在异常值
资产负债表	资产结构	非标占比偏高、债券投资占比偏低
	贷款结构	(个人经营性贷款占比偏高,但可以合理解释)
	对公贷款行业分布	(批发零售业贷款占比偏高,但可以合理解释)
	前十大借款人	三个批发零售业借款人,一个信息技术行业借款人,很多家有失信、诉讼等风险信息
	负债结构	(无)
	不良贷款	(无)
利润表	净息差	(无)
	生息资产收益率	(无)
	负债成本	明显高于其他银行
监管指标	资本充足性	(无)
	流动性	(无)
	拨备覆盖率	(无)
外部环境	主营业务区域经济状况	(经济增长一般,但没有大幅波动)
公司治理	控股股东或实际控制人	(无控股股东或实际控制人,股权结构分散)
	前十大股东	主要股东股权结构复杂、员工数量很少,情况异常
	董事会	有 4 名董事既非执行董事、独立董事,也不是股东董事,情况异常
	关联交易	未披露

资料来源:包商银行年报。

表 4-17 锦州银行风险分析总结

关注点	项目名称	是否存在异常值
资产负债表	资产结构	非标占比偏高,债券占比很低
	贷款结构	(基本都是对公贷款,但不能算异常)
	对公贷款行业分布	批发零售业贷款占比高,与小微贷款占比高相符,但跟员工数量、管理成本等不符,情况异常
	前十大借款人	五个从事批发零售业,一个从事科学技术行业,情况异常
	负债结构	(无)
	不良贷款	(无)
利润表	净息差	(无)
	生息资产收益率	(无)
	负债成本	负债成本、存款成本都异常高

（续）

关注点	项目名称	是否存在异常值
监管指标	资本充足性	（无）
	流动性	（无）
	拨备覆盖率	（无）
外部环境	主营业务区域经济状况	经济下行压力很大，GDP一度负增长
公司治理	控股股东或实际控制人	（无控股股东和实际控制人）
	前十大股东	（大部分股东正常，只有大股东中企发展可能存在问题，需要留意）
	董事会	2名非执行董事既非独立董事，也非股东董事，情况异常
	关联交易	（无）

资料来源：锦州银行年报。

从整体来看，如果回到2017年，面对包商银行的财务数据，我们可发现其中有一些问题，体现为资产端非标占比偏高、负债成本偏高、前十大借款人有明显风险，但由于其他方面没有十分明显的瑕疵，而且很多财务数据是比较符合逻辑的，因此仅通过财务数据的分析，很难断定它有重大信用风险。再通过对股东及董事会等的分析，我们可以发现前十大股东都很异常，主要表现在股东股权结构复杂，没有什么主营业务（因为员工数量很少）。公司董事会结构也比较异常。综上，站在历史视角、基于事前信息，我们可以发现包商银行确实是有一些问题的，而且很多问题并不是暴露在财务数据方面（因为很多财务数据经过了粉饰），而是在公司治理方面，包括异常的股东情况和董事会情况。而在财务数据方面，我们只能认定它存在一些问题。虽然我们并不能断定它有"严重信用风险"，但发现的上述问题已经足以给保守的投资者一定的警示，即投资该行要慎重。但是，这种分析的工作量非常大，几乎是要对一家银行的所有信息进行地毯式分析，这超出了本书下篇"银行分析"中给大家介绍的基本方法，因此很难成为日常分析工作中的常规方法，而只能用于对某些需要特别关注的可疑银行进行重点分析中。

| 第 5 章 |

银行财务分析

和对其他工商企业的财务分析一样，银行财务分析也是基于银行的财务数据，来分析银行的盈利能力、营运能力、偿债能力和增长能力等方面的情况。但是，因为银行所经营业务的特殊性，所以其财务分析中也会有一些专门的方法。另外，财务分析有不同的角度或立场（也就是为了谁做财务分析），本章主要是从银行股东的角度出发，聚焦于盈利能力、增长能力等，同时在必要时也会兼顾其他角度。本章 5.1 节先介绍银行财务报表的基础知识，主要是资产负债表和利润表，然后 5.2 节、5.3 节分别介绍银行的盈利能力、增长能力的分析方法，5.4 节则是介绍如何为银行建模，最后 5.5 节是银行股估值相关的分析方法。

5.1 银行会计报表基础

根据我国《公司法》规定，公司在每一年度终了后要按照会计准则要求编制财务会计报告，并经会计师事务所审计，按要求呈送股东。如果是公开发行证券（包括股票、债券）的公司，那么还需要向公众公布其财务会计报告。同时，根据我国《会计法》要求，财务会计报告由会计报表、会计报表附注和财务情况说明书组成。当然，平时我们获取的企业年报会比财务会计报告内容更为丰富，还包括公司情况介绍、管理层讨论等，能够更全面地反映公司经营情况。但其中最为基础的内容还是会计报表。

企业会计报表最为重要的是三大表，即资产负债表、利润表、现金流量表。由于银行等金融企业日常经营对象就是货币，因此现实中很难将经营的货币与自有的货币区别开来，虽然有关方面一直在对此进行研究改进，但截至目前仍然没有很好地解决这一问题。因此，我们日常财务分析中一般先暂时忽略银行的现金流量表，而重点分析其资产负债表、利润表。本节介绍一些基本的银行会计报表分析方法。

5.1.1 资产负债表分析

银行资产负债表是反映银行某一时段终了时的资产、负债情况，是时点数据，比如年末、季度末的资产负债表。表5-1为工商银行2022年年末、2023年年末的资产负债表（银行会同时披露全集团合并的报表和非合并的本行报表，我们做日常分析一般基于合并报表）。

表 5-1 工商银行 2022~2023 年资产负债表 （单位：百万元）

	本集团		本行	
	2023	2022（已重述）	2023	2022（已重述）
资产：				
现金及存放中央银行款项	4 042 293	3 427 892	3 983 898	3 347 555
存放同业及其他金融机构款项	414 258	365 733	343 555	285 216
贵金属	139 425	123 858	114 928	107 671
拆出资金	702 459	826 799	865 646	1 071 992
衍生金融资产	75 339	87 205	52 312	51 163
买入返售款项	1 224 257	864 122	1 144 948	686 682
客户贷款及垫款	25 386 933	22 591 676	24 618 384	21 761 362
金融投资	11 849 668	10 533 702	11 011 574	9 748 008

（续）

	本集团		本行	
	2023	2022（已重述）	2023	2022（已重述）
—以公允价值计量且其变动计入当期损益的金融投资	811 957	747 474	504 918	466 374
—以公允价值计量且其变动计入其他综合收益的金融投资	2 230 862	2 223 096	1 913 887	1 928 908
—以摊余成本计量的金融投资	8 806 849	7 563 132	8 592 769	7 352 726
长期股权投资	64 778	65 790	190 778	191 251
固定资产	272 832	274 839	115 561	118 421
在建工程	24 186	17 072	6 481	7 761
递延所得税资产	104 669	101 117	98 732	96 228
其他资产	395 982	330 341	345 437	265 934
资产合计	44 697 079	39 610 146	42 892 234	37 739 244
负债：				
向中央银行借款	231 374	145 781	231 349	145 763
同业及其他金融机构存放款项拆入资金	2 841 385	2 664 901	2 791 144	2 635 068
拆入资金	528 473	522 811	459 125	471 861
以公允价值计量且其变动计入当期损益的金融负债	62 859	64 287	52 306	55 936
衍生金融负债	76 251	96 350	51 234	59 300
卖出回购款项	1 018 106	574 778	949 247	400 490
存款证	385 198	375 452	370 623	317 123
客户存款	33 521 174	29 870 491	32 621 398	28 986 751
应付职工薪酬	52 098	49 413	47 678	45 067
应交税费	79 263	102 074	76 696	98 447
已发行债务证券	1 369 777	905 953	1 250 598	786 799
递延所得税负债	3 930	3 950	0	0
其他负债	750 603	718 486	403 063	391 051
负债合计	40 920 491	36 094 727	39 304 461	34 393 656
股东权益：				

（续）

	本集团		本行	
	2023	2022（已重述）	2023	2022（已重述）
股本	356 407	356 407	356 407	356 407
其他权益工具	354 331	354 331	354 331	354 331
资本公积	148 164	148 174	152 894	152 894
其他综合收益	−4 078	−23 756	−3 598	−20 229
盈余公积	428 359	392 487	419 789	384 808
一般准备	561 637	496 719	544 549	480 285
未分配利润	1 912 067	1 771 747	1 763 401	1 637 092
归属于母公司股东的权益	3 756 887	3 496 109	3 587 773	3 345 588
少数股东权益	19 701	19 310	0	0
股东权益合计	3 776 588	3 515 419	3 587 773	3 345 588
负债及股东权益总计	44 697 079	39 610 146	42 892 234	37 739 244

资料来源：工商银行年报。

由于资产、负债科目太多，我们在分析时一般会将各种科目按业务类别做一个重新分类，包括：①银行最为传统的存款、贷款科目，即平时通称的存贷款业务；②债券发行与投资科目，即资金业务；③同业业务，即同业融资与同业资产科目，有时可包括它与央行之间的业务，比如对央行负债、存放央行款项（也可单列，如表 5-2 所示）；④其他科目，主要是一些非生息资产、非计息负债等科目，占比很小。而前三类称为生息资产和计息负债，顾名思义，即能够获取利息收入的资产，以及需要支付利息的负债（银行的库存现金不属于生息资产，但金额极小，且会计报表一级科目中将其和存放央行款项放到一起，不便区分，因此将全部"现金及存放中央银行款项"计入生息资产）。于是，得到一张简化的资产负债表（见表 5-2）。

表 5-2 工商银行 2023 年资产负债简表 （单位：百万元）

资产		负债及股东权益	
资产：		负债：	
现金及存放中央银行款项	4 042 293	向中央银行借款	231 374
同业资产	2 340 974	同业负债	4 387 964
发放贷款及垫款	25 386 933	客户存款	33 521 174
债券及其他投资	11 849 668	应付债券	1 369 777
生息资产总额	43 619 868	计息负债总额	39 510 289
非生息资产总额	1 077 211	非计息负债总额	1 410 202
		负债合计	40 920 491
		股东权益：	
		股本	356 407
		其他归属于母公司所有者的所有者权益	3 400 480
		少数股东权益	19 701
		所有者权益合计	3 776 588
资产总计	44 697 079	负债及股东权益总计	44 697 079

资料来源：工商银行年报。

当然，这里有两点注意事项：一是这种分类其实并不严谨，比如有些放到同业投资科目中的资产，其实是银行将贷款业务包装成的同业投资，所以放到贷款科目中更为合理；二是这种分类只是为了分析的方便，因为银行内部有不同的部门从事不同业务，导致各类业务之间会有一定分割，但理论上，所有负债资金是汇入同一个池子里的，整个银行是一个大资金池，任何资产与负债之间不构成一一对应关系。

除了将资产负债表简化，也可以反过来按实际需要，将资产负债表细化。可将资产负债中的一些重要科目再细分下去，比如，将存款再进行细分，划分为个人定期存款、个人活期存款、单位定期存款、单位活期存款等，将贷款也细分为对公贷款、个人贷款等，以便更为详细地体现该行的业务情况。当然，这样做可能会导致整张报表变得繁杂，不够简洁，因此一般这样做的不多，而常见的做法是简化资产负债表，然后另外再详细分析贷款、存款等重要科目（见第 4 章对贷款、存款等业务的分析）。

接下来，我们对资产负债表先做一些简单的分析。先求得"共同比资产负债表"，以总资产为基数，算出各类资产、负债、所有者权益所占的比重，以便考察该行的资产负债结构。表 5-3 是资产负债简表的共同比资产负债表。

表 5-3 工商银行 2023 年共同比资产负债简表

资产		负债及股东权益	
资产：		负债：	
现金及存放中央银行款项	9.04%	向中央银行借款	0.52%
同业资产	5.24%	同业负债	9.82%
发放贷款及垫款	56.80%	客户存款	75.00%
债券及其他投资	26.51%	应付债券	3.06%
生息资产总额	97.59%	计息负债总额	88.40%
非生息资产总额	2.41%	非计息负债总额	3.15%
		负债合计	91.55%
		股东权益：	
		股本	0.80%
		其他归属于母公司所有者的所有者权益	7.61%
		少数股东权益	0.04%
		所有者权益合计	8.45%
资产总计	100.00%	负债及股东权益总计	100.00%

资料来源：工商银行年报。

从表 5-3 中能够看出来，工商银行 2023 年年末的总资产中，贷款占比过半，还有约 26.5% 的债券及其他投资，另外约有 9.0% 的现金及存放中央银行款项，另有少许同业资产。负债方面，高达 75.0% 是客户存款，另约有 9.8% 的同业负债，其他科目占比很小。会计报表附注会对这些科目中的具体内容做进一步的信息披露，比如贷款、债券投资的具体信息。基于共同比资产负债表，我们可大致掌握工商银行的资产负债配置情况，即负债端资金来源以存款为主，外加少量其他负债，而资产配置则是以一半的贷款加上约 1/4 的债券投资，其他类别资产占比也不多。基于"抓大放小"的重要性原则，我们对银行会计报表的分析也是针对这些占比较大的重点科目（详见后文）。

以上是单家银行的资产负债表，而通过比较能够反映出更多信息。比如，将不同银行的共同比资产负债表摆在一起，就能够观察到不同银行在资产负债配置上的差异，这就是横比。表 5-4 分别包含两家国有大行、两家全国性股份制商业银行，以及城商行、农商行各一家，同时在表中纳入 42 家 A 股上市银行的报表的合计（代表行业平均水平，本章均按此处理），进行横比。

表 5-4 2023 年年末部分上市银行的共同比资产负债简表

	工商银行	建设银行	招商银行	平安银行	宁波银行	常熟银行	全部上市银行
资产：							
现金及存放中央银行款项	9.04%	8.00%	6.19%	4.92%	4.76%	5.78%	7.18%
同业资产	5.24%	4.70%	5.08%	7.61%	2.81%	1.76%	5.76%
发放贷款及垫款	56.80%	60.23%	56.70%	59.42%	44.76%	64.05%	55.80%
各类投资	26.51%	25.15%	28.96%	24.89%	45.54%	26.15%	28.76%
生息资产总额	97.59%	98.08%	96.93%	96.84%	97.87%	97.74%	97.50%
非生息资产总额	2.41%	1.92%	3.07%	3.16%	2.13%	2.26%	2.50%
资产总计	100.00%	100.00%	100.00%	100.00%	100.00%	100.00%	100.00%
负债：							
向中央银行借款	0.52%	3.02%	3.43%	3.74%	4.03%	2.44%	2.83%
同业负债	9.82%	8.96%	8.08%	10.29%	14.30%	6.82%	11.31%
客户存款	75.00%	72.16%	74.72%	61.90%	58.58%	76.09%	68.78%
应付债券	3.06%	4.94%	1.60%	13.03%	13.69%	3.69%	6.54%
计息负债总额	88.40%	89.08%	87.83%	88.96%	90.60%	89.04%	89.46%
非计息负债总额	3.15%	2.64%	2.33%	2.59%	1.94%	2.85%	2.55%
负债合计	91.55%	91.72%	90.16%	91.55%	92.54%	91.89%	92.01%
股东权益：							
股本	0.80%	0.65%	0.23%	0.35%	0.24%	0.82%	0.67%

（续）

	工商银行	建设银行	招商银行	平安银行	宁波银行	常熟银行	全部上市银行
其他归属于母公司所有者的所有者权益	7.61%	7.57%	9.53%	8.10%	7.18%	6.76%	7.22%
少数股东权益	0.04%	0.06%	0.08%	0.00%	0.04%	0.53%	0.10%
所有者权益合计	8.45%	8.28%	9.84%	8.45%	7.46%	8.11%	7.99%
负债及股东权益总计	100.00%	100.00%	100.00%	100.00%	100.00%	100.00%	100.00%

资料来源：各银行年报。

比较来看，不同类别的银行有不同的资产负债配置特征，差异较大。这些差异背后体现出这些银行不同的业务特点，这可能是因为它们有不同的经营方向，也可能是不同的资源禀赋。

我们也可以做纵比，将同一家银行不同时期的共同比资产负债表摆在一起，观察该行这一段时间资产负债配置的变化。大型银行由于体量庞大，不太能够实施较大幅度的资产负债结构调整，以工商银行为例，2023年年末总资产高达45万亿元，想将某类资产的占比调高或调低1个百分点，即对应4500亿元，这个调整难度是相当大的。因此，大型银行的纵比变化较为温和。我们用一家小型银行常熟银行作为例子，其近几年资产负债表结构变化情况见表5-5。

表5-5 常熟银行2019~2023年的共同比资产负债简表

	2023	2022	2021	2020	2019
资产：					
现金及存放中央银行款项	5.78%	5.89%	6.92%	7.83%	9.49%
同业资产	1.76%	2.19%	2.86%	1.08%	2.13%
发放贷款及垫款	64.05%	64.48%	63.36%	60.37%	56.92%
各类投资	26.15%	25.18%	24.37%	28.20%	29.58%
生息资产总额	97.74%	97.74%	97.51%	97.48%	98.12%
非生息资产总额	2.26%	2.26%	2.49%	2.52%	1.88%
资产总计	100.00%	100.00%	100.00%	100.00%	100.00%
负债：					

（续）

	2023	2022	2021	2020	2019
向中央银行借款	2.44%	2.62%	2.68%	2.75%	1.29%
同业负债	6.82%	5.84%	5.28%	4.44%	7.14%
客户存款	76.09%	76.14%	76.06%	77.86%	74.70%
应付债券	3.69%	5.12%	6.11%	4.82%	6.19%
计息负债总额	89.04%	89.72%	90.13%	89.87%	89.32%
非计息负债总额	2.85%	1.90%	1.30%	0.97%	1.00%
负债合计	91.89%	91.62%	91.43%	90.84%	90.32%
股东权益：					
股本	0.82%	0.95%	1.11%	1.31%	1.48%
其他归属于母公司所有者的所有者权益	6.76%	6.89%	6.91%	7.29%	7.67%
少数股东权益	0.53%	0.54%	0.55%	0.56%	0.53%
所有者权益合计	8.11%	8.38%	8.57%	9.16%	9.68%
负债及股东权益总计	100.00%	100.00%	100.00%	100.00%	100.00%

资料来源：常熟银行年报。

纵比分析还有另外一种方法，就是基于期初、期末两张资产负债表，用期末值减去期初值，得到一张当期变化值的资产负债表。比如，以2023年年末的资产负债表各科目数字，减去2022年年末的资产负债各科目数字，得到2023年全年资产负债表的变化值（或称流量值）。然后，还可以根据这张变化值资产负债表求得共同比资产负债表（见表5-6）。当然，每季度、每半年也可以这样操作。通过这张变化值的资产负债表，能看出来这家银行2023年是如何进行资产负债配置的。我们仍然以工商银行为例。

表5-6　工商银行2023年增量资产负债结构

（单位：百万元）

	2023年	2022年	2023年增量	2023年增量结构
资产：				
现金及存放中央银行款项	4 042 293	3 427 892	614 401	12%
同业资产	2 340 974	2 056 654	284 320	5%
发放贷款及垫款	25 386 933	22 591 676	2 795 257	55%

(续)

	2023 年	2022 年	2023 年增量	2023 年增量结构
各类投资	11 849 668	10 533 702	1 315 966	26%
生息资产总额	43 619 868	38 609 924	5 009 944	98%
非生息资产总额	1 077 211	1 000 222	76 989	2%
资产总计	44 697 079	39 610 146	5 086 933	100%
负债:				
向中央银行借款	231 374	145 781	85 593	2%
同业负债	4 387 964	3 762 490	625 474	12%
客户存款	33 521 174	29 870 491	3 650 683	72%
应付债券	1 369 777	905 953	463 824	9%
计息负债总额	39 510 289	34 684 715	4 825 574	95%
非计息负债总额	1 410 202	1 410 012	190	0%
负债合计	40 920 491	36 094 727	4 825 764	95%
股东权益:				
股本	356 407	356 407	0	0%
其他归属于母公司所有者的所有者权益	3 400 480	3 139 702	260 778	5%
少数股东权益	19 701	19 310	391	0%
所有者权益合计	3 776 588	3 515 419	261 169	5%
负债及股东权益总计	44 697 079	39 610 146	5 086 933	100%

资料来源：工商银行年报。

从表 5-6 可见，2023 年全年，工商银行资产共增加约 5.09 万亿元，其中贷款增加约 2.80 万亿元，占全部资产增量的 55%（这个比率又称为"增长贡献率"），而债券等各类投资的增长贡献率是 26%，两者合计 81%。负债方面，存款的增长贡献率是 72%，归属母公司所有者的所有者权益的增长贡献率为 5%（主要是留存的利润和发行的其他权益工具，包括永续债、优先股），另外其他负债科目也有一些增长贡献。通过观察增长贡献率，能够看清楚这期间该行资产负债配置的方式，即资产主要增加在贷款、债券投资上，并且用于支撑资产增长的负债增量体现在吸收存款、留存利润、新发其他权益工具等方面。

5.1.2 利润表分析

利润表反映的是企业在某一时段内的收入、支出、利润情况。相比其他行业，银行的利润表相对比较简单，表 5-7 是工商银行 2022 年、2023 年的净利润，同样分为集团并表、母行两个口径。

表 5-7　工商银行 2022～2023 年利润表　（单位：百万元）

	本集团		本行	
	2023	2022（已重述）	2023	2022（已重述）
利息净收入	655 013	691 985	632 105	666 110
利息收入	1 405 039	1 278 674	1 324 011	1 220 929
利息支出	-750 026	-586 689	-691 906	-554 819
手续费及佣金净收入	119 357	129 325	111 205	120 386
手续费及佣金收入	137 891	145 818	127 385	134 387
手续费及佣金支出	-18 534	-16 493	-16 180	-14 001
投资收益	45 876	41 504	24 437	26 036
其中：对联营及合营企业的投资收益	5 022	4 396	3 331	2 822
公允价值变动净收益/（损失）	2 711	-11 583	4 393	-7 155
汇兑及汇率产品净损失	-7 785	-3 756	-6 568	-5 112
其他业务收入	27 898	28 259	2 719	2 967
营业收入	843 070	875 734	768 291	803 232
税金及附加	-10 662	-10 097	-8 882	-8 637
业务及管理费	-227 266	-228 085	-210 417	-210 719
资产减值损失	-150 816	-182 677	-141 804	-172 865
其他业务成本	-33 566	-32 342	-7 710	-10 496
营业支出	-422 310	-453 201	-368 813	-402 717

（续）

	本集团		本行	
	2023	2022（已重述）	2023	2022（已重述）
营业利润	420 760	422 533	399 478	400 515
加：营业外收入	1 976	3 356	1 667	1 574
减：营业外支出	−770	−1 169	−727	−1 140
税前利润	421 966	424 720	400 418	400 949
减：所得税费用	−56 850	−62 610	−51 733	−57 505
净利润	365 116	362 110	348 685	343 444
净利润归属于：				
母公司股东	363 993	361 132		
少数股东	1 123	978		

资料来源：工商银行年报。

与其他行业相比，银行的利润表没有成本类科目，因此较为简单清晰。重点分析的科目包括营业收入、业务及管理费用、资产减值损失等。

1. 营业收入分析

银行的营业收入大致分为四大类，即利息净收入、手续费及佣金净收入、投资收益、其他业务收入。其中，后三者有时统称为非利息收入。

（1）利息净收入：是利息收入与利息支出的差，利息收入即银行从各类生息资产上收取的利息，而利息支出即为银行支付给各类负债的利息，两者之差的净额计入营业收入，因此银行的利润表中没有成本类科目。表 5-8 是工商银行 2022 年、2023 年的利息净收入的明细，包括主要生息资产、计息负债的平均余额，及其产生的利息和利率。

表 5-8 工商银行 2022~2023 年的利息收支情况

(单位：百万元，百分比除外)

项目	2023 年			2022 年		
	平均余额	利息收入/支出	平均收益率/付息率(%)	平均余额	利息收入/支出	平均收益率/付息率(%)
资产						
客户贷款及垫款	25 006 605	951 845	3.81	22 246 265	900 063	4.05
投资	10 266 019	338 267	3.30	8 975 046	297 106	3.31
存放中央银行款项①	3 230 841	53 815	1.67	2 991 645	45 425	1.52
存放和拆放同业及其他金融机构款项②	2 172 554	61 112	2.81	1 867 047	36 080	1.93
总生息资产	40 676 019	1 405 039	3.45	36 080 003	1 278 674	3.54
非生息资产	2 510 696			2 549 781		
资产减值准备	-776 831			-682 871		
总资产	42 409 884			37 946 913		
负债						
存款	31 141 446	589 688	1.89	27 364 627	480 083	1.75
同业及其他金融机构存放和拆入款项②	4 058 487	103 529	2.55	3 794 532	70 732	1.86
已发行债务证券	1 508 148	56 809	3.77	1 132 767	35 874	3.17
总计息负债	36 708 081	750 026	2.04	32 291 926	586 689	1.82
非计息负债	2 065 143			2 029 137		
总负债	38 773 224			34 321 063		
利息净收入		655 013			691 985	
净利息差			1.41			1.72
净利息收益率			1.61			1.92

① 存放中央银行款项主要包括法定准备金和超额准备金。
② 存放和拆放同业及其他金融机构款项包含买入返售款项；同业及其他金融机构存放和拆入款项包含卖出回购款项。

资料来源：工商银行年报。

表 5-8 中的生息资产、计息负债的平均余额为每日余额的平均数，即日均余额，非生息资产、非计息负债、资产减值准备的平均余额为年初及年末余额的平均数。有些银行没有披露生息资产、计息负债的日均余额，只

能用期初和期末的简单平均来替代，就会有一定误差。各类资产、负债产生的利息，除以当期平均余额，就是该品种当年的利率（资产利率称收益率，负债利率称付息率）。然后，用全部生息资产的收益率，减去全部计息负债的付息率，差值称为净利差。但分析时更常用的是净利息收益率，又称净息差（net interest margin，NIM），即全部利息净收入除以平均生息资产。显然，净息差与净利差的差异在于下式中第二项的分母，即

$$净利差 = 生息资产收益率 - 计息负债付息率$$
$$= \frac{利息收入}{平均生息资产} - \frac{利息支出}{平均计息负债}$$

$$净息差 = \frac{净利息收入}{平均生息资产} = \frac{利息收入}{平均生息资产} - \frac{利息支出}{平均生息资产}$$

两式比较来看，净息差更偏重于衡量一家银行的全部生息资产能够创造的利息净收入，而不考虑这些生息资产是由什么资金来源支撑的（可能是来自计息负债，也可能来自其他负债或股东权益）。如果生息资产与计息负债总额相近，那么净息差与净利差是相近的。但现实中，一般来说，生息资产由计息负债、其他负债和股东权益来支撑，生息资产一般高于计息负债，因此净息差一般高于净利差。但是净息差这一指标也有缺陷，因为它囊括了全部生息资产，且仅统计利息净收入，容易产生一些额外的波动，所以并不一定是越高越好，要具体分析。比如，有些利息收入因种种原因分类为其他收入（比如，有些利息收入调整至手续费及佣金净收入或投资收益项目中，后文有介绍），就导致利息收入、净息差突然下降，但其实银行收入没有下降。再比如，有些银行在现有业务基础上，再额外主动融入一笔同业负债，投放给同业投资，若这笔新同业业务的利差很微薄，便会导致全行的净息差被摊薄，净息差显著下降，但这时银行其实是获取更多收入的。为了剔除这些影响，我们有时候还会关注存贷款利差，即贷款收益率与存款付息率之差。

银行会为了尽可能扩大利息净收入，需要一方面尽可能扩大资产收益，

另一方面尽可能压缩负债成本，但这并不容易。资产方面，如果想要提升收益率，最简单的办法是提升风险策略，去投放一些风险更高的资产，比如向风险更高的人群发放贷款，但除非银行自己能有更好的风险管控能力，即从更高风险的人群中遴选出合格借款人的能力。这对大部分银行来说难度太大（一些专注于中小微企业客户的中小银行能够做到），因此不是好办法。负债方面，大部分负债品种的利率其实是较为透明的，不太可能存在两家不同银行的同类负债产品利率差异巨大的情况，因此银行之间比拼的是负债结构，即谁的低成本负债占比更多。比如，负债成本最具优势的大型银行，这其实主要得益于它们拥有全国最强的客户基础和结算网络，因此大量的个人、对公客户将大行账户作为日常结算账户，从而沉淀下来大量的活期存款。活期存款比例最高，因此负债成本最低。

（2）手续费及佣金净收入：和利息净收入一样，一方面银行从客户那里收取各种手续费及佣金收入（比如银行汇款手续费收入），另一方面有些服务也会发生支出（比如银行在为客户办理跨行汇款时，要向清算机构支付费用），两者之差的净额计入营业收入。表 5-9 是工商银行 2022 年、2023 年的手续费及佣金净收入明细（该表格没有统一格式，因此各行明细项目不一）。

表 5-9　工商银行 2022～2023 年手续费及佣金净收入明细

（单位：百万元）

	本集团		本行	
	2023	2022	2023	2022
手续费及佣金收入				
银行卡	17 906	17 736	16 752	16 674
结算、清算及现金管理	45 418	45 439	43 763	44 174
个人理财及私人银行	22 582	26 253	22 726	26 383
投资银行	20 060	19 586	19 688	18 736
对公理财	11 770	14 172	6670	8336
担保及承诺	7296	8803	6740	8338
资产托管	7994	8709	7726	8461
代理收付及委托	1950	1894	1898	1819

(续)

	本集团		本行	
	2023	2022	2023	2022
其他	2 915	3 226	1 422	1 466
合计	137 891	145 818	127 385	134 387
手续费及佣金支出	−18 534	−16 493	−16 180	−14 001
手续费及佣金净收入	119 357	129 325	111 205	120 386

资料来源：工商银行年报。

手续费及佣金净收入日常又称为中间业务收入，它和利息收入的一大差异是，中间业务收入一般是银行为客户提供一些除融资外的金融服务（被称为中间业务）所产生的收入。大部分中间业务由于不由银行承担风险，也不占用银行的资本，有些还非常稳定，因此被很多银行视为是一种比较高效的收入。为此，一些银行为增加这种收入，会对员工加大考核，要求他们多获取这类收入。这反倒使员工行为扭曲，过去经常进行一些"息转费"的违规操作。比如，银行员工在向客户发放贷款时，跟客户约定，将一部分利息以咨询费、财务顾问费之类的名义来收取。比如原来贷款利率定为5%，合同却签成4%的利息外加1%的财务顾问费，以此提升中间业务收入占比。或者，某些实质上是利息的收入，被名义上定义为手续费收入，过去较为典型的是信用卡账单分期手续费，其实质是信用透支余额的利息。这些操作均会扭曲净息差、收入结构等指标，后来监管部门严查整治，要求会计核算时将这类收入还原为利息收入。

（3）投资收益：这部分和其他行业基本一致，包括对联营企业的投资收益、公允价值变动净收益（或损失）、汇兑损益等。这里值得一提的是，银行有些生息资产是收取利息的，有些则是产生投资收益的，调整资产类别可能导致收入的种类变化。比如，某一银行第一年购买了债券，产生了利息收入，第二年则用这笔资金购买了货币市场基金，产生了投资收益，尽管前后这两年的收益差不多，但第一年净息差高，而第二年则是投资收益高，这也导致银行的收入结构出现波动。遇到这种情况，在分析时，可以将一部分投资收益视为利息收入，以便平滑指标。

（4）其他业务收入：一些杂项，有些是并表的子公司的收入，无法统计在上述三类中。这些收入一般金额不大，不必过度关注，甚至可以将投资收益、其他业务收入两者直接合并为"其他收入"，于是全部营业收入就分为三类（本书按此三类处理）。

在对银行的营业收入完成上述分类后，便可以对不同银行的收入结构进行横比，也可对同一家银行不同时期的收入结构进行纵比。以横比为例，2023年，6家代表银行以及全部上市银行合计的收入结构见表5-10。

表 5-10   2023 年部分上市银行的收入结构

	工商银行	建设银行	招商银行	平安银行	宁波银行	常熟银行	全部上市银行
利息净收入	77.69%	80.19%	63.30%	71.64%	66.42%	86.13%	75.25%
手续费及佣金净收入	14.16%	15.04%	24.80%	17.87%	9.36%	0.33%	13.42%
其他收入	8.15%	4.77%	11.90%	10.49%	24.22%	13.54%	11.33%
营业收入	100.00%	100.00%	100.00%	100.00%	100.00%	100.00%	100.00%

资料来源：各银行年报。

可见，不同类型的银行收入结构差异较大。其中，招商银行等全国性股份制商业银行的手续费及佣金净收入占比较高，是因为它们与大型银行比起来，存贷款客户基础较弱，往往需要通过开发一些创新业务来拓展市场，因此在银行卡、理财等一些典型的中间业务方面业务拓展力度较大。大型银行的收入结构较为均衡，因为它们的各方面客户的基础都很扎实。而常熟银行等小型银行一般扎根于基层，服务于当地的居民、个体户、小微企业等，这些客户金融服务需求较为单一，以存款、贷款为主，因此不会产生大量的中间业务需求。我们并不能因此就认为小型银行的收入结构较为"落后"，这样的收入结构反而是符合其客户需求特征的，能够有效满足客户需求的结构才是最好的。

但就整个行业而言，我国银行业的收入结构中占比最大的仍然是利息净收入，近几年一直维持在七八成，而美国银行业则是手续费及佣金净收入占比高达一半以上。这背后反映的也是客户需求不同,并不能简单区别为先进或落后。我国经济结构仍然是以传统制造业为主,正处于向更加先进的产业转型升级的过程中。传统制造业比较适合用贷款等方式去服务,因此我国银行业利息净收入占比较高也是符合产业现状的。等到将来高新技术产业比例增加以后,它们更多的是需要投资银行等服务,届时我国银行业的手续费及佣金净收入占比也会提升。我们将在下一章详细分析这一问题。

2. 业务及管理费用

业务及管理费用是指一家银行开展日常经营时所发生的各项费用。表 5-11 是 2022 年、2023 年工商银行业务及管理费用的明细(该表格没有统一格式,因此各行明细项目不一)。

表 5-11 工商银行 2022~2023 年业务及管理费用明细

(单位:百万元)

	本集团		本行	
	2023	2022	2023	2022
职工费用	141 405	142 633	130 433	131 296
其中:工资及奖金	93 496	92 793	85 122	84 372
职工福利	29 422	31 745	27 975	29 883
离职后福利—设定提存计划	18 487	18 095	17 336	17 041
固定资产折旧	15 168	15 055	14 797	14 659
资产摊销	5256	4597	4755	4119
业务费用	65 437	65 800	60 432	60 645
合计	227 266	228 085	210 417	210 719

资料来源:工商银行年报。

这些费用大体可分为:

(1)人力资源费用:包括员工工资、奖金、各类保险、其他福利等。人力资源费用是包括银行在内的金融企业最重要的费用,一般占全部业务及管理费用的比例达到一半以上。

（2）行政办公费用：工商银行的明细中未单列（可能归入"业务费用"中，因为有些类别可能无法准确归类），包括维护经营场所正常运营的各项支出。

（3）业务费用：银行在拓展业务、客户营销、开发产品时发生的各项费用，占比也较大。

（4）折旧与摊销：固定资产折旧与无形资产摊销，比如自有办公楼、计算机硬件的折旧，以及计算机软件的摊销等。但对于金融企业而言这一类占比不大，不必过度关注。

用来评价费用水平的常用指标是成本收入比，即"业务及管理费用/营业收入"。银行的成本收入比波动不会特别大，除非某一年银行有重大支出（比如购置办公楼或上马重大科技项目等），因此不太需要经常做纵比分析。但经常会做横比分析，比如6家代表银行2023年的成本收入比为（见表5-12）：

表5-12　2023年部分上市银行的成本收入比

	工商银行	建设银行	招商银行	平安银行	宁波银行	常熟银行
成本收入比	26.96%	27.29%	32.96%	27.90%	38.99%	36.87%

资料来源：各银行年报。

各类银行成本收入比不同，一般来讲当然是越低越好，但有时也不尽然。因为，有些银行的业务模式虽然比较消耗费用，但有可能它的这些投入能够很好地保障贷款的资产质量，以至于不良贷款率较低，最终的利润可能还不错（用费用替代了风险）。还有一些银行，因为网点、科技或产品等各方面投入较大，产生费用较多，但因此获得了不错的客户基础，留存了大量的活期存款，节省了利息支出（用费用替代了负债成本）。还有一些银行的成本收入比明显低于行业平均水平，分析后发现可能是员工薪酬水平偏低，或者其他科技投入偏低，虽然短期内体现为成本节约，但不利于银行积累人才、科技优势，以及银行的长远发展。甚至有些银行，成本收入比低得极其不正常，意味着一些业务不用任何支出便开展起来了，背后反倒隐藏了巨大的风险。因此，不宜简单评判费用是高了或低了，不同指标之间其实是要结合起来分析的。下一节会有全部指标的综合分析。

3. 资产减值损失

银行投放贷款等资产难免产生不良资产损失，或俗称坏账，这也是银行日常的一种"费用"，只要维持在合理范围内，都是正常的。但是，按照会计的审慎性原则，体现在利润表中的并非当期真实的坏账损失，而是计提的资产减值损失，俗称拨备。拨备的意思是，银行管理层要根据经济环境和自身经营情况，对贷款等资产的安全性做出评估，如果有证据显示这些资产在未来可能发生损失，则要将损失部分计提为资产减值损失，而不是等到损失真的发生的那一天才确认损失。一项资产在计提了资产减值损失后，在资产负债表上则显示为净值，即原值减去资产减值损失后的净额部分。因此资产负债表上的贷款等科目均是净值。通俗地讲，贷款等资产，在计提资产减值损失的时候，便已经在利润上体现为损失了。而当真正发生损失时，损失则不会再次影响利润表。这一操作，将利润表上体现损失的时间提前，从而体现了会计的审慎性原则。

会计准则对资产减值的评估有一些规定。工商银行报表附注指出，对一些有迹象显示可能减值的资产，或者是有进行减值测试需要的资产，需要估计其可回收金额。可以是对某一项资产进行估计，也可以是对某一类资产的组合进行估计。如果评估出来的可回收金额小于账面金额，就认为发生了减值，差额部分计提为资产减值损失。注意，这时真实的减值可能还未真实发生，因此这是审慎性原则的体现。资产减值损失的详细分析将与后文资产质量分析部分一同进行。

4. 其他指标

其他指标包括营业外收支、所得税费用等，重要性水平不高，一般不用特别关注。但关于所得税，有两点值得注意。

（1）实际所得税率：银行的实际所得税率一般会低于25%，因为有一些免缴所得税的资产，包括国债、货币市场基金等。

（2）实际缴纳税款：利润表中按实际所得税税率计算所得税费用，但这并非实际缴纳的所得税。在银行大量计提资产减值损失时，资产减值损失只能在税前计提一小部分（根据财政部规定，金融机构允许税前扣除的呆账准备为"本年年末允许提取呆账准备的资产余额×1% - 上年年末已在税前扣除的呆账准备余额"），其余部分不能税前计提，因此银行实际缴纳的所得税会超过利润表中的所得税费用，超出部分会计入递延所得税资产。

5.1.3 资产质量分析

资产质量是银行的生命线，哪怕其他方面经营情况良好，如果产生较多不良资产，也会导致银行最终经营业绩不佳，甚至发生亏损。但是，银行又需要以平常心对待不良资产，因为这是日常经营中不可避免的一种"费用"。根据会计的审慎性原则，银行需要为可能发生的资产损失计提资产减值损失，当期计提的资产减值损失成为利润表中的费用项，并对最终利润产生重大影响。为了单独分析资产质量对银行利润的影响，我们一般将计提资产减值损失前的利润定义为拨备前利润，然后再用拨备前利润减去资产减值损失，形成利润表的后续部分。当然，拨备前利润并不是会计准则规定的科目，因此银行的利润表原表中是无此科目的。我们一般在分析时自行计算出这一行，并使其体现在利润表中。比如以下是工商银行2023年的利润表（见表5-13）。

表5-13 工商银行2023年利润表　　　（单位：百万元）

营业收入	843 070
利息净收入	655 013
利息收入	1 405 039
利息支出	750 026
手续费及佣金净收入	119 357
手续费及佣金收入	137 891

(续)

手续费及佣金支出	18 534
其他非息收入	68 700
营业支出	422 310
税金及附加	10 662
业务及管理费	227 266
资产减值损失	150 816
其他业务成本	33 566
营业利润	420 760
其中：拨备前利润	571 576
营业外净收入	1 206
利润总额	421 966
减：所得税费用	56 850
净利润	365 116
归属于母公司股东的净利润	363 993
少数股东损益	1123

资料来源：工商银行年报。

1. 资产质量五级分类

资产减值损失的计提依据主要是资产质量。根据监管要求，银行需要对自己持有的贷款等金融资产进行五级分类，以便评估其资产质量。五级分类见表 5-14。

表 5-14 金融资产资产质量五级分类

类别	定义
正常类	债务人能够履行合同，没有客观证据表明本金、利息或收益不能按时足额偿付
关注类	虽然存在一些可能对履行合同产生不利影响的因素，但债务人目前有能力偿付本金、利息或收益
次级类	债务人无法足额偿付本金、利息或收益，或金融资产已经发生信用减值
可疑类	债务人已经无法足额偿付本金、利息或收益，金融资产已发生显著信用减值
损失类	在采取所有可能的措施后，只能收回极少部分金融资产，或损失全部金融资产

其中，后三类称为不良资产，而后三类的资产占全部资产的比例，就是所谓的不良资产率，有时简称不良率。银行在进行内部管理时采用的分类更加细致，比如工商银行采取十二级内部分类体系（见表5-15），以便更好地监控资产质量变化。当然，对外披露仍然是五级。

表5-15　工商银行资产质量十二级内部分类

正常				关注			次级		可疑		损失
正常一级	正常二级	正常三级	正常四级	关注一级	关注二级	关注三级	次级一级	次级二级	可疑一级	可疑二级	损失级

资料来源：工商银行年报。

金融资产五级分类是目前全球较为通行的资产质量分类标准，在被我国引进时最先应用于贷款。先后有多个文件对此进行规范，包括：人民银行《银行贷款损失准备计提指引》(银发〔2002〕98号)、原银监会《贷款风险分类指引》(银监发〔2007〕54号)、财政部《金融企业准备金计提管理办法》(财金〔2012〕20号)等。2023年2月，人民银行、原银保监会颁布《商业银行金融资产风险分类办法》，将五级分类拓展至其他资产类别，包括债券、非标投资等。当然，目前应用最为成熟的还是贷款，因此，我们平时说的不良资产率，一般是指不良贷款率，本部分内容也以不良贷款为例。

很明显，上述五级分类是带有主观判断成分的，需要定性、定量结合，结合考虑借款人的信用评级、担保抵押、逾期天数以及它自身的经营情况，甚至一些对它有负面影响的外部影响，最后确定放到哪一类中。如果把银行全部贷款按质量从高到低排列，最左边是最差的，最右边是最优的（图5-1中质量越差的颜色越暗），那么中间部分其实是渐变的，不良贷款与非不良贷款其实不是泾渭分明的。

图5-1　不良资产确认示意图

既然划分有主观成分，那么就存在一个不良贷款分类"严格程度"的问题（见图5-2）。划分不良贷款时，会存在一部分贷款，分类到不良类也可以，分类到关注类的最后一级也可以，处于"可上可下"的状态。如果对不良贷款的认定较为严格，把这些分类中可上可下的贷款全分为不良类，那么就是属于严格度高的分类方法，对应报表上的不良贷款率会较高，但符合审慎性原则。而有些银行则可能将这些贷款尽可能归类为关注类，以便让自己的不良贷款率低一些。当然，这种分类也不是越严格越好，因为越严格，就会有越多的贷款被计入不良类（同时也可能有越多的正常类被计入关注类），这些不良类、关注类贷款的借款人会上征信黑名单，其他银行看到黑名单后会拒绝给予他们服务，这不利于他们后续继续融资，反倒有可能使本已有问题的经营加剧恶化。

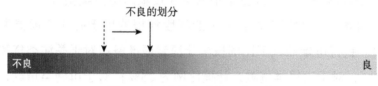

图5-2 不良资产确认更为严格

所以不良贷款率可以被粉饰，有时候我们需要结合其他指标来评价资产质量。比如，我国早年银行业使用过四级分类：正常、逾期、呆滞、呆账，其中后三种合称为不良贷款，简称"一逾两呆"。在这三种不良贷款中，逾期是指没有按期偿付到期本息的，哪怕拖欠了一天也是逾期；呆滞、呆账则情况更为严重，其中呆账是指已经全额计提拨备的。"一逾两呆"分类的优点是较为客观的，不需要主观成分，只要是逾期的便算不良贷款。但它也有其缺点，比如逾期一天就算不良贷款，过于严格，而有些借款人的经营其实已经恶化，但还没有发生逾期，则其贷款一般也不会被视为不良贷款。但在五级分类的标准下，这种贷款有可能会被提前归为关注类或不良类。目前，逾期贷款率仍在使用，以便更为客观地反映贷款的逾欠情况，包括逾期30天、60天、90天数据。此前，监管部门也规定逾期 90 天以上必须进不良类，有些地方甚至规定逾期 60 天必须进不良类。

2. 资产减值损失的计提

完成不良贷款分类之后，就要计提资产减值损失，而所遵照的文件有多个。首先是人民银行 2002 年发布的《银行贷款损失准备计提指引》。根据该规定，拨备有一般准备、专项准备、特种准备三种，计提方法分别是：

（1）一般准备：一般准备是根据全部贷款余额的一定比例计提的、用于弥补尚未识别的可能性损失的准备（第二条）。银行应按季计提一般准备，一般准备年末余额应不低于年末贷款余额的 1%（第四条）。每家银行可根据自己实际情况，在 1% 基础上调高。

（2）专项准备：专项准备是指根据《贷款风险分类指导原则》，对贷款进行风险分类后，按每笔贷款损失的程度计提的用于弥补专项损失的准备（第二条）。银行可参照以下比例按季计提专项准备：对于关注类贷款，计提比例为 2%；对于次级类贷款，计提比例为 25%；对于可疑类贷款，计提比例为 50%；对于损失类贷款，计提比例为 100%。其中，次级类和可疑类贷款的损失准备，计提比例可以上下浮动 20%（第五条）。

（3）特种准备：特种准备指针对某一国家、地区、行业或某一类贷款风险计提的准备（第二条）。这种准备由银行根据不同类别（如国别、行业）贷款的特殊风险情况、风险损失概率及历史经验，自行确定按季计提比例（第六条）。

其次，财政部《金融企业准备金计提管理办法》也对拨备做出有关规定。该办法将拨备分为"资产减值准备""一般准备"两种。其中，资产减值准备属于我们本节探讨的拨备，另一种"一般准备"则是从净利润里计提的准备金，和本节的拨备不是一个概念。

最后，是原银监会 2011 年颁布的《商业银行贷款损失准备管理办法》。该办法规定了两个指标，一是拨贷比（拨备/贷款）不低于 2.5%，二是拨备覆盖率（拨备/不良贷款）不低于150%，银行要达到两个计算值的较高者。因此，这两个监管指标都需要银行执行，且均不得跌破所规定的监管值。原银监会同年还颁布了《关于中国银行业实施新监管标准的指导意见》，对监管实施做出具体安排。其中，拨备覆盖率不低于150%是一个意味深长的规定，因为银行的不良贷款是不会完全损失的，按经验，一般会有三成左右的最终回收率，也就是损失70%左右。因此，在理论上，拨备覆盖率达到70%已经基本足够覆盖损失，提至100%则已经完全可以覆盖损失，那为何还要计提至150%呢？一是原银监会担心一些银行不良贷款分类不够严格，甚至有藏匿不良贷款的行为，因此留出50%的额外拨备覆盖；二是可能担心一旦遇到极端经济环境（比如金融危机），银行的不良贷款率就会在短期内迅速蹿升，原来的拨备可能就严重不足。2018年2月，原银监会印发了《关于调整商业银行贷款损失准备监管要求的通知》（银监发[2018]7号），对于资产质量分类较为严格的银行，可以酌情降低拨贷比、拨备覆盖率要求。

以下用一个虚构的例子来讲解银行计提资产减值损失的过程。全程分两年。

假设某银行年初贷款总额是100元，无拨备余额。在本年当中，产生了1元不良贷款，因此年末不良率是1%，全年的不良生成率也是1%（新生成不良贷款/贷款总额⊖）。年末，计提了拨备2元，因此拨备覆盖率是200%（拨备余额/不良贷款余额），拨贷比2%。这部分新计提的2元拨备，就体现为利润表中的"资产减值损失"支出。这时，体现到资产负债表中的贷款净值是98元，即100元贷款原值减去2元的拨备（见图5-3）。

⊖ 在计算不良生成率时，分母一般用上一年年末的贷款余额。因为，一般来说，今年新发放的贷款是很少在当年就形成不良的，因此考虑不良生成情况，一般是考察上一年年末的贷款中有多少形成了不良。

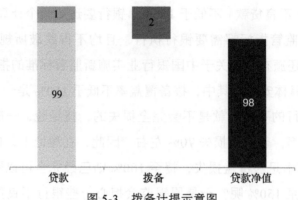

图 5-3 拨备计提示意图

注：柱状图中不良及拨备所占面积并非严格按占比的大小绘制，仅起到示例作用。贷款柱状图顶端颜色不同的部分代表不良贷款。

第二年，原来的 1 元不良资产中，有 0.5 元达到了核销的标准，给予核销。同时，又新发生了 1 元的不良资产。那么，这两步操作为：

不良资产核销，不良资产余额减少 0.5 元，同时拨备余额也被核销掉 0.5 元（余额剩 1.5 元），贷款净值不变（见图 5-4）。

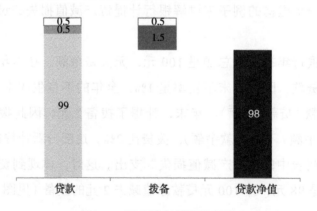

图 5-4 不良资产核销示意图

注：柱状图中不良及拨备所占面积并非严格按占比的大小绘制，仅起到示例作用。柱状图顶端无色部分代表核销掉的金额。

接下来，新发生 1 元不良资产，不良资产余额就达到了 1.5 元，拨备覆盖率就降为了 100%。如果监管部门对拨备覆盖率有要求，比如 200%，那么拨备余额就需要达到 3 元，因此就需要新计提 1.5 元的拨备，即体现在当期利润表的资产减值损失科目中。完成计提之后，贷款净值为 96.5 元，即原来的 98 元减去新计提的 1.5 元拨备。可见，第二年不良资产账面上增加了 0.5 元（从上一年年末的 1 元增加至 1.5 元），其实是毛增加 1 元，然后核销 0.5 元，因此账面上增加 0.5 元（见图 5-5）。

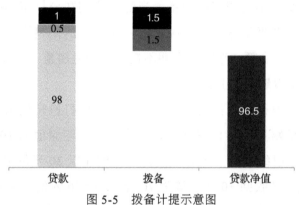

图 5-5　拨备计提示意图

注：柱状图中不良及拨备所占面积并非严格按占比的大小绘制，仅起到示例作用。

由于第二年涉及了核销，因此在年度报表中会体现为拨备余额增加 1 元从上一年年末的 2 元增加至 3 元，但其实当期计提的是 1.5 元，但核销了 0.5 元，因此全年拨备余额净增 1 元。

当然，上例只是简化的虚构例子，现实中情况更加复杂，还会涉及不良资产的回收、升级为非不良资产、转让等不同的处理操作，有时还会涉及已核销贷款的收回。这些方式各自的影响如下所列。

（1）收回：在不良资产收回后，该笔不良资产所对应的拨备余额便会成为一笔"多余的拨备"，理论上可以转回，在利润表上体现为资产减值损失科目的负值。当然，我们从来没见过这一科目是负值的情况，因为，这是由于每年新生成的不良资产一般会远远大于收回，因此这笔多余的拨备刚好可以用来充当当期为新发生的不良资产所计提的拨备。或者说，新发生不良资产需要相应计提拨备时，就用前面这笔多余的拨备去充当了，当期就可以少提拨备。

（2）升级为非不良资产：原理等同于收回。区别仅在于，如果收回，这笔不良资产所对应的全部拨备就都成了多余的拨备。而如果是升级，比如升级为关注类贷款，那么这笔关注类贷款还是要计提拨备的，只不过所需的拨备比不良资产的少，那么省出来的部分，也是多余的拨备，可以用于充当当期新发生不良资产的拨备。当然，我们在分析每年的不良资产毛增量时，其实是考虑了这部分升级，即将新发生的不良资产金额，减去升级为非不良资产的金额，净额为当期不良资产的毛增量（毛增量再减去核销的量，即为账面增量，见上文）。

（3）转让：银行将不良资产按一定折扣价格打包转让给专业的不良资产经营机构，是常用的不良资产处置方式。以一笔原值为100元的不良资产为例，如果它已经计提了100元拨备了，现在以30元价格转让，那么可以视为这笔贷款"收回30元、核销70元"，则70元的拨备也被核销，同时，30元的拨备变成多余的拨备，可充当新不良资产的拨备。

（4）收回核销后的不良贷款：核销并不是将这笔债务一笔勾销，银行与借款人的债务债权关系仍然存在，银行可继续追讨，有一部分能收回。这时，为了便于理解，我们可假想将此过程分为两步（当然现实中并不存在这样的两步）：一是"逆核销"，即核销掉的不良资产和拨备都还原回去；二是对这笔不良资产再按前面不良资产收回的流程来考虑，这里不再赘述。

银行的会计报表附注中有这些回收、转让的明细数据。比如，表5-16是工商银行2023年年报中，以摊余成本法计量的贷款的拨备计提明细。根据现行会计准则，贷款分为以摊余成本法计量、公允价值计量且其变动计入其他综合收益两个科目中，表5-16是前者。另外，资产按风险等级分为三个阶段，第一阶段为自初始确认后信用风险未显著增加，第二阶段是信用风险显著增加但尚无不客观减值证据，第三阶段是存在客观减值证据，表中有对应这三个阶段资产的拨备，最后一列则是全部资产的拨备合计。

表 5-16　工商银行 2023 年以摊余成本法计量的贷款的拨备计提明细

（单位：百万元）

	第一阶段	第二阶段	第三阶段	合计
2023 年 1 月 1 日	278 715	141 586	251 923	672 224
转移				
一至第一阶段	46 568	-42 004	-4564	—
一至第二阶段	-7253	12 411	-5158	—
一至第三阶段	-2596	-44 930	47 526	—
本年计提	27 041	89 529	26 736	143 306
本年核销及转出	—	—	-72 721	-72 721
收回已核销贷款	—	—	14 915	14 915
其他变动	255	-352	-1626	-1723
2023 年 12 月 31 日	342 730	156 240	257 031	756 001

资料来源：工商银行年报。

可见，除核销外的其他处置操作金额一般不大，最为主要的还是核销。因此，有时在进行简略分析时，可直接忽略这些转让、收回等项目。

5.2　ROE 分解

盈利[注]是银行股东最为关心的经营成果，此外监管部门、各种债权人、员工、客户等虽然不直接受益于银行盈利，但也会不同程度地关心银行的经营情况。因此，银行分析的一大重点就是盈利分析。ROE 是从股东立场评估银行盈利能力的核心指标，本节对此展开着重分析，此外用利润增长率来评估银行的增长能力，将在下一节展开。注意，ROE 和利润增长率都是相对指标，不是绝对值，因此既可用于不同规模、类型的银行间的横向比较，也可用于同一家银行不同时期的纵向比较。但 ROE 和利润增长率两个指标在视角、功能上有所差异，对应的估值乘数也不同，分别是 PB、

⊖ "盈利"不是规范的会计术语，可泛指净利润、利润总额等利润指标，但一般指税后净利润。

PE，估值相关分析将在 5.5 节展开。

5.2.1　ROE 的含义和计算

ROE 的全称为净资产收益率、净资产利润率，是指当期净利润除以净资产，用以评估公司用每一单位的股东权益创造利润的能力。这里的股东权益一般不包括优先股，仅指普通股。当期净利润一般直接取自利润表（可以直接用表中的净利润，有时也可以使用扣除非经常损益后的净利润），但当期净资产的确认一般有两种方法。

一是全面摊薄 ROE，即全年净利润除以年末的净资产。这种算法相对简单，但问题也很明显，即分子是当期流量，而分母是期末时点数，理论上它们是不匹配的。一般来说，随着时间流逝，公司慢慢积累利润，期末的净资产一般是处于高位（除非公司是亏损的），因此，这是一种在最保守的假设下计算出来的且相对偏低的 ROE。公司在增资扩股时引进新股东，新老股东会在年末共享本年利润，同股同权，此时就一般使用全面摊薄 ROE，能够相对准确地反映新老股东享有的利益。

二是加权平均 ROE，即如果本期间内有股东增资、股份回购、分红等导致股东权益变动的情况，就按月将净资产进行加权平均，得到平均净负资产，然后计算 ROE。其公式为（以年度加权平均 ROE 为例）

$$加权平均\,ROE = \frac{净利润}{平均净资产}$$

$$平均净资产 = 期初净资产 + \frac{净利润}{2} + 新增净资产 \times \frac{新增的次月至年末的月数}{12} - 减少净资产 \times \frac{减少的次月至年末的月数}{12}$$

新增净资产包括发行新股、债转股等情形，减少净资产包括分红、股份回购等情形。次月至年末的月数指的是，比如 7 月新增净资产，那么从 8 月至 12 月共有 5 个月，因此也可表示为 "12 - 发生的月份"（如果不是计算全年的加权平均 ROE，比如计算半年的，就把公式中的 12 改为 6，季度的也是以此类推）。通过这一公式，就求得了按月份加权平均的平均净资产，然后求得加权平均 ROE。相比全面摊薄 ROE，加权平均 ROE 能够更加准确地反映公司在一个期间内的盈利能力。如果因数据可得性等原因，无法计算按月加权平均的平均资产，或者分析工作不需要达到如此精度，那么也可以简化计算，用期初、期末的净资产简单平均，作为平均净资产。

5.2.2 ROE 的杜邦分解

求得 ROE 后，便可用该指标来反映公司的盈利能力。一般情况下，当然是 ROE 越高，说明公司的盈利能力越强，越有价值。当然，仅仅看 ROE 高低肯定是不够的，在银行盈利能力分析的过程中，至少要回答两个问题：某银行过去 ROE 为什么这么高（低），未来还能不能这么高（低）？这里便需要用到杜邦分解。

杜邦分解（或称杜邦分析）是 20 世纪 20 年代由美国杜邦公司首创的，然后逐渐成为一种非常主流的分析方法。其思想是，把 ROE 分解为不同因素之积，从而能够判断是什么因素导致最终的 ROE 高或低。常规的杜邦分解公式为

$$ROE = ROA \times 权益乘数 = 销售净利率 \times 资产周转率 \times 权益乘数$$

杜邦分解公式简单明了。如果把上式右边的三项表示为分数，再消去分子、分母中的相同项，就能直接算出 ROE，即

$$\frac{净利润}{营业收入} \times \frac{营业收入}{平均资产} \times \frac{平均资产}{平均净资产} = \frac{净利润}{平均净资产} = ROE$$

银行 ROE 的杜邦分解理论上也是按照上式。但是，由于我们平时进行银行业分析时，习惯上不太使用销售净利率、资产周转率这两项指标，因此银行的 ROE 杜邦分解更加直接，方法为：先是把 ROE 分解为 ROA 和

权益乘数(这一步和常规方法一样)。然后,再将整张利润表的每一行指标(有些不太重要的行可以归并为"其他")除以平均资产,通过这种方法把ROA分解到利润表的每一行指标。或者说,将整张利润表代入到ROA的分子净利润中去。

$$\text{ROE} = \text{ROA} \times \text{权益乘数} = \frac{\text{净利润}}{\text{平均资产}} \times \text{权益乘数}$$

$$= \frac{\text{利息收入} - \text{利息支出} + \text{手续费及佣金净收入} + \text{其他收入} - \text{业务及管理费用} - \text{资产减值损失} + \text{其他}}{\text{平均资产}} \times \text{权益乘数}$$

$$= \left(\frac{\text{利息收入}}{\text{平均资产}} - \frac{\text{利息支出}}{\text{平均资产}} + \frac{\text{手续费及佣金净收入}}{\text{平均资产}} + \frac{\text{其他收入}}{\text{平均资产}} - \frac{\text{业务及管理费用}}{\text{平均资产}} - \frac{\text{资产减值损失}}{\text{平均资产}} + \frac{\text{其他}}{\text{平均资产}} \right) \times \text{权益乘数}$$

上式中的"其他"包括营业外收支、所得税等少数不太重要的内容(如有必要,所得税也可单列出来)。然后,将利息收入、利息支出合并为利息净收入,即

$$\text{ROE} = \left(\frac{\text{利息净收入}}{\text{平均资产}} + \frac{\text{手续费及佣金净收入}}{\text{平均资产}} + \frac{\text{其他收入}}{\text{平均资产}} - \frac{\text{业务及管理费用}}{\text{平均资产}} - \frac{\text{资产减值损失}}{\text{平均资产}} + \frac{\text{其他}}{\text{平均资产}} \right) \times \text{权益乘数}$$

由于银行的生息资产占总资产的比例极高,一般达到95%以上,因此,上式中的 $\frac{\text{利息净收入}}{\text{平均资产}}$ 约等于 $\frac{\text{利息净收入}}{\text{平均生息资产}}$,即净息差。因此,ROE分解

式又可表示为

$$ROE \approx \left(净息差 + \frac{手续费及佣金净收入}{平均资产} + \frac{其他收入}{平均资产} - \frac{业务及管理费用}{平均资产} - \frac{资产减值损失}{平均资产} + \frac{其他}{平均资产} \right) \times 权益乘数$$

以上便是银行常用的 ROE 杜邦分解公式，可用来分析是什么因素提升（或拖累）了 ROE 水平。在实际分析工作中，一般将多家银行的上述分解体现到表格中。比如，表 5-17 为估算的 2023 年 25 家主要上市银行的 ROE 分解表格。

从表 5-17 可以发现，我国主要 A 股上市银行的 ROE 在 11% 左右，优秀的可以高至 16% 以上，较低的则在 6% 上下，分化较大。A 股上市银行是整个银行业中的较优个体，如果放到整个银行业，分化还要更大，ROE 高的达到 20% 以上，差的则是亏损的也有不少。行业内部不同银行盈利能力分化加大是近几年银行业的一个明显现象。

然后开始用表 5-17 寻找 ROE 高低分化的原因。比如，宁波银行 2023 年的 ROE 达到 15.5%，为什么这么高呢？首先将 ROE 分解为 ROA 和权益乘数，分别为 1.01% 和 15.3 倍。15.3 倍的权益乘数在整张表中不算低，因此结论是宁波银行的财务杠杆对 ROE 的贡献较大，但在同类银行（表中的上市城商行）中其实也不算最高的。同时，宁波银行 ROA 达到 1.01%，在表中处于第 4 名，因此它除了靠财务杠杆，自身的总资产盈利能力也特别强。

接下来，再去寻找宁波银行 ROA 为何这么高的原因。这里我们会面临一个问题：把 ROA 分解为前面各项指标之后，我们发现这些指标单位是百分点，且其绝对值都非常小，有些甚至是不到 1 个百分点，因此简单目测会比较吃力，不太容易直观地观察到差异。对此，一般有两种处理方式。

表 5-17 2023 年上市银行 ROE 杜邦分解

	利息收入/平均资产	利息支出/平均资产	利息净收入/平均资产	手续费及佣金净收入/平均资产	业务及管理费用/平均资产	资产减值损失/平均资产	所得税/平均资产	其他/平均资产	ROA	平均权益乘数	ROE
工商银行	3.33%	-1.78%	1.55%	0.28%	-0.54%	-0.36%	-0.13%	0.06%	0.87%	12.8	11.1%
建设银行	3.42%	-1.73%	1.69%	0.32%	-0.58%	-0.38%	-0.16%	0.01%	0.91%	12.8	11.6%
农业银行	3.32%	-1.77%	1.55%	0.22%	-0.64%	-0.37%	-0.10%	0.07%	0.73%	15.9	11.6%
中国银行	3.42%	-1.90%	1.52%	0.26%	-0.58%	-0.35%	-0.16%	0.11%	0.80%	13.5	10.8%
交通银行	3.40%	-2.19%	1.21%	0.32%	-0.57%	-0.42%	-0.05%	0.20%	0.69%	15.2	10.4%
招商银行	3.55%	-1.52%	2.03%	0.79%	-1.06%	-0.39%	-0.27%	0.29%	1.40%	12.0	16.7%
兴业银行	3.59%	-2.09%	1.51%	0.29%	-0.64%	-0.63%	-0.07%	0.35%	0.80%	14.0	11.2%
民生银行	3.58%	-2.21%	1.37%	0.26%	-0.68%	-0.61%	-0.02%	0.16%	0.48%	14.1	6.8%
浦发银行	3.36%	-2.02%	1.34%	0.28%	-0.58%	-0.87%	-0.04%	0.29%	0.42%	14.6	6.2%
中信银行	3.61%	-1.98%	1.63%	0.37%	-0.76%	-0.70%	-0.08%	0.31%	0.77%	14.9	11.5%
平安银行	4.17%	-2.01%	2.16%	0.54%	-0.84%	-1.08%	-0.21%	0.28%	0.85%	14.2	12.1%
光大银行	3.84%	-2.19%	1.64%	0.36%	-0.63%	-0.80%	-0.13%	0.18%	0.63%	15.4	9.7%
华夏银行	3.82%	-2.09%	1.73%	0.16%	-0.72%	-0.62%	-0.21%	0.32%	0.66%	15.0	9.8%
北京银行	3.38%	-1.97%	1.41%	0.11%	-0.54%	-0.52%	-0.06%	0.33%	0.72%	14.8	10.7%
南京银行	3.44%	-2.27%	1.17%	0.17%	-0.63%	-0.40%	-0.15%	0.70%	0.86%	16.3	13.9%
宁波银行	3.58%	-1.96%	1.61%	0.23%	-0.95%	-0.35%	-0.09%	0.56%	1.01%	15.3	15.5%

江苏银行	3.95%	-2.30%	1.65%	0.13%	-0.56%	-0.52%	-0.27%	0.51%	0.94%	16.3	15.3%
贵阳银行	4.38%	-2.34%	2.04%	0.04%	-0.61%	-0.73%	-0.05%	0.16%	0.84%	11.9	10.0%
上海银行	3.18%	-2.00%	1.18%	0.16%	-0.42%	-0.38%	-0.11%	0.33%	0.76%	14.2	10.7%
杭州银行	3.49%	-2.13%	1.36%	0.23%	-0.60%	-0.47%	-0.11%	0.41%	0.83%	20.0	16.6%
江阴银行	3.51%	-1.83%	1.68%	0.05%	-0.67%	-0.44%	-0.03%	0.56%	1.14%	11.9	13.6%
苏农银行	3.48%	-1.93%	1.55%	0.05%	-0.73%	-0.36%	-0.09%	0.50%	0.91%	12.8	11.7%
无锡银行	3.68%	-2.13%	1.55%	0.06%	-0.65%	-0.29%	-0.08%	0.41%	0.99%	12.5	12.4%
张家港行	4.14%	-2.18%	1.96%	0.01%	-0.85%	-0.46%	-0.07%	0.31%	0.91%	14.1	12.8%
常熟银行	4.84%	-2.11%	2.73%	0.01%	-1.17%	-0.68%	-0.17%	0.41%	1.13%	12.5	14.1%

注：表中平均权益乘数、ROE 的计算均剔除了其他权益工具。此外，由于估算平均净资产时用的是期初期末的简单平均数，因此和上市银行实际披露值相比也会有小幅差异。

资料来源：各银行年报。

1. 相对法

用所分析的银行的杜邦分解结果，减去行业平均的杜邦分解结果，来判断该银行相对行业的优劣势。比如，表 5-18 是以宁波银行的杜邦分解，减去行业后的差值（将表 5-17 中的银行财务数据合并后，再进行杜邦分解。当然，有些时候可以用同类银行的行业值，比如城商行）：

表 5-18 宁波银行 ROE 杜邦分解与行业之差

	利息收入/平均资产	利息支出/平均资产	利息净收入/平均资产	手续费及佣金净收入/平均资产	业务及管理费用/平均资产	资产减值损失/平均资产	所得税/平均资产	其他/平均资产	ROA	平均权益乘数	ROE
宁波银行	3.58%	−1.96%	1.61%	0.23%	−0.95%	−0.35%	−0.09%	0.56%	1.01%	15.3	15.5%
全部平均	3.66%	−2.02%	1.63%	0.23%	−0.69%	−0.53%	−0.12%	0.31%	0.84%	14.3	11.9%
差值	−0.08%	0.06%	−0.02%	0.00%	−0.26%	0.18%	0.03%	0.25%	0.17%	1.1	3.6%

资料来源：各银行年报。

首先，从表 5-18 可见，宁波银行的 $\frac{利息收入}{平均资产}$ 低于行业 0.08 个百分点，$\frac{利息支出}{平均资产}$ 高于行业 0.06 个百分点，两者相减，$\frac{利息净收入}{平均资产}$ 低于行业 0.02 个百分点，与行业平均水平差别不大。其次，宁波银行的 $\frac{手续费及佣金净收入}{平均资产}$ 与行业平均水平差别不大。$\frac{资产减值损失}{平均资产}$ 优于行业 0.18 个百分点，资产质量更好，但是 $\frac{业务及管理费用}{平均资产}$ 的绝对值比行业高出 0.26 个百分点，显示出它的模式费用更高。此外，宁波银行的 $\frac{其他}{平均资产}$ 比行业高出 0.25 个百分点，主要是宁波银行有较多的投资收益等非息收入。最后，宁波银行 ROA 比行业高出 0.17 个百分点，权益乘数也比行业高

1.1，而 ROE 比行业高 3.6 个百分点，盈利能力突出。综上，宁波银行创收能力强，同时资产质量好，弥补了费用支出高的不足，权益乘数也高，最后以 ROA、ROE 表示的盈利能力均超过行业平均水平。

以上各指标的"宁波银行超过行业平均"的差值，也可以体现为图 5-6 的形式，会更加直观。

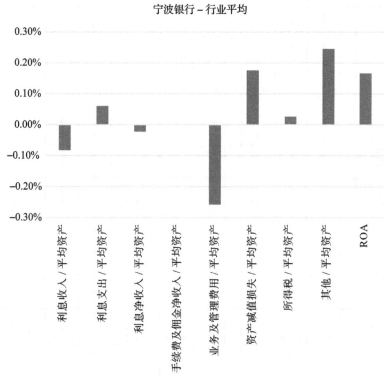

图 5-6 宁波银行 ROE 杜邦分解与行业之差

资料来源：各银行年报。

2. 排名法

将杜邦分解表格中的指标，转换成名次，即对于每一项指标，将表 5-17 中全部银行进行排名，较优者排名靠前（收入类的数值高的排名靠前，支出类的则数值低的排名靠前），于是就得到了一张写着名次的杜邦分解表（见表 5-19）。

表 5-19　2023 年上市银行 ROE 杜邦分解（排名）

	利息收入/平均资产	利息支出/平均资产	利息净收入/平均资产	手续费及佣金净收入/平均资产	业务及管理费用/平均资产	资产减值损失/平均资产	所得税/平均资产	其他/平均资产	ROA	平均权益乘数	ROE
工商银行	23	4	13	8	2	4	17	24	10	19	16
建设银行	18	2	7	6	6	7	19	25	8	20	12
农业银行	24	3	15	14	13	6	13	23	19	4	13
中国银行	19	6	17	11	7	2	20	22	15	17	17
交通银行	20	20	23	5	5	11	4	18	21	7	20
招商银行	13	1	4	1	24	9	24	16	1	23	1
兴业银行	10	14	18	7	14	19	8	9	16	16	15
民生银行	11	22	20	10	17	17	1	21	24	14	24
浦发银行	22	13	22	9	8	24	3	15	25	11	25
中信银行	9	10	11	3	20	21	9	13	17	9	14
平安银行	3	12	2	2	21	25	22	17	12	12	10
光大银行	6	21	10	4	11	23	16	19	23	5	23
华夏银行	7	15	6	17	18	18	23	12	22	8	22
北京银行	21	9	19	19	3	15	6	10	20	10	19
南京银行	17	23	25	15	12	10	18	1	11	3	6
宁波银行	12	8	12	13	23	3	12	2	4	6	3
江苏银行	5	24	9	18	4	16	25	4	6	2	4
贵阳银行	2	25	3	23	10	22	5	20	13	25	21
上海银行	25	11	24	16	1	8	15	11	18	13	18
杭州银行	15	18	21	12	9	14	14	6	14	1	2
江阴银行	14	5	8	22	16	12	2	3	2	24	7
苏农银行	16	7	16	21	19	5	11	5	7	18	11
无锡银行	8	17	14	20	15	1	10	8	5	21	9
张家港银行	4	19	5	24	22	13	7	14	9	15	8
常熟银行	1	16	1	25	25	20	21	7	3	22	5

资料来源：各银行年报。

名次表能够比杜邦分解的原表更加直观地反映不同银行的优劣势。继续以宁波银行为例，其 ROE 排名第 3 名，而权益乘数排名第 6 名，ROA 排名第 4 名，都处于前列。再将 ROA 分解下去，发现宁波银行的 $\dfrac{利息净收入}{平均资产}$ 在全部 25 家银行中排第 12 名，$\dfrac{手续费及佣金净收入}{平均资产}$ 排第 13 名，都很不错，可见创收能力相当强。宁波银行同样具有优势的还有 $\dfrac{资产减值损失}{平均资产}$，排第 3 名，资产质量比好多银行都优秀（当然，银行资产业务的风险具有滞后性，今天投放的贷款可能在 1~2 年后发生减值，因此该指标仅供参考，不能光靠一两年的数据来判断）。同时，宁波银行的 $\dfrac{业务及管理费用}{平均资产}$ 排名非常靠后，仅为第 23 名，说明宁波银行的业务模式费用支出较高。因此，宁波银行的利息收入、手续费及佣金收入（即中收）较高，并且资产质量较好，这些都是提升其 ROA 的原因，同时宁波银行费用支出较高，对 ROA 有一定拖累。这些数字也能反映出银行的不同经营风格：宁波银行的经营风格是高收益、高中收、高费用、高杠杆，但低风险。具体原因在于，宁波银行常年聚焦于中小企业客户和零售客户，因此资产收益率较高，同时对客户的服务较为周到，因此留存存款较好，负债成本不高，净息差表现较好。同时，宁波银行风险控制较严，因此资产质量较好。但是，为中小企业、个人客户提供好的服务、好的产品都需要更多成本，因此费用支出较高。

然后再选择另外一些银行，观察一下别的模式。以工商银行为代表的国有大行走了另外一条路，从表 5-19 中可以看到，工商银行的 $\dfrac{利息支出}{平均资产}$ 排第 4 名，负债成本低，这是因为它作为全国第一大银行，信誉卓著，客户基础雄厚，因此不管是存款利率还是同业负债的利率，都是非常低的。因为负债成本低，再加上国有大行自身的风险策略，工商银行选择向风险最小的客户群体投放资产（包括风险最低的大中型企业，个人贷款则投向个人住房贷款为主），因此其$\dfrac{利息收入}{平均资产}$也是很低的，排第 23 名。此外，工商银行的$\dfrac{利息净收入}{平均资产}$排第 13 名，居于中游。工商银行的$\dfrac{手续费及佣金净收入}{平均资产}$、$\dfrac{业务及管理费用}{平均资产}$都居于行业中等偏上水平。但是，由于资产投放保守，$\dfrac{资产减值损失}{平均资产}$也非常低，在全部行业中排第 4 名。因此，工商银行的 ROA 在全部银行中排名也很靠前，主要是由资产质量好所贡献。虽然工商银行权益乘数不高，但由于 ROA 足够出色，最后 ROE 依然可以排在第 16 名。可见，工商银行是因负债成本低所以投放资产保守，虽然收入水平中等，但资产质量好，从而保证了盈利水平。其他四大行的情况也较类似，这是国有大型银行的通行模式。

还有别的模式，比如常熟银行的小微业务模式，也能在杜邦分解表中看出其特征。常熟银行的$\dfrac{利息收入}{平均资产}$排第 1 名，因为参与了较多的小微信贷，收益率很高，并且$\dfrac{利息净收入}{平均资产}$也是第 1 名。但其$\dfrac{手续费及佣金净收入}{平均资产}$、$\dfrac{业务及管理费用}{平均资产}$排名都非常靠后，这是因为小微业务模式收取的中间业务收入较少，同时费用支出较高。同时，$\dfrac{资产减值损失}{平均资产}$排名也较为靠后，说明它的小微信贷还是有一些不良资产压力。最后，ROA 较为出色，可见主要是得益于较高的净息差，并且较高的净息差足以弥补中间业务收入、费用支出、资产质量的劣势，才使得 ROA 突出。这也是小微业务的典型特征，即高收益、低中收、高费用、高风险（在小微信贷模式成熟且风险控制手段到位之后，未来能做到低风险），最后高盈利。但是，由于农商银行受监管限制，财务杠杆不高，因此权益乘数不高，没能进一步提升 ROE 名次，但 ROE 名次已经不错了。

可见，基于 ROE 杜邦分解，能够明显观察到不同银行的不同业务模式和特征，比如大行、小微银行各自不同的特征。但事实上，ROE 杜邦分解表只能体现这些数字特征，而不能说明数字背后的具体业务模式，光看杜邦分解表，只能大致揣测其模式，并不能得到精确答案。所以，ROE 杜邦分解表提供的信息量其实是非常有限的，前面讲述案例时，我们之所以能够详细介绍不同银行的不同模式，其实是因为我们早已熟悉这些银行。如果需要分析一家完全陌生的、完全不了解的银行，我们的工作顺序则应反过来，从 ROE 杜邦分解表出发，按图索骥，寻找其他信息来了解业务模式。比如，看到某家银行的 ROE 杜邦分解表上 $\frac{利息收入}{平均资产}$ 较高，那么就对此展开进一步研究，看看它是如何实现较高的资产收益率的；或者看到 $\frac{手续费及佣金净收入}{平均资产}$ 较高，那么就需要研究一下它是如何实现较高的中间业务收入的，诸如此类。

因此，仅仅基于财务数据的杜邦分解是不够的，要将其与对银行业务的具体分析相结合。在结合了这些具体分析之后，我们才能回答，某银行的 ROE 优势能否继续保持下去。比如常熟银行的小微模式，得益于收益率较高，那么后续就需要重点跟踪，其贷款收益率会是什么变化趋势？会更高还是会回落？为了详细了解这些银行是采取了什么具体措施达到这些财务结果的，就需要对各项业务、战略定位、公司治理等各方面展开具体研究（请见后续章节）。

5.3 盈利增长率分解

站在股东角度，除了关注银行的 ROE，也关注成长能力，包括客户或业务量、营业收入、净利润等不同指标的增长率，其中最为关注的还是盈利增长率（指净利润增长率）。一般情况下，自然是盈利增长率越高，公司股票就越受投资者追捧。当然，盈利增长率分析要剔除增资扩股的影响，即外延增长，我们平时所关注的盈利增长率一般是指内涵增长率。

跟上一节的 ROE 分析一样，盈利增长率的分析也要回答两个问题：某银行过去盈利增长率为什么这么高（低），未来还能不能这么高（低）？这里用到的是盈利增长率的分解，即把盈利增长率也分解为不同因素的贡献，以便逐一分析，最后形成判断。因此，我们需要先把盈利增长率按一定的规则进行分解，分解至具体的几大因素上。

5.3.1 常规分解方法：增长贡献率

增长率分解的常规方法是通过增长贡献率（增量占比）来计算增长率分解。比如，常见的一个例子是 GDP，它由消费、投资、净出口组成，假设三者均为正数，则前后两年数字见表 5-20。

表 5-20　GDP 的三部分及其增长率　　　　（单位：元）

	第 1 年	第 2 年	增长率
消费	100	120	20%
投资	150	155	3%
净出口	30	32	7%
GDP	280	307	10%

先求得消费、投资、净出口各自的增量，再求得增量占比，即各因素增量占 GDP 总增量（27 元）的占比，这也就是增长贡献率。这代表着第 2 年较第 1 年新增的 GDP 中，三个因素分别占多少（见表 5-21）。

表 5-21　GDP 三部分的增长贡献率　　　（单位：元）

	第 1 年	第 2 年	增量	增长贡献率（增量占比）
消费	100	120	20	74%
投资	150	155	5	19%
净出口	30	32	2	7%
GDP	280	307	27	100%

最后，把各因素的增量占比乘以 GDP 增长率（10%），即可得到各因素对 GDP 增长率的贡献（单位为"百分点"，也就是各因素各自贡献了增长率 10% 中的几个百分点，见表 5-22）。当然，贡献的计算方式还可以是，直接将各因素的增量除以第 1 年的 GDP，两种方法是等价的。

表 5-22　GDP 三部分对 GDP 增长率的贡献　　（单位：元）

	第 1 年	第 2 年	增长率	增量	增长贡献率	贡献
消费	100	120	20%	20	74%	7%
投资	150	155	3%	5	19%	2%
净出口	30	32	7%	2	7%	1%
GDP	280	307	10%	27	100%	10%

也就是说，第 2 年 GDP 增长率是 10%，消费、投资、净出口三个因素各自拉动（或贡献）了这 10% 中的 7、2、1 个百分点。这样，我们就把 GDP 增长率分解到了三个因素上，这就有助于我们了解今年 GDP 为何增长这么多（主要是消费拉动最多），也有助于预判未来，比如我们通过进一步分析明年的消费形势，同时也分析明年其他两个因素的形势，来预判明年 GDP 增长率会怎么样。

这一方法同样适用于某一因素为负数的情况，比如净出口为负，则分解结果见表 5-23。

表 5-23 GDP 三部分对 GDP 增长率的贡献（含负项）（单位：元）

	第 1 年	第 2 年	增长率	增量	增长贡献率	贡献
消费	100	120	20%	20	74%	9%
投资	150	155	3%	5	19%	2%
净出口	-30	-28	-7%	2	7%	1%
GDP	220	247	12%	27	100%	12%

净出口前后两年均为负数，但第 2 年负数的绝对值比第 1 年小，也就是说其增量是正数，于是对 GDP 增长依然是正贡献的，所以最后求得，净出口这一因素对 GDP 增长率的贡献是 1 个百分点。

这一方法，在分析很多由不同成分组成的整体时均可适用，比如 2.4 节对 M2 结构的分析：M2 增长率为 8.7%，各种派生渠道各贡献了多少个百分点？考虑到这种方法一般适用于分析由不同成分组成的整体的增长率，而利润表则是先有收入总数，再逐一减去各项费用支出等，其实不太符合"由不同成分组成整体"这一结构特征。如果生搬硬套，把费用支出视为负的组成成分（类似上列中 GDP 某因素为负），那么理论上也能套用该方法。我们先虚构一家银行，其前后两年的简化利润表如表 5-24 所示（费用支出项表示为负数）。

表 5-24 一家虚构银行的利润表 （单位：元）

	第 1 年	第 2 年	增长率
平均生息资产规模	100	115	15%
净息差	2%	2.05%	2%
净利息收入	2.00	2.36	18%
非息收入	1.00	1.15	15%
总营业收入	3.00	3.51	17%
各项费用	-1.00	-1.10	10%
拨备前利润	2.00	2.41	20%
计提拨备	-0.50	-0.45	-10%
利润总额	1.50	1.96	31%

（续）

	第1年	第2年	增长率
所得税	-0.30	-0.49	63%
净利润	1.20	1.47	22%
其他有关指标：			
所得税率	20%	25%	

这个简化利润表较为清晰地体现了银行的收入、支出情况，最后形成净利润。其中，表中灰色底纹部分有四项，这四项之和便是净利润，可以作为净利润增长率分解的四个因素，其余的是细项或计算项。那么，参考前文 GDP 增长率的分解，银行净利润增长率的分解见表 5-25。

表 5-25　虚构银行的利润增长率分解　　　　（单位：元）

	第1年	第2年	增长率	增量	增量贡献率	贡献
总收入	3.00	3.51	17%	0.51	189%	42%
各项费用	-1.00	-1.10	10%	-0.10	-37%	-8%
计提拨备	-0.50	-0.45	-10%	0.05	19%	4%
所得税	-0.30	-0.49	63%	-0.19	-71%	-16%
净利润	1.20	1.47	22%	0.27	100%	22%

表 5-25 中最后一行即为各因素对净利润增长率的贡献，可以发现，净利润增长率为 22%，总收入贡献了其中的 42 个百分点，各项费用、计提拨备、所得税费用分别贡献了 -8、4、-16 个百分点。注意，这里计提拨备的贡献是正数，因为虽然两年拨备都是负数，但第 2 年负数的绝对值比第 1 年小，因此增量为正数，对净利润增长形成正贡献。

5.3.2　连环替代法（边际影响分解方法）

上一种分解方法的主要缺点是，各因素对增长率的贡献（表 5-25 中最后一列）并没有明显的实际含义，不像增长率、增量等指标，含义非常直观。因此，在借助计算机表格软件的时候，进行这样的精准计算并不困难，但出来的结果很难与实际业务准确挂钩。比如，我们即使准确预测到了明年某一指标的变化，也很难马上快速估计出来它对净利润的最终贡献。因此，我们需要一种更加直观的分解方法，哪怕不那么精确。以下介绍一种更为常用的分解方法，即连环替代法，测算各因素的边际影响。我们继续使用这家虚构的银行（见表 5-26）。

表 5-26　一家虚构银行的利润表　　　　　（单位：元）

	第1年	第2年	增长率
平均生息资产规模	100	115	15%
净息差	2%	2.05%	2%
净利息收入	2.00	2.36	18%
非息收入	1.00	1.15	15%
总收入	3.00	3.51	17%
各项费用	−1.00	−1.10	10%
拨备前利润	2.00	2.41	20%
计提拨备	−0.50	−0.45	−10%
利润总额	1.50	1.96	31%
所得税	−0.30	−0.49	63%
净利润	1.20	1.47	22%
其他有关指标：			
所得税率	20%	25%	

　　新方法下的净利润增长率分解，可分解至表 5-26 中灰色底纹部分的六大因素（比前一种方法分解出的因素更多）上。在每一期会计报表出来后，我们会得到上述简化利润表的数据，并生成这些数据各自的同比增长率（见图 5-7）。

　　边际影响的思路是（以图 5-7 为例），利润总额减去所得税，即为净利润，那么，净利润增长率与利润总额增长率之差，这个差额便是所得税这个因素所造成的边际影响。再逐一考虑其他因素，即连环替代法。显然，这不是一种严谨的数学算法，但其优势是简单，且计算结果直观易懂。其他大部分指标也是同理。

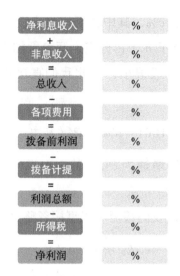

图 5-7　利润表及各科目的增长率

详细的分解方法如下所述。

1. 净利息收入增长率分解

净利息收入来自平均生息资产规模与净息差的乘积,我们设平均生息资产规模为 m(增长率为 $a\%$[一]),设净息差为 i(增长率为 $b\%$)。那么,它的增速($c\%$)便为(见图 5-8)

$$1 + c\% = (1 + a\%)(1 + b\%) = 1 + a\% + b\% + ab\%/100$$

那么,

$$c\% = a\% + b\% + ab\%/100$$

图 5-8　净利息收入增长率分解

[一] $a\%$ 不是规范的变量表示法,但为了便于区别增长率变量和绝对值变量,后面还要使用"a 个百分点"的表述,特此使用。

即净利息收入的增速 $c\%$，其中由平均生息资产规模增长贡献了 a 个百分点，由净息差增长贡献了 b 个百分点，两者叠加贡献了 $ab/100$ 个百分点。

由于 $ab\%/100$ 的值一般很小，因此我们直接将其与 $b\%$ 合并分析。前式变为

$$c\% = a\% + (b\% + ab\%/100) = a\% + d\% （其中，d = b + ab/100 = c - a）$$

并称：净利息收入的增速为 $c\%$，其中由规模增长贡献了 a 个百分点，由净息差增长贡献了 d 个百分点。

如果 $ab\%/100$ 极小，我们甚至可以直接忽略之，写为

$$c\% \approx a\% + b\%$$

并称：净利息收入的增速为 $c\%$，其中由规模增长贡献了 a 个百分点，由净息差增长贡献了 b 个百分点。

上式中，$a\%$ 容易理解，就是平均生息资产规模的增速。但要注意的是 $b\%$，它是净息差的"同比增长率"。注意，我们日常谈论净息差的变化时，一般说它升降几个基点或百分点（比如去年净息差是 2%，今年变成 1.9%，我们就说它降了 10bp 或 0.1 个百分点）。因此，这个 $b\%$ 不是常用的指标，它反映的是

$$b\% = (1.9\% - 2\%)/2\% = -5\%$$

根据 $c\% \approx a\%+b\%$，如果生息资产规模 $a\%$ 和净息差增速 $b\%$ 刚好是相反数，那么两者相加约等于 0，即净利息收入不增长，这就是银行经常发生的"以量补价"。当货币宽松时，银行信贷投放量增加，但利率下降，两者相互抵消，收入未必下降的。所以，不能光凭净息差下降就觉得银行净利息收入要下降。

2. 总收入增长率分解

总收入 $z = x + y$，其增速为 $f\%$。现在要分解它，见图 5-9。

图 5-9　总收入增长率分解

思路是，全部总收入的增长率为 $f\%$，而净利息收入增长率仅为 $c\%$，那么两者的差额部分（$f\% - c\%$）只能是非息收入贡献的。

如果 $f\% > c\%$，即总收入增长率高于净利息收入增长率，说明非息收入增长率 $e\%$ 高于 $c\%$。至于高出来的幅度，则要看非息收入占总收入的比例。准确的公式为（推导过程略）

$$f\% - c\% = (e\% - c\%)y/(x + y)$$

其中，$e\% - c\%$ 是非息收入增长率超过净利息收入增长率的幅度，$y/(x + y)$ 为非息收入占总收入的比例。两者之积，即为 $f\% - c\%$，即总收入增长率超过净利息收入增长率的幅度。这个 $f\% - c\%$ 还可以直观理解为：如果没有非息收入，总收入全部来自净利息收入，总收入的增长自然就是 $c\%$，现在因为多了一块非息收入，因此净总收入增长率拉高到了 $f\%$，那么这个差额 $f\% - c\%$ 就是非息收入贡献的。这就是边际影响的思路。因此，我们直接用 $f\% - c\%$ 代表非息收入对增长率的贡献即可。

当然，也可能是 $e\% < c\%$，那么非息收入增长率拖累了总收入增长率。

3. 拨备前利润分解

从这一步开始，后面就非常简单了，其原理和第 2 步是一样的（见图 5-10）。

图 5-10　拨备前利润增长率分解

拨备前利润增速是 $h\%$，而总收入增速为 $f\%$，那么两者差异的部分，即 $h\% - f\%$，就是各项费用贡献的。

4. 利润总额分解

同理，把利润总额的增速 $k\%$，减去拨备前利润的增速 $h\%$，差异部分 $k\% - h\%$，就是拨备计提贡献的（见图 5-11）。如果拨备计提力度很大，$k\%$ 会显著低于 $h\%$。

图 5-11　利润总额增长率分解

5. 净利润分解

同样，净利润增速为 $n\%$，利润总额增速为 $k\%$，两者之差 $n\% - k\%$，即为所得税贡献的（见图 5-12）。当出现节税效应时，所得税率会低于过去，$m\%$ 就会低于 $k\%$，$n\%$ 就会超过 $k\%$ 很多。

图 5-12　净利润增长率分解

汇总后，形成一张表（见表 5-27）。

表 5-27　虚构银行的利润增长率分解

	第 2 年
平均生息资产规模	15%
净息差	3%
非息收入	−1%
各项费用	3%
计提拨备	10%
所得税	−8%
净利润	**22%**

表 5-27 的含义便是：净利润增长率为 22%，其中平均生息资产规模、净息差、非息收入、各项费用、计提拨备、所得税各自的变动，对净利润增长率分别贡献了 15、3、−1、3、10、−8 个百分点。注意，准确的描述，是这些因素的"变动"对净利润的"增长"贡献了多少个百分点，引号中的变动、增长等字样不可省略。当然，在某些不会引起误解的情况下（比如不太追求精准的口头交流等），有可能会简化为"这些因素拉动净利润多少个百分点"等类似的表述。

然后，可以把多家银行的这张净利润增长率分解表摆在一起，比较不同银行净利润增长率高低的原因（见表 5-28）。

表 5-28　部分上市银行 2023 年利润增长率的分解

	工商银行	建设银行	招商银行	平安银行	宁波银行	常熟银行
平均生息资产规模	13.40%	13.49%	9.29%	6.41%	17.43%	17.57%
净息差	−18.97%	−17.51%	−10.92%	−15.74%	−8.40%	−5.88%
中间业务收入	−0.33%	0.57%	−2.76%	1.27%	−5.27%	−2.28%
其他非息收入	2.17%	1.66%	2.75%	−0.39%	2.65%	2.64%
业务及管理费用	−0.96%	−0.12%	−0.12%	−0.57%	−2.89%	3.12%
资产减值损失	4.97%	3.56%	8.29%	9.96%	7.18%	4.31%
税收及营业外净收支	0.51%	0.79%	−0.30%	1.12%	−0.04%	0.12%
归母净利润	**0.79%**	**2.44%**	**6.22%**	**2.06%**	**10.66%**	**19.60%**

资料来源：各银行年报。

同时，也可以把同一家银行的不同年份的净利润增长率分解表摆在一起，用它来观察这一家银行这几年净利润增长率上升或回落是什么原因。表 5-29 是工商银行的 2021~2023 年的净利润增长率的因素分解表。

表 5-29　工商银行 2021~2023 年利润增长率分解

	2021 年	2022 年	2023 年
平均生息资产规模	7.90%	10.14%	13.40%
净息差	−1.11%	−9.70%	−18.97%
中间业务收入	−0.91%	−0.53%	−0.33%
其他非息收入	0.93%	−2.54%	2.17%
业务及管理费用	−2.29%	−1.34%	−0.96%
资产减值损失	1.91%	2.37%	4.97%
税收及营业外净收支	3.84%	5.09%	0.51%
净利润	10.27%	3.49%	0.79%

资料来源：工商银行年报。

比如 2023 年工商银行净利润增长率约为 0.8%，比 2022 年的约 3.5% 低，从表 5-29 中可以清晰地看出来，各项因素对净利润增长率的贡献均有变化，但下降最明显的是净息差。2023 年净息差较上一年回落较多，拖累了净利润增长率。因此，尽管 2023 年的平均生息资产规模、其他非息收入、资产减值损失等对净利润增长率的贡献提升，但受净息差降幅扩大影响，工商银行的净利润增速仍然回落。

5.4　财务建模

在对某家银行的业务经营与管理情况有了较好的了解之后，我们便可以开始尝试建立一个财务模型来反映这家银行的财务情况，同时也可用它来预测其未来财务表现。当然，我们在建立和调试模型的过程中，也能加深对这家银行业务的理解。因此，从理论上讲，建模这一节内容应该放到全书的最后，即大家完成了对银行所有方面的了解之后，再开始建模。但是,财务模型本质上又属于财务分析相关的工作,因此从内容上看似乎放到本章更为合适。所以,我们建议读者在完成本书后续部分的阅读后,可再次尝试建模,以加深理解。

5.4.1 财务模型简介

企业的财务模型是指将企业经营中涉及的各种信息、数据(包括财务的和非财务的数据),按照价值创造的主线进行整理,用于呈现企业的经营业绩,并且用于预测、估值等。简单地讲,财务模型用数据表格等形式,将企业的经营信息进行抽象的概括,用于分析、预测企业经营的财务情况。一般来说,财务模型包括企业的历史数据、对未来关键变量的假设、未来财务预测结果等内容。财务模型能够尽可能简洁地呈现企业的主要经营情况,但不可能做到百分之百完美呈现企业经营的方方面面,有些时候难免会有些偏差之处。以下以一家虚构的、业务极其简单的制造业企业为例。这家企业采购原材料,加工成产成品,然后销售出去,形成利润(忽略其他因素)。

为完成建模,我们首先要将企业的经营业绩(一般指净利润)按其商业模式进行分解,分解到各项基本因素上。所谓的商业模式就是一个"函数",函数的自变量就是企业经营过程中使用的各种要素及其数量,因变量就是最终形成的净利润。比如这家企业的商业模式是

$$净利润 = 产成品销售价 \times 销量 - 原材料单价 \times 用量$$

这个函数有四个变量。接下来,收集这家企业过去三年的上述信息编制成表格。(模型要回溯几年可按实际需要而定,一般是回溯3~5年即可,更早的信息可能由于今昔情况差异过大,因而参考价值不大。)当然,如果编制无误的话,最后出来的净利润应该是和企业会计报表的数据一致的。这就是反映了企业过去经营情况的财务模型。

然后,再预测商业模式中的四个变量未来几年的情况。比如,结合自

身产销计划、市场需求等，判断用量、销量，同时也根据市场情况来判断产成品、原材料的价格，于是便可得到未来几年的净利润。同样，需要预测未来多少年，也视实际需要而定，要根据具体变量的可测性而定。比如有些变量随机性很强，预测准确度非常小，那么多预测几年其实没什么意义，因为未来的预测值极不准确。

在具体预测某个变量时，具体的预测公式也视情况而定：有些可能用增长率较为合适，因为从历史经验看，这个变量的年增长率较为稳定；有些则可能用增量较为合适，如果它历史上每年增量较为稳定；还有一种情况，就是有些变量还要取决于别的变量，比如原材料单价可能要取决于原材料行业的一个其他重要变量，比如该行业的产能。那么这种情况就意味着，原材料单价不是最基础的变量，而是一个中间变量，它能够分解为

$$原材料单价 = f(原材料行业的产能)$$

那么，代表上述商业模式的函数应该重述为

$$净利润 = 产成品销售价 \times 销量 - 原材料单价 \times 用量$$
$$= 产成品销售价 \times 销量 - f(原材料行业的产能) \times 用量$$

也就是说，在进行财务建模时，要把所有变量尽可能分解至最基本的变量，最基本的变量可能是指分解到无法再分解为止，也可能意味着虽然还能再分解，但再分解下去就不再是一个稳定的函数（比如，找不到前面的"原材料单价 = $f()$"）因而无法用于预测，或者由于再分解的成本过高所以必要性不大。

因此，最后预测的准确性，主要取决于两点，一是最基本变量预测的准确性，二是商业模式的稳定性。如果过了几年，商业模式产生变化，那么也需要相应调整模型。

以上便是财务模型的一个简单原理。对于银行业也不例外，也是先按商业模式构建财务模型，然后将各项变量尽可能分解到最基本的变量上，再对未来进行预测。好在银行业的商业模式较为稳定，因此我们的重点主

要落在变量预测上。

日常从事的预测工作，一般是以上一期报表为起点，预测下一期。这里的"期"可以是季度、半年度或年度，因为我国上市公司披露定期报告是按这几个期间来的。本部分内容以年度为例，假设在某一家银行上一年和过去几年的年报的基础上，预测其未来几年的经营情况（包括主要业务指标、财务指标、监管指标和最终的净利润等指标）。以下先介绍如何建立资产负债表，然后再建立利润表，之后再将两者关联，最后是预测。

5.4.2 资产负债表预测

我们仍然以工商银行为例。为简洁起见，我们以工商银行过去 2 年的简化资产负债表来举例。在实际工作中，一般不太会对原始的资产负债表的每一科目进行细致预测，因为很多科目是不重要的，因此一般基于简化的资产负债表进行预测。当然，至于把哪些科目进行简并，可视具体需要而定。以下我们继续沿用 5.1 节分析银行会计报表时用到的简化资产负债表（见表 5-30。它比 5.1 节中的表 5-2 多了一项"未分配利润"科目，因为后面建模时会用到）。

表 5-30　工商银行 2022～2023 年资产负债简表

（单位：百万元）

	2022 年	2023 年
资产：		
现金及存放中央银行款项	3 427 892	4 042 293
同业资产	2 056 654	2 340 974
发放贷款及垫款	22 591 676	25 386 933
各类投资	10 533 702	11 849 668
生息资产总额	38 609 924	43 619 868
非生息资产总额	1 000 222	1 077 211
资产总计	39 610 146	44 697 079
负债：		
向中央银行借款	145 781	231 374

(续)

	2022 年	2023 年
同业负债	3 762 490	4 387 964
客户存款	29 870 491	33 521 174
应付债券	905 953	1 369 777
计息负债总额	34 684 715	39 510 289
非计息负债总额	1 410 012	1 410 202
负债合计	36 094 727	40 920 491
股东权益：		
股本	356 407	356 407
其他归属于母公司所有者的所有者权益	1 367 955	1 488 413
未分配利润	1 771 747	1 912 067
少数股东权益	19 310	19 701
所有者权益合计	3 515 419	3 776 588
负债及股东权益总计	39 610 146	44 697 079

资料来源：工商银行年报。

然后，我们要基于 2023 年年底的资产负债表各科目数，来预测未来几年的年末资产负债表科目数。以下以预测 2024 年数据为例，后续多预测几年也是同理。

1. 选取预测公式

第一项工作，是先确定预测公式，即对各科目采用何种方式预测。一般来说，对银行资产负债表各科目的预测方式见表 5-31。

表 5-31　银行资产负债表各科目的预测方式

科目	预测公式	说明
资产：		
现金及存放中央银行款项	占存款比例	库存现金可忽略不计。存放央行款项则是基于法定准备金率（简称法准率）外加一些超额准备金，因此其占存款比例较为稳定。如果这期间发生法准率调整，则在预测中要考虑调整这一比例

（续）

科目	预测公式	说明
同业资产	轧差项（负债+权益－其他资产）	假设银行将可投资金的最终剩余部分用于同业拆放
发放贷款及垫款	增量	银行一般会得到人民银行核准的每年合意信贷额度或信贷计划，因此用增量较符合实际业务特点
各类投资	增长率或占总资产比例	有些银行会有年度的证券投资计划，有些则会控制证券投资占总资产比例
生息资产总额	加总	
非生息资产总额	占总资产比例	可简单假设非生息资产占总资产比例是稳定的
资产总计	加总	
负债：		
向中央银行借款	视具体情况	负债良好的银行不太会使用这一科目。其他银行可使用"占总负债比例"等
同业负债	增长率或占总负债比例	
客户存款	增长率或市占率	大型银行的存款增长率一般同步于M2增速。地方小银行可用存款在当地的市占比，当然这需要先预测当地的存款总规模，一般可用增长率
应付债券	增量	银行一般会公布大致的债券发行计划，包括金融债、资本债等
计息负债总额	加总	
非计息负债总额	占总负债比例	可简单假设非计息负债占总负债比例是稳定的
负债合计	加总	
股东权益：		
股本	增量	看银行的增资扩股（新发股票、可转债转股等）计划
其他归属于母公司所有者的所有者权益	视具体情况	资本公积、盈余公积、一般风险准备等，按当年从净利润中的具体计提方法来预测
未分配利润	视具体情况	将当年净利润完成各项分配后的剩余部分计入
少数股东权益		
所有者权益合计	加总	
负债及股东权益总计	加总	

可见，我们一般是基于该科目自身的特点和历史经验，来合理确定一个预测方式。也就是说，在增长率、增量、占比等不同的方式中，挑选一

个在过去几年间看起来最可靠的,或者是最符合该业务的开展方法的。因此,分析者根据实际情况选取和表 5-31 不同的预测公式,有些银行未必是表中这种预测方式。

2. 选取轧差项

轧差项是指最后让资产负债表两边平衡的一个科目,如果它是资产科目,那么它的计算方式是"负债+权益-其他资产"。如果它是负债科目,那么自然是"资产-权益-其他负债"。比如表 5-31 中,是以同业资产为轧差项的。

这其实基于一个假设:该银行是在完成了所有的负债组织工作后,再将募集的全部负债资金一一使用出去,包括放贷、证券投资等,最后剩余的资金用于投放同业资产,所以"同业资产"是最后的轧差项。这其实只是一个假设,现实中有些银行未必是这样操作的,也有可能是将资金一一使用,先放贷、投放同业资产,最后剩余的部分用于证券投资(此时便会以"证券投资"为最后的轧差项)。这种思路,其实是"以负债定资产",但现实中银行的资产负债管理办法非常多样,也有不少银行是"以资产定负债"的,即先基于一定原则(比如从资产充足率出发)确定今年的资产投放计划,然后再组织各种负债,包括确定吸收存款、发行债券、吸收同业负债等各占多少。在这种情况下,可以以"同业负债"作为最后的轧差项。

因此,构建资产负债表的预测表时,要先确定该银行的资产负债管理原则,是以负债定资产,还是以资产定负债。具体的银行资产负债管理方法将会在下一章详细介绍,不同的银行有不同的方法。因此,严谨地讲,应当为不同的银行建立不同思路的模型。当然,因为模型本身也只是对银行实际的粗略反映,如果对精度要求不那么高,那么也可"偷懒",全部模型统一用一个思路,比如像表 5-31 中那样以同业资产为轧差项。

3. 待计算的净利润

在完成上述预测后,细心的读者会发现,股东权益下面有几个科目,需要基于当年的净利润来计算。比如，预测的 2024 年年末的资本公积、盈余公积、未分配利润等科目，都是需要从 2024 年的净利润计算出来的。银行在产生净利润后，先要按要求计提资本公积、盈余公积、一般风险准备，然后形成未分配利润。当然，完成各项计提后可将其用于利润分配（分红或分股），但分红一般会等到 2025 年通过董事会议案等流程之后才能实施，因此 2024 年净利润的分配不会体现在本年的报表中。我们要预测的是 2024 年的报表，而这一年一般是分配 2023 年的利润，这个分配方法和金额一般已经是披露过的，按实填入即可。

但是，此刻我们根本还没来得及完成 2024 年利润表的预测。因此，这几个科目目前还得不到准确的预测值，要等完成利润表预测之后再输入。也就是说，此刻我们还无法完成完整资产负债表的预测，但主要的生息资产、计息负债科目已完成预测了。

5.4.3　利润表预测

我们接着预测利润表。我们要将利润表中的科目逐一预测，其主要思路如下所述。

1. 利息净收入

需要从资产负债表的生息资产、计息负债科目计算利息收入、利息支出，然后将两者相减得到利息净收入。一般的方法是：将本年年初（即上一年年末）的各类生息资产、计息负债数据，跟前面完成的预测期末数，进行简单平均，得到全年各科目的全年平均余额。之后将再为各类资产负债预测全年平均利率。之后各科目平均余额乘以平均利率，即可完成对利息收入、利息支出的预测。很显然，这样很容易得到平均余额，所以本部分的重点其实是对各类生息资产、计息负债的利率的预测，而这又需要按照各类生息资产、计息负债的各自实际定价情况分别预测。

银行的大部分资产、负债是有一定的利率定价规则的，这些规则便是我们进行预测的依据。所谓的定价规则包括：银行对某一种资产或负债的利率定价基准（或锚）、在基准上下浮动的规则，以及重定价期限等。比如，有一笔贷款，在银行跟客户签订贷款合同时，约好定价方式为：选取LPR（贷款市场报价利率，由有关部门每月20日公布，会有波动）为定价的锚，并设定贷款利率的计算公式为"LPR+50bp"（这是定价公式），这50bp即为加点，这个加点在整个合同期内是保持不变的，所以合同约定的实际利率会随着公布的LPR波动而波动。另外，还有一个重定价期限，因为LPR每月可能会波动，如果它一波动，银行的贷款合同利率就跟着变动，这会导致巨大的工作量，因此银行一般和客户约定重定价周期，比如按季度，其含义是在本季度（重定价周期）内，不管锚（本例是LPR）怎么变动，合同实际利率均不变，而到了周期结束，再将届时最新的LPR代入定价公式，得到新的实际利率，下一个周期中便执行这一实际利率。显然，如果LPR每月变动，那么合同约定的实际贷款利率在周期内并不会每月变动，而是当一个周期结束后，将本周期内发生的多次LPR变动一次性体现到最新的贷款利率中。

我们用一个更为具体的例子。假设1月1日，LPR是4%，一位客户向银行申请贷款，银行分析客户后，跟客户约定定价公式为"LPR+50bp"，即4.5%，重定价周期是按季度。然后，在1月20日、2月20日，LPR依次降为3.95%、3.90%，3月20日LPR未变动。到了3月31日，一个重定价周期结束，4月1日开始重新计算利率，即最新的LPR（3.90%）加50bp，得出4.4%，这便是在4~6月的下一重定价周期中的实际利率。

但是，不同资产、负债品种的锚、加点方式、重定价期限均不一样。目前我国大部分银行贷款利率的锚均是LPR，加点方式是"加或减几个基点"。而过去贷款定价的锚是人民银行公布的法定基准利率，加点方式是"上下浮动倍数"（比如上浮为基准利率的1.2倍，或0.9倍），因此具体算法不一样，但原理是一样的。贷款的重定价期限有按季度、按年的，也分不同品种，而一年以内的短期贷款一般不设重定价期限，而是在贷款存续过程中保持利率不变，即固定利率（这种情况也可以将整个贷款合同期视为重定价周期）。存款定价目前仍然以人民银行公布的法定基准利率为锚，加点方式是"上下浮动倍数"，但行业自律协会设置了一个上浮的顶部，一般银行不会突破。同业资产或负债一般以 SHIBOR 等银行间利率为锚。参考锚制定了一个利率后，有些就不设重定价期限，而是直接在整个资产、负债存续过程中一直保持同一利率，即固定利率。银行投资债券、发行债券也是同理，视具体合同而定。

所以，要预测银行下一年度的平均利率，至少需要预测以下三个指标。

（1）利率锚：比如对预测年份的 LPR、法定基准利率、SHIBOR 等几种重要的利率锚的预测。各种基础利率有不同的生成方式，同时还受货币当局明年的货币政策取向影响，因此需要精确了解，综合各项情况，才能完成初步预测。尤其是，货币当局明年施行货币政策的取向是非常重要的一点，而这又涉及经济形势、监管目标等多方面内容，很多内容是无法量化的，需要在长期跟踪政策变化的基础上，凭经验进行综合预判。这时候，我们一般还需要其他宏观经济分析人士的协助，参考他们的意见，同时还需要长期跟踪人民银行等政策人士的表态等。

（2）加点幅度：该幅度即定价时在利率锚的基础上上下浮动的幅度，这一般是由该业务的市场供需决定的，比如以贷款为例，当贷款供不应求时，虽然 LPR 等利率锚不动，但市场竞争原因也可能导致加点上升。当然，也需要留意其他影响因素，比如政策当局有窗口指导，在利率锚不发生变动的情况下，引导银行定价下行，那么加点就会下行。由于约定的加点在整个合同期内是不变的，所以关于加点的变动还得考虑合同期限，即在合同到期前，我们可简单假设加点不会变动（当然也有例外，比如银行和客户双方自愿重新协商合同条款，或者客户提前偿还贷款）。因此，这里需要结合银行披露的到期日结构表格（这表格原本是用来评价银行的流动性风险的），表中可以清晰地给出不同资产、负债的到期时间情况。比如表 5-32 的内容是工商银行 2023 年年报中不同资产、负债的到期日结构。

表 5-32 工商银行 2023 年年末资产负债的到期日结构

(单位：百万元)

	逾期/即时偿还	一个月内	1~3个月	3个月~1年	1~5年	5年以上	无期限③	合计
资产：								
现金及存放中央银行款项	1 192 880	4640	3980	2908	5086	—	2 832 799	4 042 293
存放同业及其他金融机构款项及拆出资金①	337 094	1 458 823	178 151	327 184	39 718	4	—	2 340 974
衍生金融资产	—	9989	17 197	30 865	11 194	6094	—	75 339
客户贷款及垫款	36 677	1 233 059	1 299 690	4 848 837	4 967 058	12 873 541	128 071	25 386 933
金融投资								
—以公允价值计量且其变动计入当期损益的金融投资	81 529	9082	22 165	235 722	156 408	201 903	105 148	811 957
—以公允价值计量且其变动计入其他综合收益的金融投资	—	132 916	94 002	425 812	852 277	643 039	82 816	2 230 862
—以摊余成本计量的金融投资	—	104 586	338 685	875 813	3 345 609	4 141 536	620	8 806 849
长期股权投资							64 778	64 778
固定资产及在建工程							297 018	297 018
其他	115 927	222 172	40 247	50 709	61 395	45 949	103 677	640 076
资产合计	1 764 107	3 175 267	1 994 117	6 797 850	9 438 745	17 912 066	3 614 927	44 697 079
负债								

第 5 章 │ 银行财务分析

项目								合计
向中央银行借款	—	—	6549	158 149	—	—	—	231 374
同业及其他金融机构存放及拆入资金②	2 685 751	66 676	458 379	907 359	46 034	5508	—	4 387 964
以公允价值计量且其变动计入当期损益的金融负债	56 799	—	141	633	4847	316	—	62 859
衍生金融负债	—	17 999	20 057	22 859	10 909	4427	—	76 251
存款证	—	58 396	122 826	182 299	21 677	—	—	385 198
客户存款	13 683 549	1 830 012	2 325 939	6 986 876	8 679 518	15 280	—	33 521 174
已发行债务证券	—	17 813	106 187	352 234	215 269	678 274	—	1 369 777
其他	—	268 158	132 389	149 244	161 415	174 688	—	885 894
负债合计	16 426 099	2 657 447	3 059 130	8 759 653	9 139 669	878 493	—	40 920 491

① 含买入返售款项。
② 含卖出回购款项。
③ 客户贷款及垫款、金融投资无期限金额包括已减值或未减值但已逾期一个月以上部分。

资料来源：工商银行年报。

以表 5-32 中的贷款为例（其他大部分资产、负债也是同理）。2023 年年末工商银行的贷款总额约为 25.39 万亿元，其中 1 个月内到期（含逾期、即时偿还）的约有 1.27 万亿元，约占全部贷款的 5.00%；1 年以内到期的约有 7.42 万亿元，约占 29.22%；其余 70.08% 的贷款到期时间在 1 年以上。这意味着，70.08% 左右的贷款不会在 2024 年年内到期，一般可假设它们也不会在 2024 年年内重新调整加点（但这只是个假设，一般年份可以这么应用，但有些年份并不能，比如 2020 年其实就不行，因为 2020 年人民银行要求将贷款定价切换为以 LPR 为锚，切换过程中对公客户可以和银行重新约定合同条款）。这也意味着，工商银行 2023 年年末的全部贷款中，有约三成会在 2024 年年内到期收回，然后重新投放，新投放的时候便会重新确定锚、加点、重定价期限；其余七成贷款不会到期，因此加点一般不会变动，但可能会在年内按约定进行定期重定价。

（3）重定价期限结构：银行同样披露了自身的重定价期限结构，即主要的资产、负债品种的重定价期限，我们据此来判断：如果后续 LPR 等利率锚发行变动，它会在多大程度上影响明年的银行实际利率。比如，工商银行 2023 年年末的重定价日（或到期日，两者较早者）的结构（见表 5-33）。

仍然以贷款为例（其他大部分资产、负债也是同理），其结构见表 5-34。

表 5-34 表明，工商银行 2023 年年末全部贷款总额约 25.39 万亿元中，约有 9.19 万亿元（占比 36.19%）将在 3 个月内（即 2024 年 3 月 31 日之前）重定价，如果这期间定价的利率锚（比如 LPR 或法定基准利率）发生变动，那么最晚从 4 月 1 日开始（有些则更早），这部分贷款就会按新的锚计算新的实际贷款利率；同时，工商银行另约有 15.37 万亿元（占比 60.54%）的贷款将在 3 个月至 1 年之内完成重定价（即 4 月 1 日至 12 月 31 日之间），如果这期间利率锚发生变动，就有可能会影响 2024 年年内的实际利率，但也可能不影响，这取决于利率锚变动时间和重定价时间的先后。比如，如果某笔贷款重定价发生在 2024 年 6 月 30 日（下一次是 2025 年 6

第5章 银行财务分析

表5-33 工商银行2023年年末资产负债的重定价结构

(单位：百万元)

	3个月内	3个月~1年	1~5年	5年以上	无期限	合计
资产：						
现金及存放中央银行款项	3 707 044	2498	4303	—	328 448	4 042 293
存放同业及其他金融机构款项及拆出资金①	1 946 422	323 422	35 293	—	35 837	2 340 974
衍生金融资产					75 339	75 339
客户贷款及垫款	9 187 465	15 369 942	528 802	245 909	54 815	25 386 933
金融投资						0
——以公允价值计量且其变动计入当期损益的金融投资	33 322	234 428	125 924	194 907	223 376	811 957
——以公允价值计量且其变动计入其他综合收益的金融投资	272 320	420 740	803 302	629 586	104 914	2 230 862
——以摊余成本计量的金融投资	580 346	849 538	3 198 040	4 079 888	99 037	8 806 849
长期股权投资					64 778	64 778
固定资产及在建工程					297 018	297 018
其他	2457	7674	40 169	24 485	565 291	640 076
资产合计	15 729 376	17 208 242	4 735 833	5 174 775	1 848 853	44 697 079
负债						
向中央银行借款	73 225	158 149	—	—	—	231 374
同业及其他金融机构存放款及拆入资金②	3 415 815	924 444	13 684	10	34 011	4 387 964
以公允价值计量且其变动计入当期损益的金融负债	3647	633	4847	316	53 416	62 859

(续)

	3个月内	3个月~1年	1~5年	5年以上	无期限	合计
衍生金融负债					76 251	76 251
存款证	181 578	180 896	19 878	—	2 846	385 198
客户存款	17 501 563	6 643 611	8 618 565	14 862	742 573	33 521 174
已发行债务证券	172 151	311 141	193 484	678 275	14 726	1 369 777
其他	4292	12 526	54 930	29 349	784 797	885 894
负债合计	21 352 271	8 231 400	8 905 388	722 812	1 708 620	40 920 491

① 含买入返售款项。
② 含卖出回购款项。
资料来源：工商银行年报。

月 30 日），那么 6 月 30 日之后的利率锚已不会影响本年的利率。遗憾的是，该表格没有更详细的重定价期限结构的划分（比如将这 60.54% 的贷款再划分为半年以内、9 个月以内、9 个月～1 年），因此很难再更精准地预测利率，但对我们预测利率依然有重要参考价值。

表 5-34　工商银行 2023 年年末贷款的重定价期限结构

（单位：万亿元）

	金额	占比
3 个月内	9.19	36.19%
3 个月～1 年	15.37	60.54%
1～5 年	0.53	2.08%
5 年以上	0.25	0.97%
不计息	0.05	0.22%
合计	25.39	100.00%

资料来源：工商银行年报。

银行一般会在年报、半年报中披露自己的到期日结构、重定价期限结构表格。这期间，可能还会结合一些其他经验信息，比如一些银行发放个人住房贷款较多，而个人住房贷款一般在每年 1 月 1 日重定价（当然也有不是在这一天重定价的），把过去一年的历次 LPR 变动一次性全部体现到最新实际利率中。对于这种贷款，不管年内 LPR 怎么变动，它一般都不会影响当年的实际利率，而是在下一年的 1 月 1 日之后造成一次性影响。这就是所谓的市场利率对银行实际利率的"影响时滞"问题。而如果有些银行是短期贷款比较多，重定价时间很短，那么 LPR 变动后，可能在 1～2 个季度内就有很高比例的贷款完成了重定价，那么就认为市场利率对银行实际利率的影响时滞较短。

有些银行如果能较有把握地预测市场利率走势，就可以有意识地借助影响时滞，进行敞口（又叫缺口）管理。比如，一个银行发现自己 3 个月以内重定价的资产规模小于 3 个月以内重定价的负债规模（两者之差就叫利率风险敞口,此处敞口为负数,它可以是全部资产对全部负债的敞口。有时候也可计算某类资产与负债的敞口,比如同业资产与同业负债的敞口),因此敞口为负数。此时,如果银行预计市场利率上升,可能会导致3个月内在重定价之后,负债的利息支出上升比资产的利息收入上升更多,从而影响短期内的利息净收入,它便可以有意增加3个月内重定价的资产占比(这意味着,让更多的资产能在3个月内重定价,并在3个月后享受新的更高的利率),并压缩3个月内重定价的负债的占比(这意味着,增加重定价时间更长的负债占比,从而更长久地享受现在偏低的利率),从而改善自己的利息净收入表现。当然,这种做法能否实现,还要看交易对手情况。

在完成了对利率锚、加点幅度的预测,然后结合到期日结构、重定价期限结构之后,我们便可完成对银行第二年主要的资产、负债的利率预测。然后,将不同品种的利率各自乘以该品种的全年平均余额,便可得到全年的利息收入、利息支出,两者相减再得到利息净收入。同时,我们也可完成对净利息收益率、净利差等相关指标的预测。我们会在财务模型合适的位置体现这些预测成果,并将其自动呈现出来。

2. 非息收入

非息收入包括手续费及佣金净收入,以及其他非息收入,其他非息收入又包括对联营及合营企业的投资收益、公允价值变动净收益(或损失)、汇兑及汇率产品净损失、其他业务收入等。联营及合营企业的投资收益参考往年数据即可,因为银行不会每年都进行重大的企业投资,这一数据每年变动不大。公允价值变动净收益需要考虑银行交易型金融资产(债券为主)的走势,汇兑及汇率产品净损失需要考虑汇率走势,这两项预测难度太大。其他业务收入一般包括银行集团旗下的其他非银行金融子公司的业务收入(比如旗下保险公司的收入等),一般占比也不会太大。因此,整个其他非息收入按占总收入比例简单估计即可,一般不必作为重点科目进行详细预测。本部分的预测重点是手续费及佣金净收入。

正如本章 5.1 节所述，银行的手续费及佣金收入大致分为两大类：一是和经济活动相关的，包括银行卡、结算、清算、现金管理、担保及承诺、代理收付等，这类服务是银行为各种经济活动提供的各种交易便利，因此这类收入的高低取决于经济形势；二是和资本市场相关的，包括理财、私人银行、资产托管等，主要源于资本市场活跃后，客户的投资活动增加，于是银行为他们提供了和投资理财相关的服务。因此，我们需要大致预判经济活动和资本市场的活跃度。同时，还要考虑银行自身主观上有没有在某些中间业务产品上发力，比如新拓展了某一项中间业务。一般的预测方法是，针对手续费及佣金收入中的每一明细项，参考各项过去几年的增长率以确定来年的增长率，同时再结合掌握的主客观情况适度调整这一增长率。比如，某银行的银行卡收入在过去几年保持了较高增长率，每年增长率在 30% 以上，但随着竞争加剧，其年增长率其实是略有下滑的。由于银行卡市场是一个相对成熟的市场，大部分银行很难出现增长率突然大幅跳升或骤降的情况，因此可参考过去几年趋势，进行外推。当然，如已掌握了一些新的情况，比如某银行的新银行卡产品大受欢迎，或者该行全行决定大举发力该产品，那么是可能提升增长率的。

据此，逐一完成对不同手续费及佣金收入明细项的预测。手续费及佣金支出一般金额不大，可简单地将其预测为手续费及佣金收入的一定比例。于是，就得到了手续费及佣金净收入。

最后，还可自动生成银行的收入结构，即全部营业收入中利息净收入、手续费及佣金净收入、其他非息收入三者的占比，然后观察一下，该结构是不是和往年相近。由于大部分银行规模巨大，是很难出现某一类收入占比突然大幅跳升或骤降的，因此一般来说每年结构变化非常轻微。

3. 业务及管理费用

对业务及管理费用的预测与对手续费及佣金收入的预测非常相似，也是将其分解为明细项，按每一明细项进行合理预测。与手续费及佣金收入类似，费用明细项也很少出现突然大幅跳升或骤降的情况，因此可主要参考过去几年的增长率，并按实际情况酌情调整。比如，一些银行自身有经营策略上的调整，近期增加人员或科技的投入，那么业务及管理费用中的某些明细项增长率会有所提升。完成业务及管理费用预测后，成本收入比等指标便可自动计算出来，并呈现在财务模型中。此刻我们也已经得到了拨备前利润的预测值。

4. 资产减值损失

资产减值损失是银行利润表中非常重要的支出，但由于银行管理层在计提资产减值损失时有一定的调节空间，带有一定的主观性，这也导致资产减值损失成为一项可预测性不强的指标。银行需要为各种有风险的资产计提资产减值损失，其中最重要的自然是贷款。理论上，管理层会先统计各项资产的风险水平，审慎完成五级分类，再结合其他前瞻性信息，根据资产质量计提资产减值损失（具体计提方法参见 5.1 节）。如果基于此思路，那么在预测资产减值损失时，应该先尽可能预判银行的不良贷款生成情况，然后按需要计提资产减值损失。这部分的预测一般分为三步。

（1）预测不良生成率：预判资产质量情况，尤其是贷款的不良贷款率等，需要先预测不良生成率。预测的思路和预测前面其他指标类似，也是在参考过往经验的基础上，结合新的信息，综合预测不良生成率（新生成不良贷款 / 贷款总额），再纳入核销、处置等情况，预测年末的不良贷款率。具体来说，就是综合过去几年的不良生成率经验、迁徙率（五级分类中上一级贷款迁徙到下一级的比率）和当下的实际情况，预测本期的不良生成率。在经济形势类似的年份，一家银行的不良生成率、迁徙率基本上是稳定的。当遇到经济下行时，如果银行内外部的其他情况不变，那么不良生成率自然会提高，而且这一提高的过程会比经济下行发生得略迟一些。但是，其他某些情况会变，比如我国银行业经历了 2011~2015 年的不良资产周期后，很多银行的贷款投向变得保守，改为投放相对安全的借款人，这可能导致在同样的经济下行背景下，不良生成率不会高至上一轮不良资产周期中的水平。我们需要在综合这些内外部情况后，再合理预测不良生成率。

（2）预测不良贷款率和不良贷款余额：有了不良生成率之后，还要考虑银行核销、处置不良贷款的金额，最后得到年末的不良贷款率和不良贷款余额。这一步也会结合历史经验和新情况。除参考历史经验外，还得考虑银行自身的经营情况，即如果银行当期拨备前利润较为可观，那么它便可加大核销、处置力度，因为核销、处置会消耗拨备余额，而需要银行计提更多拨备以便让拨备余额回到正常水平（比如以拨贷比来衡量）。因此，当银行拨备前利润较为可观时，它可以提供更多的财务资源用于核销、处置。当然，这一步还涉及银行管理层的主观决策，我们前文的预测只能用于判断拨备前利润是否可观，至于是不是需要拿更多财务资源来核销、处置，则还需要了解管理层意图。

（3）预测拨备余额和计提额：最后按需要计提资产减值损失。这里所谓的"按需要"，一般是从年末的不良贷款余额、贷款余额出发，并假设管理层希望维持的一个拨备覆盖率、拨贷比水平（即目标拨备覆盖率、目标拨贷比），从而倒算出来年末应该有多少拨备余额。然后，再将年末的拨备余额，减去年初的余额，再加上一年中核销、处置消耗的拨备余额，便得到了全年计提的拨备。这里目标拨备覆盖率、目标拨贷比的设定要考虑一系列因素，除了监管标准是最起码的要求，银行管理层还会考虑其他因素，比如过去一个重要的因素便是用计提拨备的方式来调节最后的净利润，以丰补歉，在盈利较好的时候多计提，在盈利不佳的时候少计提，从而让每年盈利更显平稳。因此，这一步基本上没有科学的量化方法，只能是综合多方面因素来决定的。

以下仍然以一个虚构的例子来描述计提资产减值损失的预测。假设上一年年末，银行贷款是100元，其中不良贷款是1元（不良贷款率1%），拨备余额是2元，因此，拨贷比2%、拨备覆盖率200%。今年贷款投放计划是 20 元，因此年末的贷款总额（核销前）是 120 元。

现在要预测本年的拨备计提，那么先预测不良生成率。去年不良生成率是 0.5%，综合各方面情况来看，预计今年情况略差于去年，不良生成率预计是 0.65%，那么全年生成的不良贷款是 0.65 元，年末不良贷款是 1.65 元（核销前），不良率约是 1.38%（即 1.65/120，也是核销前的）。由于今年拨备前利润较丰厚，银行管理层决定核销不良资产 0.5 元（同步消耗拨备余额 0.5 元），那么今年年末的贷款余额、不良贷款余额、拨备余额分别为 119.5 元、1.15 元、1.5 元。同时，管理层希望年末的拨备覆盖率保持在 200%，跟上一年年末一样，那么年末需要的拨备余额即为 2.3 元（200%×1.15 元），则当年需要新计提 0.8 元的拨备。这个 0.8 元便是体现在当年利润表中的资产减值损失。以上预测过程请见表 5-35。

表 5-35 一家虚构银行的资产减值损失的预测　　（单位：元）

	去年或去年年末	今年或今年年末		
		确认不良，未核销	核销之后	新计提拨备后
贷款余额	100.00	120.00	119.50	119.50
不良余额	1.00	1.65	1.15	1.15
拨备余额	2.00	2.00	1.50	2.30
不良率	1.00%	1.38%	0.96%	0.96%
不良生成率	0.50%	0.65%	—	—
拨贷比	2.00%	—	—	1.92%
拨备覆盖率	200.00%	—	—	200.00%
核销	—	—	0.50	—
计提	—	—	—	0.80

可见，在上面整个过程中，需要预测贷款增长、不良生成率两个指标，同时，还需要给出不良贷款核销、目标拨备覆盖率两个指标。由于后两个指标在很大程度上是由银行管理层主观决定的指标，因此它们不属于严格意义上的"预测"，更像是"假设"。然后再计算出表中涉及的其他指标，最后就能得到当年需要计提的资产减值损失，填入利润表中。当然，前两

个看似可预测的指标，在一定程度上也能由管理层控制（虽然不能完全控制），比如管理层决定今年投放多少贷款（但一般来说管理层是能多放就多放的），或者管理层决定今年确认多少不良贷款（不良贷款认定的严格程度是有一定的调节空间的，请见 5.1 节）。所以，简单地讲，银行管理层能够在一定程度上控制或影响不良生成率、不良贷款核销、拨备覆盖率等指标，最终来确定当年需要计提的资产减值损失。在上述财务模型中，设定的算法是以不良贷款核销、目标拨备覆盖率等倒推出需要计提的资产减值损失，但这只是编制模型的需要，其实银行在真正编制会计报表时采用的未必是这样的算法，而是将这几个指标综合考虑，不断调试出一个合意的结果。因此，资产减值损失的预测需要充分了解管理层意图，管理层会在定期报告的管理层讨论、公开会议、媒体采访等不同场合阐述他们的意图，对此需要随时关注。

5. 迭代计算完成模型

完成对上述利息净收入、非息收入、业务及管理费用、资产减值损失等几项重要科目的预测后，再加上营业外收支、实际所得税率等其他指标，便可得到完整的利润表。

得到利润表后，还有一步工作，就是将最后得到的净利润，输入到预测资产负债表的股东权益相应科目中。一般会单独安排一张表格，用来清晰地展示净利润形成后的分配：依次计提资本公积、盈余公积、一般风险准备、分红（今年分配的其实是上一年的分红）等，最后的未分配利润也输入到资产负债表中。因此，最后形成的模型，是利润表的输出（净利润）成为资产负债表的输入（几个股东权益科目），资产负债表的输出（包括股东权益在内的各项资产、负债、股东权益）成为利润表的输入（以计算利息收入、利息支出、资产减值损失）。两张表共同构成同一个方程，且该方程是有解的，一般可以使用 EXCEL 等电子表格软件自动完成迭代计算，得到最终的结果（见图 5-13）。

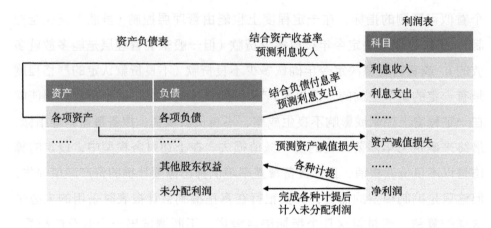

图 5-13 资产负债表与利润表迭代计算完成预测

5.4.4 其他指标

用财务模型完成资产负债表、利润表的预测后,基于银行业的特殊性,我们还需要用模型完成一些其他指标的计算,这些指标主要是一些不直接体现在会计报表中的监管指标。然后,我们还会在模型中专门用一些区域呈现一些财务比率,用来评判银行经营的情况。

1. 监管指标

有了上述资产负债表、利润表和其他数据后,模型能够自动完成对部分重要监管指标的测算,比如在银行监管中居于较为核心地位的资本充足率。在完成对资产负债表各科目的预测后,大致能够得到资本充足率。其中,分子包含三档资本,核心一级资本就是普通股,其他一级资本包括永续债、优先股,此外还有二级资本,这些数据大部分可以直接取自资产负债表。然后还要算上一些扣减项才能得到资本净额,该项可直接按经验来估计,即参考过去三档资本净额占所取科目值的比例。分母是风险加权资产,这一项比较难以精确估计,粗略的方法是直接参考"风险加权资产/总资产"的历史经验值,相对精确的方法是尽可能把各类资产按其风险权重进行测算。但后一种方法也不是特别准确，因为现在各类资产的权重分类非常细致，光凭资产负债表的科目其实无法做到非常精确。基于这些方法，可以大致得到未来预测期的资本充足率。

其他监管指标的估测也是同理。但可惜有其他一些重要的监管指标，无法基于资产负债表、利润表这些会计报表来测算，因为测算它们需要用到一些更细致的数据，比如 LCR 等。

2. 其他财务比率

基于未来预测的资产负债表、利润表和其他数据，我们可以沿用本章前三节的财务分析方法。首先是基于预测的会计报表可以得到未来的资产负债结构、营业收入结构、净利率收益率、净利差、成本收入比等银行业常用的财务分析指标，来分析银行经营情况。其次，我们同样可以求得未来预测期的 ROE、ROA、净利润增长率等代表盈利能力、成长能力的指标。最后，我们继续沿用本章 5.2 节、5.3 节的分解方法，将未来的 ROE、净利润增长率等指标进行分解，以便考察银行盈利能力、成长能力的各因素贡献和变化趋势。具体方法便不在此赘述了。

5.5 估值分析[⊖]

在完成银行历史财务情况的分析，并紧接着对银行未来的经营业绩进行预测之后，我们便可以对银行的股票价值进行评估。这里会用到股票估值的一般方法，最常用的包括绝对估值法和相对估值法（此外还有成本法、期权定价法等，日常工作中不太常用），同时又需要结合银行业自身的特殊情况，选取一个合适的方法。然而现实中并不存在完美的方法，需要对要多个估值方法的结果进行斟酌采用。最后，我们还会讨论常年困扰银行股的一个问题：银行股的低估值之谜，即银行股拥有着超越很多行业的盈利

⊖ 姜建清. 中国银行业估值方法新论 [M]. 北京：中国金融出版社，2013.

表现，却在全球股市中长期处于很低的估值水平。

5.5.1 绝对估值法

投资者参与投资，是为了获取投资标的未来的回报，未来现金流折现（discounted cashflow，DCF）模式是目前最为主流的估值方法之一。折现的思想内涵，便是未来的1元价值等于现在的多少元，即未来价值的现值。绝对估值法便是建立在现值的概念上，是将未来每一期的现金流按一定的折现率进行折现，得到现值，然后将这些现值加总，以便于衡量股票当下的价值。

$$V = \sum \frac{\text{CF}_t}{(1+r)^t}$$

其中，V为股票价值，CF_t是未来第t期的现金流，r是折现率。

这一方法最早可追溯至20世纪初欧文·费雪尔（Irving Fisher）在其专著《资本和收入的性质》（*The Nature of Capital and Income*）、《利息率：本质、决定及其与经济现象的关系》（*The Rate of Interest: Its Nature, Determination and Relation to Economic Phenomena*）中形成的资本价值评估框架，而后又被后人的经济研究成果不断发展，形成了目前成熟的绝对估值思想。具体的绝对估值法包括很多种，主要是由于对一个投资标的（比如一家银行）的未来价值的具体度量指标不同，也就是对"未来现金流"的定义不同，但其背后的原理是相同的。

1. 股息折现模型（DDM）

1937年，威廉姆斯（John Burr Williams）在其博士毕业论文《投资价值理论》（*The Theory of Investment Value*）中提出，投资者投资股票是为了获得未来的股息，股息是股票产生的唯一现金流，因此可以用股息现值代表股票价值。这一假设对于大部分不对公司经营施以控制、影响的投资者，是基本成立的。如果投资者将来要卖出股票并获利了解，那么可以收到一笔终值现金流，即卖出的金额，这笔终值可视为此后的全部股息的现值，因此，股票价值是全部永续的股息的现值。股息折现模型在逻辑上较为直观、简洁，因此截至目前都还是非常常用的绝对估值方法。而且，对于股票市场上的大部分投资银行股的中小投资者而言，他们确实是不会对银行经营产生影响的，因此符合这一估值方法的假设前提。

但这一方法的一大缺陷是需要对未来股息进行预测，包括对永续经营阶段的股息进行预测，而这是基本不可能的，越是远期的预测越不准确，预期到 5 年甚至 10 年之后基本靠"拍脑袋"。可偏偏在使用股息折现模型时，在得到的最终估值中，未来阶段的价值占比非常高，对最终估值影响很大。换言之，最不靠谱的部分对最终估值占比较大，而相对靠谱的部分（即未来最近几年的预期）占比则较小，这便使得股息折现模型整体可靠性受到质疑。

在实践中，为了对未来股息进行合理预测，需要将未来的年份分成几个阶段，分别预测这些年份中的股息。常用的有两阶段法和三阶段法。以下介绍三阶段法。三阶段法是将银行的整个未来划分为三个阶段：准确相对预测的第一阶段（一般选 3～5 年）、增长率下行的第二阶段（增长率逐年下行）、永续增长的第三阶段（一般假设一个很低的甚至为 0 的增长率）。其中，第一阶段的数据来自上一节介绍的，在给银行建模时完成的对未来几年业绩的预测，因此是相对可靠的。第二阶段其实是第一阶段、第三阶段之间的衔接，刚好使第一阶段的增长率逐年下滑，直到达到第三阶段的增长率（可能是 0）。当然，也有做法是让第二阶段的增长率维持在一个中等水平，而不是逐年下滑。但如果近几年的银行业绩增长率已经不高，可能在第一阶段结束时增长率就已经很低了，甚至接近 0 了，那么可以直接省略第二阶段，进入第三阶段，即永续阶段，这样就是两阶段法。

对第二阶段、第三阶段的股息预测方法则一般做简化处理，不再像上一节那样完整预测全部报表和财务指标。第二阶段一般可简单使用资产规模、净息差、非息收入占比、成本收入比、资产减值损失、所得税率等几个关键指标，大致预测净利润并得到 ROE。甚至可进一步简化，直接预测 ROA 和权益乘数，得到 ROE，乃至直接预测 ROE。再套用戈登公式估算股息，即基于预测的 ROE 和分红率（分红比例）算出股息，将利润留存的部分用于积累资本，形成次年年初的资本总额，接着继续用次年的假设 ROE 和分红率算股息，这样便得到次年的股息增长率。第三阶段也是如此，但到了第三阶段一般就假设 ROE 不变了，保持在一个相对稳定的水平，分红率也保持不变，于是便可得到稳定的股息增长率。

$$g = \text{ROE}(1 - d)$$

其中，g 为股息增长率，d 为分红率。

分红率的设定要大致查看资本充足情况，只要资本足够，那么一般也可假设分红率保持不变。但是，我们习惯假设未来分红率将有所提升，因为一般来说，我们倾向于认为未来我国银行业总资产规模增长率会下降，资本压力减轻，利润留存资本的需要也是下降的，因此分红率可逐年提升。

当然，第三阶段甚至可以进一步简化，直接假设出这一阶段股息的永续增长率，比如 3% 或 0。

最后，把完成预测的股息折现、加总，就得到了银行的股票价值。我们以一个虚构的例子来展示。现在要为表 5-36 中的这家银行估值，评估其 2023 年年末的价值（设 2023 年年末净资产为 100 元）。该股息折现模型分三个阶段：第一阶段是 2024~2026 年，另有完整的财务模型预测了这三年的净利润，并假设分红率为 30%，得到这三年的股息，并得到这三年的年底净资产；第二阶段是 2027~2032 年，我们简单预测这几年的 ROE 逐年下降，如表 5-36 所示（为简化计算，本表的 ROE 计算公式的分母用的是上一年年末的净资产，而不是平时常用的全年平均净资产），并假设这几年分红率逐年上升（因为资产规模增长率下降，对资本的消耗减少），从而求得每年的股息；第三阶段，是简单假设从 2033 年开始，股息增长率就永远保持在 2023 年的 2.7% 的水平。

表 5-36 一家虚构银行的三阶段股息折现模型

(单位：元)

	第一阶段				第二阶段				第三阶段 永续阶段
年份	2024	2025	2026	2027	2028	2029	2030	2031	2032	2033
净资产	114.00	131.50	151.10	172.30	194.00	212.90	229.50	244.00	256.20	……
净利润	20.00	25.00	28.00	30.20	31.00	29.10	27.70	26.40	24.40	
ROE	20.00%	21.93%	21.29%	20.00%	18.00%	15.00%	13.00%	12.00%	10.00%	
分红率	30.00%	30.00%	30.00%	30.00%	30.00%	35.00%	40.00%	45.00%	50.00%	
股息	6.00	7.50	8.40	9.10	9.30	10.20	11.10	11.90	12.20	
股息增长率		25.00%	12.00%	7.90%	2.60%	9.50%	8.70%	7.30%	2.70%	2.70%

接下来，需要将从2024年开始的未来所有年份的股息折现到2023年年底，这里就会用到折现率。我们先简单使用10%的折现率，那么得到2023年年底的银行价值为125元。由于2023年年底净资产是100元，所以对应PB是1.25倍。而如果我们把三个阶段各自的股息折现加总，则分别是18元、34元、73元，分别约占总估值125元的14%、27%、58%。可见，越是靠后的阶段，越是不可靠的，在估值结果中的占比反而越高，这也是股息折现模型的缺陷之一。

最后就是对折现率的讨论。这一折现率的全称是股本折现率或股本成本（cost of equity，COE），它在理论上应该包括股东所要求的无风险收益率和风险溢价，无风险收益率是投资者所投资金的机会成本，而风险溢价是指投资者为这笔投资承担风险而想要获得的补偿或回报，两者之和代表着投资者在这笔投资上总共需要的收益率。确定股本折现率的最常用方法是资本资产定价模型（capital asset pricing model，CAPM），是由美国学者夏普（William Sharpe）、林特尔（John Lintner）、特里诺（Jack Treynor）和莫辛（Jan Mossin）等人于1964年在资产组合理论和资本市场理论的基础上发展起来的。其基本公式为

$$r_i = r_f + \beta_i(r_m - r_f)$$

其中，r_i代表股票i的股本折现率，r_f代表无风险收益率，r_m代表市场的预期收益率，$r_m - r_f$是市场风险溢价（即整个市场股票组合的收益率超过无风险收益率的部分，它代表着投资者如果投资于整个市场的股票组合，就承担了相应的风险，因而需要获得的补偿）。β_i代表股票i的系统性风险，可以理解为股票i的风险溢价与市场风险溢价的系数，即每单位市场风险溢价，将会对应多少单位的个股风险溢价，因为

$$\beta_i = \frac{r_i - r_f}{r_m - r_f}$$

关于CAPM的进一步讨论可参阅公司财务的有关文献，本书不再展开。

对于用 CAPM 确定股本折现率，在实际工作中，不同投资者、分析师会考察各种因素，综合确定这些指标的取数。比如，在经典文献中，无风险收益率一般使用长期国债收益率，但这一做法在国内也有争议，因为对于国内大部分投资者来说，国债并不是一种非常主流的投资品种，因此也很难将其视为机会成本。β_i 则一般使用该股票自己的历史经验值，从经验值上看，大部分大型银行的 β_i 在 0.5 左右，非常低，一些中小银行可能在 1.0 上下。据此，便可大致估计出折现率的水平，将其用于估值。

2. 股权自由现金流折现模型

股权自由现金流折现模型在原理上与股息折现模型相似，只需要将所折现的现金流改为股权自由现金流。股权自由现金流（free cash flow to equity，FCFE）是指净利润（一般会加回折旧等非现金支出）中扣除了必要的现金支出之后，剩下的可以用来分配给股东（但未必分配给股东）的现金流。所谓必要的现金支出包括偿还债务、资本开支、增加运营资本等。因此，股权自由现金流的公式为

$$FCFE = NI + D - CE - \Delta WC + \Delta Db$$

其中，NI 是净利润，D 是折旧等非现金支出，CE 是资本开支，ΔWC 是新增的运营资本，ΔDb 是新增债务。

完成 FCFE 的计算后，后续估值计算过程和 DDM 一样，也是将银行未来的 FCFE 折现，折现率用的也是股本折现率，因此不再赘述。

由于银行业本身的特殊性，在计算银行的 FCFE 时，存在一些难点。首先，银行负债有其特殊性，并不全是常规意义上的"债务"，所以要先区别哪些负债属于 FCFE 计算公式中的债务，哪些不属于。比如，以结算存款为代表的被动负债，虽然也是负债科目，但由于成本低廉，并且代表着银行对客户的服务，因此本身就是创造价值的，不应该被视为常规意义的债务。而有些同业存单、发行债券等主动负债品种，则可以视为债务。其次，银行重要的资本开支是将利润留存资本，一般可以将监管规定的资本

充足率所需的资本补充视为必要的资本开支，但在经济向好的时候，银行业务机会很多，有些银行恨不得将所有利润全留作资本，以便获取更多业务机会。这时，FCFE 可以视为零，但这显然就陷入了"赚取利润，是为了未来赚更多利润"的死循环中，难以界定真正的必要资本开支。另外，银行的运营资本也很难界定。因此，FCFE 折现模型在银行估值上不是特别常用。

与真实发放的股息相比，股权自由现金流是可供发放股息的剩余现金流，所以一般金额更大。两种方法哪种更为合理，取决于估值结果是为谁服务的，即"为谁估值"。前文提及，获取股息的人更多是中小投资者、财务投资者，即不参与银行经营，对银行经营也没有任何影响力，因此他们只能被动接受股息。而对于战略投资者，或者是对银行经营有一定影响力的投资者，可以认为股权自由现金流全是他的收益。因此，如果为有控制权、有影响力的持股部分估值，就可以使用自由现金流折现，否则就用股息折现，两者之差可以视为所谓的"控制权溢价"，即投资者投资于这个标的并获得了一定的控制权，为此要多付出的资本。

3. EVA 折现模型

上述股息折现模型、股权自由现金流折现模型有一个共同的缺陷，就是对于时间更远的阶段，其现值占最终估值的比例越高，阶段越远，估值其实是越不可靠的，因此这会影响整体估值结果的可靠性。为此，以 EVA 折现模型为代表的新估值思路开始得到应用。其思路是，银行估值是当前权益的真实价值与未来每年创造的经济增加值（EVA）的现值之和。

EVA 指的是在净利润的基础上，进一步扣除资本的成本。因为净利润统计的是股东所得，是会计概念。但是，股东投入这些资本是有机会成本的，如果不投资于这里，可以投资于别的地方以获得一定的收益，这便是机会成本。因此，该公司为股东真正创造的价值，应该是净利润扣除资本成本之后的剩余部分，否则就是毁灭价值。因此：

EVA= 净利润 − 资本成本 = 净利润 − 投入资本 × 资本成本率

EVA 折现模型直观地体现了银行为股东创造价值的过程，即股东先投入一定的资本，经过一段时间经营后，这部分可能有增有减，于是形成了当前权益的真实价值。然后，未来还会每年创造净利润，净利润在扣除资本成本后，就是真正为股东创造的价值（EVA）。于是，未来 EVA 的现值加上当前权益的真实价值，就是银行总的价值。EVA 折现模型克服了股息折现模型、股权自由现金流折现模型中越远的现值占比越高的缺陷，估值结果更加稳定。

但 EVA 折现模型的难点是如何确定当前权益和未来利润的"真实价值"。一般来说，我们在使用 EVA 折现模型时，会把账面股东权益、每年净利润进行调整，剔除会计上主观计提拨备的影响，还原真实的资产质量。比如，如果拨备明显是多提的，那么应该还原回去，如果是少提的，那么应该补提，从而得到更加真实的股东权益、净利润。一种可行的做法是设定一个所谓合理的拨备覆盖率，比如 100%（假设全部不良资产均要计提拨备）或 70%（假设不良贷款最终损失率在 70% 左右，因此要计提 70% 的拨备），而其余额外计提的拨备便给予还原（调整账面权益时对余额的拨备覆盖率这样调整，在调整净利润时，则对当年新发生的不良贷款这样计提拨备）。但这显然也不是特别可靠，因为银行资产的真实质量一直是一个令人头疼的问题。正如 5.1 节中所提到的，银行的不良贷款确认有一定的主观性，因此很难说确认到多严格的程度才是真实的。EVA 折现模型可能仅适用于一些资产质量比较容易把握的银行股，对于一些资产质量不够清晰的银行可能并不适用。

4. 绝对估值法的倒算用法

综上三种方法，可见绝对估值法当中并没有特别完美的方法。而且，绝对估值法还有一些共同缺陷，就是对多项假设的依赖。比如，在设定折现率时用到 CAPM，在预测未来的现金流时则会用到更多的假设，包括对银行未来经营情况的种种假设，几乎可以确定这是不可能可靠的。同时，估值结果又对一些假设变量非常敏感，假设值稍微调整一点点，估值结果便差异巨大。这也导致绝对估值法受到一些质疑，给人感觉是随便调整一些假设，便可以得到想要的估值结果。为此，我们一般会在完成估值的同时给出一张敏感性分析表，以便显示，给出折现率、ROE 或其他指标的变动范围，以及查看最终的估值结果的波动范围。

对于绝对估值法对假设过于敏感这一问题，还有一个处理方法，就是倒算用法。参考相对估值法中"市场先生[⊖]是对的"这一思想，假设目前市场的市价是合理的，那么我们就在绝对估值法的模型中调整假设变量，在合理的范围内进行调整，直至得出与现在市价相近的估值结果。那么，此时输入的假设值（比如 ROE、折现率等），便是市场先生目前所认可的取值，我们暂且接受市场先生是对的，那么这些取值也是大致合理的。这便是从市价倒算出来的假设变量的取值，也称为基于市价的隐含值、市场的预期值。这时候，一般可以做两项工作。

一是当银行的基本面数据发生新的变化时，那么我们就相应调整假设变量的取值，看看新的估值结果与现在市价差多少，这个差额就是新变化带给股价的影响，也就是估算新变化的"边际影响"。比如，新的调查研究发现银行净息差会回落 5bp，这会导致今年净利润、股息等指标下降一定幅度，那么将其代入模型，观察这会导致股价回落多少，这便是净息差回落造成的边际影响。

二是观察市场先生对假设变量的取值，看看有无明显不合理之处。如果需要把模型中的净利润或折现率调整到非常离谱的水平才能得到市价，那么说明市场先生对某些指标的预期是非常极端的。比如，近几年很多银行股估值非常低，调试模型时，需要把折现率调到非常高，或者把净利润调到非常低，才能得到市价。而净利润取值非常低，这其实意味着，市场

⊖ 本杰明·格雷厄姆编著的"市场先生"的寓言故事，对几代人的投资行为产生了深远的影响。

先生认为银行未来的盈利能力将大幅下滑，可能的原因包括净息差大幅下滑或不良贷款大幅暴露。我们继续按这种倒算的思路，在银行的财务预测模型中，看看不良贷款暴露到什么水平，才能使净利润低至市场先生的取值水平，这个不良率可以称为市价的隐含不良率。最后，再评估这个隐含不良率究竟是否合理。如果该隐含不良率明显高过常识水平，则说明有可能是市场先生错了。

5.5.2 相对估值法

相对估值法的思维比较直观，就是在假设市场有效的前提下，认为市场赋予同类股票的估值水平是相对合理的，因此是具有较大的参考价值的（假设"市场先生是对的"）。因此，在给标的公司估值时，可参考同类公司。如果市场整体出现非理性估值甚至"犯错"，那么相对估值法也只能得出一个错误的估值，这是相对估值法的天然缺陷。

1. 估值乘数的选择

相对估值法中的估值水平一般用"估值乘数"来表示，即以股价为分子，以每股对应的某种指标为分母（或者以公司全部市值为分子，以全公司的某种指标为分母，两者结果是一致的），而分母选用的指标不同，会形成不同的估值乘数。其中，最常用的是市盈率 PE 或 P/E，即以每股收益为分母，其中，每股利益＝净利润/发行在外的普通股股数。这背后的思路非常直观：投资者看重的是公司净利润，因此为每单位净利润赋予一个价格，就是市盈率（PE 或 P/E）。但是，公司所处的行业多种多样，行业的具体情况也是五花八门的，很多特殊的行业盈利非常不稳定，各期净利润会大幅波动，但公司还是那个公司，并不能认为其价值也是随时波动的。因此，对于这样的公司，PE 的波动会变得很大，于是 PE 也就失去了良好的参考价值。这样的行业很多，一些商业模式或盈利尚不稳定的新兴产业，或者包括银行业在内的周期波动明显的周期性行业，都有这个特点。对此，一般观点认为，对于这类行业的公司，用 PE 估值是不合适的。

对于盈利不稳定的行业或公司，一般选取某一种对其商业模式最为关键的（是其盈利来源的核心驱动因素）、相对稳定的变量作为估值乘数的分母。比如，资产管理公司，通过自己所管理的资产收管理费，那么所管理的资产规模是其核心驱动因素，因此按"市值/管理资产规模"（P/AUM）来设计估值乘数；有些互联网企业，盈利还不稳定，但有效用户数或每月活跃用户数是其核心驱动因素，那么可以按"市值/月活数"（P/MUA）来设计估值乘数。诸如此类。回到银行业，我国银行业还是偏传统的，基本上还是依靠一定量的资本支撑一定量的资产，然后从资产中获利，因此资本其实是其核心驱动因素，那么用"市值/净资产"（PB、P/B，即市净率）来设计估值乘数。因此，在使用相对估值法时，PB 是银行股常用的估值乘数。

与 PE 相比，PB 有一些明显的优点。首先，银行是典型的盈利不稳定行业，盈利情况随经济周期波动，某些年份集中暴露风险，或者管理层出于审慎的目的，在某些年份大量计提拨备，这便会导致净利润波动，当然净资产也同样会受此影响而波动，但受影响的程度远远小于净利润，因此显得更加稳定，PB 也就更加稳定。其次，银行业的净资产相对比较真实，因为银行的资产、负债基本上全是金融资产、金融负债（我国银行业固定资产、无形资产占比极低），大多按公允价值入账或者已经充分计提拨备，不太会出现其他行业那样的情况，即固定资产、无形资产的账面价值远高于真实价值而造成虚增资产。而且，受资本充足率监管约束，银行一般是留足了资本之后才分红，所以也可基本保障净资产是充足的。因此，使用相对估值法为银行股估值时，PB 相对比较理想。实际应用也比较简单，一般选取同类银行的平均 PB 水平作为参考，比如国有大行、全国性股份行、城商行、农商行等分类。如果标的银行有一些特殊性，比如有独特的优势或劣势，则可以在行业参考 PB 水平的基础上适当调增或调减。

2. PB 与绝对估值法的关系

PB 是银行相对估值法中常用的估值乘数，它一般用于相互比较，即用于比较谁高谁低，但很难给出结论说什么样的 PB 水平是合理的。如果非要解释什么样的 PB 是合理的，那么我们就需要将其与绝对估值法结合。我们从一个简单的绝对估值法模型出发，即戈登增长模型，它其实是股息折现模型的一个特殊情况，即公司未来的 ROE、分红率（d）均永续不变的情况（非常类似上述股息折现模型中的第三阶段）。假设要评估第 0 年年末的估值，而预计下一年股息为 D_1，未来股息年增长率稳定在 g，折现率为 r，那么股票价值（P）为

$$P = \frac{D_1}{r-g}$$

再将股息分解为净利润乘以分红率，净利润又分解为 ROE 乘以第 0 年年末的每股净资产（PBS_0）。那么股票价值变为

$$P = \frac{PBS_0 \cdot ROE \cdot d}{r-g}$$

上式再除以 PBS_0，于是得到 PB 为

$$PB = \frac{ROE \cdot d}{r-g}$$

然后再来分解 g。分红率不变的情况下，股息的增长率同步于净利润增长率。而在不考虑资本补充并且 ROE 保持不变的情况下，净利润的增长又来自上一年净利润的留存，即

$$g = ROE(1-d)$$

将上式代入 PB 公式，得到

$$PB = \frac{ROE \cdot d}{r - ROE + ROE \cdot d}$$

该公式便是从绝对估值法推导出来的 PB 公式。当然，这是基于戈登增长模型的推导，如果公司不满足戈登增长模型的条件，那么公式就不是这样。从该公式出发，我们能得到一些有助于理解 PB 的结论。

其一，在其他条件相同时，ROE 越高，PB 越高。也就是说，盈利能力越强，估值就越高，这很容易理解。

其二，在其他条件相同时，当 r 高过 ROE 时，PB 就会小于 1 倍，也就是公司给股东带来的回报率不及折现率时，就会破净。而且，此时折现率越高，PB 越低。当 r 等于 ROE 时，PB 就是 1 倍。

其三，当 PB > 1 时，分红率越低（成长空间越大）估值越高，而当 PB < 1 时，提高分红率则有助于提升估值。也就是说，将 PB 纳入考虑之后，情况是不满足著名的 MM 定理[一]的。这一结论可以简单理解为：当 PB > 1 时，净资产包含未分配利润，这部分作为股票的一部分投放到市场上交易时，按大于 1 倍的价格成交，而如果分配给投资者，投资者只能拿到 1 倍的价格（先不考虑股息所得税），显然，不分红才是划算的；当 PB < 1 时则刚好相反，未分配利润在市场上折价交易，如果分配给投资者，则可拿到 1 倍价格。

有了这一公式，我们便可得到一个大致合理的 PB，即将银行未来的 ROE、分红率、折现率代入上述公式，能够求得一个 PB 水平，我们将其视为银行的合理 PB。如果该银行股的实际交易价格严重高于或低于此 PB 水平，那么说明估值不合理。

从上文对不同估值方法的介绍可见，它们各有优劣势，其实并不存在一个绝对完美的估值方法，能够非常准确地评估出银行价值。在实际工作中，一般会尝试多种方法，看看各种估值结果，比较之后酌情选取一个合适的值。

5.5.3 低估值之谜

最后我们需要讨论的一个问题，便是全球银行股普遍处于低估值状态，

⊖ 莫迪利亚尼 – 米勒定理。

甚至比很多盈利能力不是很强的行业都低，这便是备受争议的银行股"低估值之谜"。如果直接套用上述绝对估值法，评估出来的银行价值就经常会明显超过市值，有时候超过的幅度甚至还挺大，可见要么是模型错了，要么是市场错了。

我们先回到前文的 PB 公式，即

$$PB = \frac{ROE \cdot d}{r - ROE + ROE \cdot d}$$

式中的 ROE、d 都是较为稳定的值，因此能够解释低估值的只能是折现率。我们倾向于相信，市场投资者给了银行股一个很高的折现率，才导致估值极低。此外，折现率又可分解为无风险收益率和风险溢价，无风险收益率显然不是导致折现率高的原因，那么原因只能是风险溢价过高。风险溢价是投资者因为投资该股票而承受了风险，因而要求的在收益率上的补偿，风险溢价很高，自然是代表投资者觉得自己的这笔投资风险很大，因而要求的收益率补偿也较大。可是，银行股有时候又因为收益较为稳定而被视为低风险品种。银行股的投资风险真的很大吗？

为了认清这一问题，需要全面、客观地认识银行这种商业模式的风险和特点。银行被投资者普遍视为高风险，一是因为其超高的财务杠杆水平，导致其经营风险被放大；二是其经营风险本身又是难以衡量的，其实是无法用公开信息来衡量的。我们接下来分别探讨这两个问题。

（1）超高的财务杠杆：银行的 ROE 水平在各行各业处于较高水平，但通过杜邦分解，我们很容易发现其实银行 ROA 在各行各业中却又处于较低水平。因此，银行是利用了很高的财务杠杆，达到了一个很高的权益乘数，从而实现了很高的 ROE。银行 ROA 非常微薄，其出色的 ROE 是加杠杆加出来的，属于用风险博取收益。财务杠杆放大了收益，当然也放大了风险，假设 ROA 是 1%，那么理论上当年新增不良资产损失超过 1%，便可让当年利润全部归零，如果损失超过 1%，那么就会亏损，而亏损也会被财务杠杆放大，ROE 形成很大的负数。因此，从这个角度而言，银行业确实是高风险行业，经营者需要如履薄冰。当然，财务杠杆本身并不制造风险，它只是放大了资产的风险或收益，在数据上体现为将 ROA 放大为 ROE。如果资产是非常安全的，并且还能创造非常好的收益，那么再通过杠杆放大收益，就不属于用杠杆博取收益，反倒变成了很好的生意。因此，有些银行控制风险的能力很强，经过风险调整后其资产依然能长期获得高收益，或者有很多低风险的收入来源（比如中间业务收入），那么这样的银行依然是能够享受较高估值水平的。

（2）难以精确衡量的风险：紧接着还有一个问题，就是上文提到财务杠杆放大了原来的风险，但原来的风险有多大呢？对于银行来说，这永远是一个黑箱，甚至银行的商业模式决定了它必然就是个黑箱。首先，从微观层面看，正如5.1节提到过的，不良贷款的认定是有一定的主观成分的，其严格程度有浮动空间，因此不存在绝对的"真实不良贷款率"。当然，如果认定标准严格，也可说明资产质量真实性水平提高，但外部投资者（甚至审计师）也不可能逐笔审核不良贷款认定的严格程度，所以这个所谓的严格程度只能是个抽象感知的指标。其次，在更深层次的商业逻辑上，股票在资本市场上市交易，众多投资者通过掌握的公开信息来为股票定价，但银行却天然是利用私有信息做生意的。银行在贷款业务上，通过掌握借款人的信息来进行风险定价。比如银行了解某家客户是优质的，而其他人不了解，那么银行便能赚取较好的放贷收入，如果人人都了解了该客户，那么其他银行也可参与放贷，甚至这个客户直接上市融资，放贷业务可能也就无利可图了。因此，银行的商业模式本身就是建立在私有信息之上的，是个黑箱，如果其全部信息已经被充分公开，那么银行也就失去相对优势了。既然如此，外界就很难评估其真实风险，因为这种不确定性，银行股便会在估值上体现折扣。

对于低估值的原因，还有一些其他解释，比如一些实施长期低利率甚至负利率的国家，银行业几乎无利可图，因此估值更低。在可预见的未来，银行业作为行业整体，可能会继续处于估值较低的区间，随着经济周期波动等外界因素，围绕一个较低的估值中枢波动。

对低估值现象，我们似乎也没有什么特别好的方法来纠正，部分银行会主动从事一些市值管理的工作，通过各种形式向股票投资者介绍本行最新经营情况，以及未来的发展战略和前景，包括组织投资者到本行或分支机构参观访问等，以便投资者进一步了解本行情况，提振投资信心。这些工作有时能够起到一定效果，使估值水平有所修复。

| 第 6 章 |

银行战略分析

战略分析并不是传统证券分析的重点内容,甚至在很多分析工作中直接被忽略了,这主要是因为我国银行业过去经历过较长的高速增长期,整个行业处于蓬勃发展的态势中,在增量时代,差异化经营并不紧迫,大部分银行的战略定位差异不明显。但随着大的经济、金融环境的变化,银行业也面临战略转型,战略问题成为摆在银行面前的现实问题。战略定位是否科学合理,会很大程度上决定未来银行的经营成效。因此,战略分析也成为银行分析中较为重要的内容。本章 6.1 节先介绍银行战略的基本内容,然后在 6.2 节结合银行业的发展转型背景来研究银行战略定位。

6.1 银行战略

银行和其他所有企业一样,也面临战略问题。一般来说,银行战略是指商业银行根据外部经营环境、自身禀赋优劣势等各种因素,选择合适的重点发展领域,形成自身的差异化优势和核心竞争力。而且,银行属于体量庞大的金融企业,即使是小型银行也是资产规模较大的企业,一旦战略选择确定,就无法做到"船小好掉头",纠错成本高,因此选择需要非常慎重。况且，稳定的客户关系对银行经营效果很重要，而扎实的客户基础需要花费一定的时间来积累，因此战略效果也是需要一段时间，甚至可能好几年之后才能体现，在效果未体现之前，需要经营管理层有一定的战略定力，坚定执行既定战略，频频调换方向反而会前功尽弃。因此战略选择是和企业价值高度相关的，战略选择得当、执行得当，则更有利于银行创造价值，而战略上出现失误，则会影响银行的价值创造，甚至会陷入"越努力越错"的困局。战略选择得当、失当的两种案例，在我国银行业都能找到。综上，战略分析理应成为银行分析中的重要部分。

6.1.1 银行战略的主要内容

银行战略概念内涵丰富，涵盖的范围可大可小，比如整体发展方向、客户拓展、市场营销、产品研发、人力资源、技术研发等，这些角度都可能有各自的战略问题，但在分析工作中银行战略一般主要指银行发展战略，更具体而言是战略定位或战略方向的选择，当然也必然会涉及其他战略。

一家银行的战略工作有一个通行的流程，大致包括：确定战略愿景、选择战略重点、制定实现路径，以及后期的推动、执行、检视等。当然，一些后期的推动、执行工作会被纳入"战术"层面，虽然不算严格意义的战略问题，但和战略是分不开的。战略是"做什么"的问题，战术是"怎么做"的问题，两者在逻辑上一脉相承，不可分割。按此流程来看，首先是确定战略愿景，我国银行业较为普遍的一个问题是，所制定的战略愿景较为宏大，比如国内大部分大型银行的战略愿景都类似"全球一流的商业银行集团"，可操作性不强。于是，第二步选择战略重点便成为更具可操作性的工作。

战略选择主要结合外部经营环境、内部自身条件两方面来确定。外部经营环境包括对银行经营有较大影响的宏观经济、区域经济、行业竞争格局等。比如，大型银行布局于全国，那么受全国宏观经济发展的影响比较大，有些银行甚至全球布局，会受到全球经济影响。一些地方法人银行则更多受区域经济的影响，包括城商行、农商行、村镇银行等，当地经济发展形势会对银行经营产生较大影响。每个地方的企业结构不一，有些地方民营经济活跃，民营企业、中小微企业多，而有些地方则是国有企业、大中型企业占比更大，有些地方甚至是外资企业很多，这都需要银行提供不同的金融服务。有些地方经济还会有行业或产业特色，比如一个地方有个别主打行业，当地银行会不可避免地更多服务这一行业及其上下游，从而也更容易受到该行业或产业景气度的影响。除经济外，当地的社会文化、居民生活习惯等也会对银行经营形成影响，比如有些地区居民加杠杆的倾向更高，且信用文化良好，则有利于它们拓展个人贷款业务。因此，银行（尤其是地方银行）首先需要仔细分析当地经济情况和社会、文化情况，审慎选择战略重点。由于地方银行长期扎根当地，对情况非常熟悉，因此分析本地情况时一般不难，但如果到一个新的地方开设分支机构，就需要进行经营环境分析。证券分析师如果想去评判一家地方银行的战略选择是否得当，自然也需要了解当地的经营环境。

　　内部自身条件则包括自身的一些资源禀赋或专业优势。一般来说，我国大型银行、地方银行由于网点优势，先天拥有较好的客户基础，由此带来不错的展业条件。大型银行网点遍布全国，在过去曾经是很多小城市仅有的银行网点，因此较早地掌握了大量的企业或个人客户。地方银行情况也较类似，其网点遍布本地的城乡，比如在一些农村地区，本地农商行（农信社）可能已经营几十年，长期是当地仅有的银行网点，为居民服务了三代人，客户基础扎实。而一些新开设的银行则不具备这样的先天条件，新近去开设大量的银行网点也已不现实，因此往往会发挥其他优势去参与竞争。比如，一些全国性股份制商业银行曾经的优势是制度，在其他大型银行、地方银行还未完成股份制改造前，股份行是国内仅有的真正意义上的商业银行，更加能够按照商业化规则开展业务，在业务创新和客户服务上更为积极。

　　还有些时候，银行并不是主动结合外部经营环境、内部自身条件两方面来"选择"战略,而是在当时的情况下,基于外部经营环境、内部自身条件,做出了唯一选择。比如,一些地区的企业结构几乎 90% 以上是中小微企业,大型企业很少,且已经是大型银行当地分行的客户,那么其他中小银行只能从事中小微企业业务,并发展出特定的业务模式。当然,这也是一种战略选择,是没有选择的选择,或者说是一种在市场竞争中自然演化而成的战略定位。

6.1.2 我国银行战略的历史形成

新中国的银行业经过几十年的发展,形成了相对稳固的市场格局,也形成了各自的战略定位。目前的格局是过去战略选择(包括没有选择的选择)的结果,自然也是未来进一步发展的战略起点,也是可依赖的资源禀赋。本书 2.2 节曾经介绍过我国银行业的演进,最后形成了目前 4607 家银行业机构的总体格局,不同类型的银行有各自的优劣势,也面临着不同的竞争压力,它们形成了几种较为典型的战略模式。

大行战略:我国目前有六家国有大型商业银行,它们最大的特点是分支机构遍布全国城乡,尤其是邮储银行拥有多达近 4 万家网点(含邮政集团的代理网点),深入到乡村,服务全国 6 亿以上个人客户。此外,农业银行有 2 万多家网点深入到县域,其他几家大型银行网点数量也非常多。这些银行在全国各地长期经营,与各地的客户长期合作,客户基础扎实,尤其是工商银行从人民银行分设时,继承了全部工商企业客户和个人客户,这使其拥有全国最强的对公客户基础,目前拥有全球企业客户数超过 800 万户、个人客户 6.6 亿户。这些网点和客户构成了国有大行的资源禀赋,也是其最大的优势,它们甚至可以做到"靠天吃饭"。然而,国有大行的劣势是,虽经多年市场化改革,但由于体量庞大,层级过多,组织管理难度较大,它们不得不采取很多偏标准化、层级化的管理方式,因此灵活性仍显不足,客户响应与服务、产品创新等方面难以和中小银行比拟,有时还要兼顾一些社会责任。在标准化、层级化的管理方式下,个人积极性有时难以调动。大部分国有大行没有明确的战略定位，即使有提过，在实践中也是各方业务齐头并进，不会在某一两个业务领域过度倾注资源，只能说有所倾斜，因此战略效果体现较慢。由于全国布局，因此国有大行在区域、行业的选择上，也能有所侧重，但同样不可能过度倾注于某些领域。因此，国有大行战略选择空间不算特别大，它们仅仅能按照自己的战略选择做一些倾斜，并且整体上受宏观经济影响较大。

股份行战略：全国性股份制商业银行是我国改革开放后的产物，1987年4月，交通银行按照股份制原则重新组建（目前归类为大型国有银行），随后其他股份行陆续设立。股份行从白纸开始设立，分支机构和客户基础均是从零开始积累，经历过一轮创业过程。股份行可在全国设立分支机构，但由于开办时间较晚，先是在一些大中城市设立了分支机构，近几年才慢慢将分支机构设立到三四线城市（比如一些较为发达的县域）。大部分股份行没有前身，基本上是从零开始慢慢积累客户（个别股份行有前身，比如深圳发展银行是在原信用社基础上组建的，能继承一点客户基础），并且起初在每个城市网点数量很少，即网点密度小，在互联网时代之前客户办理业务非常不便，客户的品牌认可度不高，因此客户基础较为薄弱。总之，和国有大行相比，股份行是一群在网点、客户等方面资源禀赋非常薄弱的银行，无法"靠天吃饭"，但它们恰恰建立了国有大行不具备的优势，即股份制的体制优势。在当时国有大行、信用社还未完成股份制改造前，股份行能够基本上按照股份制原则开展业务，使人才机制市场化，创新意识较强，敢于尝试一些金融创新，并引进、发明新的业务种类，以弥补自身资源禀赋不足。因此，很多股份行寻求差异化的战略定位，在一些领域形成了独特优势，比如招商银行的零售业务、兴业银行的同业业务、民生银行的民营企业业务等，或者拥有一些特色业务，比如信用卡、理财等。但随着国有大行、信用社陆续完成股份制改造，股份行的体制优势有所削弱。

城商行与农商行战略：农商行的前身是农村信用社，最早开办于中华人民共和国成立之初，历史悠久，网点遍布当地的城乡，长期积累了很多当地的居民或中小企业客户，因此在本地范围内，也有类似大行那样的网点、客户资源禀赋。城商行的前身是城市信用社，集中开办于改革开放之后，主要致力于服务各地城镇中的居民和中小企业，因此在网点、客户方面也有类似的积累。尤其在长三角、珠三角等县域经济、民营经济较为发达的地区，中小企业和个体工商户的活跃，使农信社、城信社也经历了一轮较好的发展，打下很好的客户基础。但是，农信社、城信社以及后来的农商行、城商行在人才、产品、管理等各方面能力较为薄弱，无法与大中型银行正面对抗，因此长期以来，它们中间的大部分也形成了差异化战略定位，专注于服务大中型银行无法有效覆盖的城乡中小企业、个体工商户、居民（尤其是农村居民）等群体，不以产品、技术见长，而是以服务见长，以下沉的网点深度触达目标客户，给予客户周到、便利的服务。此外，部分地方政府参股的国有城商行、农商行，还能够获得地方政府的一些支持，从事一些政府相关的金融业务。

我国其他类型的银行也有其各自的定位。比如，外资银行一般聚焦于服务其本国来华投资的外资企业，这种跟着自身企业"走出去"的做法是国际银行业的通行做法。再比如，村镇银行，则主要定位于服务各地的"三农"、中小微企业等群体。

6.1.3 银行战略的重要性

可见，我国银行业家数众多，但因历史原因，加上部分银行的自主选择，不同类型银行之间形成了有所差异的战略定位。市场的错位竞争，使不同类型的银行能够找到自己的一席之地，维持合理盈利，同样也使整个银行业避免陷入过度的恶性竞争，这对防范银行体系风险有积极意义。而相反的例子，则是一些国家或地区出现过银行业的同质化竞争，如果竞争过度，银行则会陷入恶性竞争，最终导致金融风险。较为典型的案例是我国台湾20世纪80～90年代出现过的一次恶性竞争风险。

1945年台湾光复后，政府接收了日本的银行业，再加上大陆迁台的银行业，银行业形成了大一统的公营银行体系。20 世纪 80 年代，台湾地区开始实施各种金融自由化政策，除利率市场化、汇率市场化等措施外，也开始放开银行业的准入。1989 年 7 月，台湾当局第二次修订银行有关规定，1990 年又颁布《商业银行设立标准》，开始允许设立民营银行。在后面的几年中，民营银行家数迅速增长（包括一些公营银行转为民营），数量从 1990 年的 11 家增长到 1999 年的 47 家，公营银行则仅剩 5 家。台湾地区经济总量、人口数量都较为有限，内部缺乏足够多样的经济结构分层，城镇化程度高，城乡差异小，支柱产业也就是电子工业等少数几个而已，因此众多银行很难形成差异化定位，就陷入了同质化竞争。刚好这段时间台湾当局又实施了利率市场化改革，银行业于是在贷款业务上进行了激烈的价格竞争，最后导致贷款利率一降再降，贷款投放标准也一降再降。以基准放款利率和一年期存款牌告利率之差为例，从 1988 年的 1.9%，迅速下降至 1993 年的 0.44%，利差极为微薄。同时由于放贷标准下降，资产质量也快速恶化。最终的结果，是台湾城市街头银行密布，行业最终的盈利能力却极为惨淡，1990～2001 年，台湾本地银行的 ROE 由高峰的 20.79% 降为 3.61%，ROA 则由 0.9% 降为 0.26%。对公业务的惨淡迫使银行业寻找新的业务机构，最后瞄准了个人信用卡和现金卡（类似大陆的消费贷）业务，但同样是因为同质化竞争，为了争夺客户，放贷标准降到了令人瞠目结舌的地步，一些没有稳定收入来源的人都能办理现金卡。这种对次级客群的过度信贷，最后酿成了 2005 年的"双卡危机"。而后，台湾地区银行业通过推行银行业兼并重组，加强业务监管，使银行业经营情况有所好转。

可见，银行战略并不是简单的仅限于自己一家银行的问题，整个国家或地区的银行业如果出现战略问题，那么最终可能酿成大祸。因此，对于单家银行而言，需要科学合理地进行战略选择，找到适合自身的差异化定位，以便在强者如林的现代银行业中找到生存方法。可以说，我国中小银行近几年在信用风险、公司治理风险方面进行整治之后，面临的下一课题可能就是战略风险，如果没能找到合理的差异化定位，而陷入跟其他大大小小的银行的同质化竞争，那么银行经营仍有可能会走入穷途末路。同时，对于整个国家或地区而言，金融政策当局要从整个金融体系、银行体系的视角去规划行业格局，建立健全多层次的银行体系，引导不同类型的银行寻得各自的差异化定位，避免全行业陷入恶性竞争而导致系统性金融风险。以我国为例，由于不同类型的银行有其自身的历史发展路径，天然形成了差异化定位，所以大体上没有出现全行业的恶性竞争，盈利情况也较稳定，但是近几年暴露出了一些局部问题。局部地区曾经出现过银行业恶性竞争，比如2011年之前的浙江省银行业，单一地区经济结构分层不明显，如果缺乏引导，银行业就易出现同质化竞争，并形成区域性银行风险。再比如，某些类别的银行因战略定位不当或战略执行不当，而出现经营风险，较为典型的是村镇银行问题。我国在各地城乡开设有约1700家村镇银行，原本定位于服务当地的"三农"、中小微企业等群体，但由于大部分村镇银行由大中型银行出资设立，而这些大中型银行自身并不掌握服务"三农"、中小微企业的技术，因此也没能让其下设的村镇银行从事这一工作，最后大部分村镇银行战略定位混乱（或虽有定位但无力执行），经营效果不佳。而少数村镇银行由掌握"三农"、小微服务技术的银行来开设，继承了母行技术，经营成效就非常好。因此，这些行业中的局部战略问题也需要引起重视，尽快得到妥善解决。

6.2 经济转型中的银行战略

银行要制定科学合理的战略定位，一方面要考虑自身的资源禀赋和优劣势，另一方面则要紧密结合所处的经营环境，而宏观经济的发展阶段是银行业最重要的外部环境。银行业是为实体经济服务的，因此，实体经济的发展阶段，是银行选择战略定位的重点依据。有什么样的实体经济，就有什么样的金融服务需求，那么银行业就要为其量身定做相应的服务。我国目前正处于国民经济转型升级的关键时期，简言之，是从工业时代向科技时代转型的关键时期，银行业也要相应转型，打造适合科技时代的银行体系。而不同类型的银行，也需要在新的经济发展时代找到适合自己的战略定位。

6.2.1 经济转型驱动银行转型

中华人民共和国成立之后，我国经过几代人70多年来艰苦卓绝的拼搏，取得了举世瞩目的经济发展成就。尤其是改革开放后的这40多年中，我国以全球最完整的工业体系，加上人力资源、自然资源等多种优势，成为全球的制造业中心，或称"世界工厂"，并融入全球经济发展当中。进入21世纪之后，尤其是在2008年之后，原来的全球经济格局发生重大变化。就我国自身而言，随着各种生产要素成本的提升，原先以低端制造业为主的世界工厂模式已难以为继，需要尽快实现产业转型升级，发展经济增加值更高的中高端产业，而这需要以科技创新为引领。因此，我国正处于从工业时代向科技时代转型的关键时期。

改革开放以来的40多年间，我国是一个以低端制造业为主的世界工厂，这是与我国过去的各种资源禀赋相适应的。比如，我国当时有大量的农业人口可以转化为产业工人队伍，并且具备一定的教育水平和组织水平。而且，在中华人民共和国成立后我国引进了苏联的工业技术，与西方各国建交后又引进了西方的工业技术，再加上自身的发展创新，从而形成了全球最为齐全的工业门类。再加上较为廉价的产业工人和其他资源，我国制造业便在全球范围内形成了较强的竞争力。同时，我们刚好又遇到第二次世界大战后全球范围内的产业梯度转移，即以美国为首的西方发达国家在一些新的技术上实现突破及产业化之后，便将旧产业逐步转移至相对欠发达的国家或地区，比如很多产业先从美国转移至日本、欧洲，再转移至亚洲四小龙，不断寻求更为廉价的生产基地。最后，这些产业不断转入中国大陆。改革开放后我国便不断承接从发达经济体转移而来的产业，并且这种转移在2004年加入WTO后达到顶峰。

工业时代的产业结构非常清晰（见图6-1）：海外需求成为主要拉动力，

对我国制造业产品产生旺盛的需求。制造业的发展，首先带动中上游资源品，包括矿产、能源、化工等重化工产业，当然这些产业也是制造业。其次，这些制造业需要劳动力，因此大量的农民转为产业工人，这推动了我国的城镇化，也就是工业化推动的城镇化。农民工进城工作后，一方面需要相应的房地产和基础设施建设，以便容纳更多城市人口的工作和生活，另一方面也会带动大量的消费与服务行业。

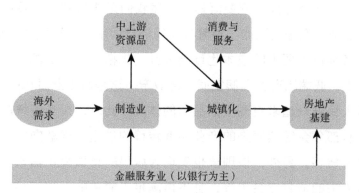

图 6-1　我国工业时代的产业结构

在上述这种产业结构下，所适合的金融服务业结构也非常清晰，就是以银行为主，尤其是以银行信贷为主的服务。因为，作为支柱产业的制造业（包括中上游）、房地产和基建业，有一些共同特点：需要大量资本投入，资金需求量大，虽然大部分利润水平并不丰厚，但经营现金流较为稳定，可预测性强，并且大部分企业拥有房地产等固定资产，可用于抵押。这些特点，最终让这些行业非常适合用银行贷款的方式满足融资需求。所以，我们看到，在过去这个长达约 40 年的工业时代，我国银行业也取得了蓬勃的发展，信贷需求旺盛，资产规模大增。此外，制造业产品的出口和国内贸易，都需要银行提供结算等专业服务，国内居民的各种消费与服务也需要借助一些银行服务。因此，这便造就了银行业的"黄金时代"。虽然在 2007 年美国次贷危机之后，转型大幕逐渐开启，上述模式已经有所变化，制造业已明显不如以前景气，但我国继续发展房地产、基建，用于托底经济增长，此时银行业依然有很好的业务需求，可以说是"白银时代"。显然，工业时代的银行战略自然是围绕工业展开的，只是不同银行会有不同侧重，比如有些主做制造业，有些聚焦于房地产、基建，甚至有些则差异化定位于零售业务，但这种其实是少数，因为工业时代的对公业务空间较大。当然，即使有些银行没有什么明显的战略定位，经营也都还不错，这主要得益于巨大的市场空间。

当然，这一个时代终究要落幕，虽然我们无法找到一个具体的时间分界，因为这个转变是渐进的。随着我国经济发展水平、居民收入水平提高，制造业的各种投入要素的成本也逐渐提升，包括人力、资源、土地、环保等各种成本，低端制造业利润空间随之收窄。这是后工业时代的正常现象，当然也是人民群众追求更高生活品质的体现。此时，很多传统产业面临生存压力，有部分会继续原来的产业梯度转移的进程，逐渐向成本更低的东南亚等地方转移。另外，该现象也表现为居民的物质文化需求升级，内需扩大，对外需的依赖度会下降，且不再满足于简单的低端产品。转型初期会出现一些供需错配的现象，即很多产能仍然集中于低端制造业，产品会有所过剩，而人民群众所需要的更高品质的产品，却暂时还不能有效供给。党的十九大将这一矛盾表述为"人民日益增长的美好生活需要和不平衡不充分的发展之间的矛盾"。解决这一矛盾（乃至很多相关问题）的核心办法，便是产业升级，发展附加值更高的、资源消耗更少的新兴产业，提升发展的内容和质量。而这种产业升级需要靠科技的力量来推动，因此工业时代之后是科技时代。

科技时代将会有完全不同的金融供给结构，或称金融结构。各种科技创新、新兴产业类的企业，很多是初创型企业，经营风险较高，未来的现金流极不稳定，可能其中大部分企业在未来一段时间内不再会存活，它们也不仅仅靠资本驱动，而是技术密集型或知识密集型，没什么固定资产可用于抵押。很显然，这些企业的融资需求很难用银行贷款去满足，国际通行的融资手段是股权融资，包括PE/VC、资本市场（创业板或科创板）等，它们共同构成一个多层次资本市场。一国的金融结构会体现为直接融资、股权融资的占比上升，而间接融资、银行信贷融资的占比下降。过去，学界、业界有过"金融体系之争"，即一国应该选择商业银行主导的金融体系还是资本市场主导的金融体系（大致分别对应间接金融、直接金融）。不同国家之所以选择不同的金融体系，有历史因素（比如在中华人民共和国成立之初，主要金融服务是些什么内容，之后也不可能完全推倒重建），也有当下的现实因素，而现实因素中最重要的一点，就是哪种体系更能满足现阶段经济发展需要。因此，直接融资比例提升，其背后的根本驱动是经济结构转型，产业所需要的金融服务种类发生根本变化。可见，选择哪种金融体系，并不是金融服务业（金融服务的供给方）的一厢情愿，还要看需求方——最大客户即实体经济的具体需求。提升直接融资占比本身也符合我国监管部门的努力方向，很多年前监管部门就已经开始付出很大努力去推动直接融资比例提升，之所以朝这个方向努力，是因为直接融资能让企业经营的风险不再高度集中于银行体系，而是由各类投资者分散承担，并使发生系统性银行危机的可能性下降（当然并不能完全排除）。

于是，在这个产业转型升级的过程中，银行业也会面临转型升级，战略选择问题将更紧迫地摆在银行面前。原先是给企业、个人提供以存款、贷款为主的金融服务，而现在面临需求的变化，新兴产业的企业需要更加多元化的金融服务，尤其是直接融资相关的金融服务，这些原本不是传统商业银行所擅长的。同时，个人也不再仅仅满足于存款，而会有更多的投资或理财需求，因此也需要丰富的金融服务。这对传统商业银行来说，既是挑战，也是机遇，如果不转型应对，那么这些业务往往会由直接融资相关的金融机构主导，比如证券公司（美国为投资银行）、资产管理公司等，商业银行面临客户"脱媒"的可能。但是，由于现有的企业、个人客户主要掌握在银行手中，在银行开立有结算账户，银行与他们有日常联系，也熟悉他们的情况，那么银行其实是有介入直接融资的能力的，并不会白白将客户拱手让出。此时，银行业便迎来一次非常重大的战略转型，由以存贷款为主的传统商业银行转型为提供多元金融服务的综合银行集团。我国银行业也正处于这一转型的关键时期，这可能也是银行业整体格局重新洗牌的时机。

银行综合化经营（对于金融业而言则称"混业经营"，与分业相对应）便是在这样的时机下发生的。银行的综合化，国际上大致又有几种实现方式：一是综合银行集团，或称银行控股集团，即由银行下设其他非传统银行业务的金融子公司（一般称"非银行金融机构"或"非银金融机构"），以参股控股的方式完成风险隔离；二是全能银行，即由银行不同部门开办不同的金融业务；三是金融控股公司，即由一家金融控股公司，在其旗下持股商业银行、证券公司、保险公司等不同金融机构。当然，第三种方式不算严格意义上的银行综合化，而是将银行作为综合金融的一部分。采用第二种方式的国家较少，因为对不同金融业务的风险传染控制较难，典型代表是德国。而第一种方式是银行综合化经营的主要方式，包括我国在内的很多国家或地区采用这一方式。我国目前大体上仍然维持分业经营的格局，但《商业银行法》2003年修订时预留了授权方式，规定"商业银行在中华人民共和国境内不得从事信托投资和证券经营业务，不得向非自用不动产投资或者向非银行金融机构和企业投资，但国家另有规定的除外"，因此授权国家有关部门可以出台相关的规章办法，允许银行从事非银行金融业务或投资于非银行金融机构。按照这一方式，目前我国银行业已开办保险公司、信托公司、基金管理公司、金融租赁公司、理财子公司等不同类型的非银行金融机构，但目前仍然不能投资于证券公司等。展望未来，银行进一步拓展非银金融业务的进程还会持续，我国将出现金融牌照更加齐全的综合化银行控股集团。拥有多种金融牌照之后，银行便可灵活使用直接融资的手段，服务于各种新兴产业企业。

在早期的认识中，最典型的直接融资是企业在公开证券市场通过发行证券的方式进行融资，包括股票、债券等，而投资者可以直接到证券市场上购买证券，也可以通过申购证券投资基金等资产管理产品的方式参与投资。这种业务其实相对标准化,金融机构(证券承销商等)和企业的黏性并不高,和投资者的黏性也不高,能够分享的回报自然也不高。这种直接融资方式其实适用于相对传统的产业,投资者认识、研究企业的门槛不高,因此能够较好地参与投资。但在科技时代,当高新技术企业、新兴产业企业越来越多后,企业的技术门槛在增加,融资需求也更加多元化,可能并不是标准化地发行证券能够满足的,而是需要更多地凭借非公开股权、非标准化债权的方式融资,融资的条件由专业的投资银行协助设计,并创设成非标准化的投资标的(而不是标准化的证券)。金融机构完成投资标的创设后,不能简单将其投放到公开证券市场,而是要找到合适的投资者,完成投融资的撮合。很多时候,这些高门槛的投资标的已经超过了普通民众的认知能力范围,因此经常会需要专业的资产管理机构参与其中,它们通过发行资产管理产品募集投资者的资金,然后进行专业化的投资运作。因此,未来的直接融资是由投资银行业、资产管理业、财富管理业三个板块共同构成。⊖其中投资银行业服务于需要融资的企业,为它们设计最佳融资方案,并创设投资标的;财富管理业则服务于投资人,为他们设计最佳的投资方案,并向他们推荐投资机会;中间的资产管理业,则管理好从投资人那里募集的资金,按约定规则,勤勉尽责地投向合适的投资标的。可见,这种投融资对接的方式完全不同于传统银行时代的间接融资,也与简单的标准化直接融资(公开发行标准化证券)有所区别,可能会成为未来科技时代最为主流的方式(见图6-2)。

在这一新模式下,银行如果掌握了有关牌照,则依然会有用武之地,而不用担心"脱媒"。比如,目前银行一般会设有投资银行部门,虽然在职能上与真正意义上的投资银行尚有区别,但基本上已经能够为企业提供融资策划、投资标的的创设的功能,但目前以非标准化债权为主,参与股权不多。此外,银行由于掌握了大量的投资者客户,因此天然有开展财富管理业的优势。最后,银行旗下设有理财子公司(或资产管理部),可以规范地

⊖ 有些文献将这三个板块统称为资产管理业,而把中间环节那个资产管理业称投资管理业。

从事资产管理业。因此，目前商业银行其实是有能力全程参与直接融资的。甚至，有些银行还设立有直接投资功能的子公司，比如旗下的金融资产投资公司、保险公司、信托公司等，它们甚至可直接投资于一些公司的股权，即投贷联动，直接享受优秀公司的投资回报。

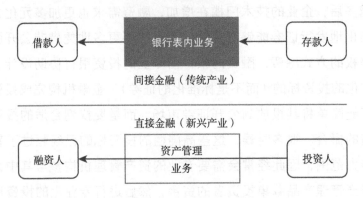

图 6-2　直接融资与间接融资的服务模式

因此，在新的科技时代，银行业会出现新的格局，大中型银行会布局各类金融牌照，呈综合化趋势，参与直接融资，服务于高科技企业和新兴主业。目前，很多大中型银行已经初步形成这一战略，或虽未正式出台战略，但已尝试多种业务。而很多中小银行，则因整个国家经济结构日益多元化，反而能找到更多的细分领域，比如较为典型的小微企业特色银行、金融科技特色银行，专注于某一细分领域，也能获取较好的经营回报。但是，不可避免的是，一些没能找到合适战略定位的银行，则可能在上述变革过程中被淘汰，因为服务传统产业的传统存贷款业务的市场空间肯定是大幅收缩的，依然停留于此的银行，必然没有出路。因此，科技时代的银行业，大体格局是"大行综合化、小行特色化"。而且，大行的综合化发展战略似乎是比较明确的（但大行内部仍然会有所细分，有所差异化），但小行的特色化发展战略则更有挑战性，因为小行需要科学合理地找到自己的差异化战略定位。

以小微企业特色银行为例。小微企业包括小型企业和个体工商户，它们个体小、数量多，对一国经济的贡献较大，尤其能吸收大量就业，小微企业的繁荣事关社会经济的繁荣稳定，支持小微企业发展往往是一国经济工作中的大事。很多小微企业从事与老百姓衣食住行相关的生活服务，还有一些小企业从事相对简单的制造业、服务业、商贸业（当然也包括一些高科技的初创企业，但这些企业一般不通过信贷融资），大部分小微企业不可能达到直接融资的门槛，因此永远不存在"脱媒"问题，其融资手段主要是非正规金融，包括企业主自筹、民间借贷等，融资难、融资贵问题长期存在，是世界性难题。但是，在我国东部沿海一些小微企业活跃的地区，也有一些小银行经过长期摸索，找到了一些开展小微企业贷款业务的方法，并取得了良好的效果，形成了特色鲜明的小微企业银行模式。比如，浙江省台州市的台州银行、泰隆银行、民泰银行，在自己长期摸索、引进国际经验的基础上，掌握了一些处理小微企业"软信息"的方法，从而有效开展了小微企业信贷业务。"软信息"是指难以书面化的信息。小微企业经营不够规范，难以提供完整的财务报表、抵押品等常规硬信息，但这并不意味着没有信息，而是指它们的信息未书面化，只能由业务人员通过长期接触跟踪来获取，并基于此来投放信贷。为此，这些银行开发出一整套组织管理大量业务人员的业务经营体系，由人员深入小微企业当中去，收集大量的软信息，作为放贷依据。我国东部省份的这一类中小银行以小微企业业务为战略定位，取得良好的成效，不但有力支持了小微企业，自身也取得非常优秀的经营回报，盈利能力显著高于行业平均水平，利人利己，是"小行特色化"的典型样本。随着未来我国经济结构日益多元化，会有更多的特色领域可供中小银行挖掘。

此外还较有代表性的小型特色银行是互联网银行，利用大数据等新型信息技术在线上开展银行业务，主要定位于个人客户。具体情况请见 4.4 节。

6.2.2 美国案例

美国是全球产业梯度转移的龙头，历史上经历过多次产业转型升级，并把原有的旧产业转移出去。大约在20世纪最后20～30年，即从20世纪70年代开始，美国又经历了一轮非常明显的产业转型升级，以信息技术为代表的新兴产业取得了很大发展，深刻改变了美国的整个产业结构。同时，传统制造业式微，开始向其他国家或地区转移，并且在美国留下了"铁锈地带"，即废弃的重工业基地。我国目前所处的经济发展阶段和银行业发展阶段，与美国20世纪最后20～30年非常类似，因此有较大的借鉴价值。美国经历了这一段产业结构转型升级和银行业转型之后，最后也大致呈现出"大行综合化、小行特色化"格局，而且特色小行的样本更多。此外，美国的这一进程还伴随着金融自由化、银行监管放松等，它们与产业转型一起，共同促成了银行业的转型。

首先是产业转型升级。20世纪60～70年代，德国、日本等国家经济快速崛起，美国很多的传统的制造业开始往这些地方转移，包括钢铁、汽车等传统制造业，这本身是全球产业梯次转移的一环。同时，电子科技、信息技术、生物医药为代表的新兴产业在美国崛起，成为新的主打产业。新兴产业对传统银行信贷需求不多，而更倾向于使用直接融资，因此银行面临企业客户"脱媒"的风险。这便是与我国现阶段类似的经济转型背景，也是银行转型的主要驱动力。其次，美国当时正在实施利率市场化等改革，银行业不但行业内部竞争加剧，还面临与其他非银行金融机构的竞争，部分中小银行铤而走险参与高风险业务，最终在80年代引发了一次中小银行及储贷协会的倒闭潮，银行业整体经营情况不佳。而刚好此时，欧洲的银行业综合化程度已经很高，英国的银行控股集团、德国的全能银行进入美国市场，以综合化优势吸引客户，抢占银行市场份额。1980年、1990年在美经营的外国银行在美发放贷款占美国商业银行信贷比重分别为6.2%和11%。因此，美国银行业在上述多种因素的共同压力下，开始走上了综合化转型的道路，也可以说是一条求生之路。

具体来看，20世纪80～90年代美国商业银行从分业走向混业（综合化）主要经历了两个阶段，即80年代开始的尝试阶段和90年代中期开始的全面综合化阶段。20世纪80年代,由于相关法律法规还未修订,银行业开始以调整组织架构与业务范围、加大金融产品创新等方式规避监管,倒逼监管当局以"个案处置""特批处理"的形式逐步小幅放开混业经营。据《格拉斯-斯蒂格尔法案》第二十条规定,商业银行附属机构不能"主要从事"(being principally engaged)证券股票经纪业务,"主要"一词让银行业有机可乘。因此,在70年代末针对部分银行通过控股公司开展部分经纪业务的行为,联邦上诉法院裁定可适当允许银行附属公司从事营收占比最高不超过10%的非合格证券(包括股票)经纪业务,自此为银行向证券业的扩张打开空间,美国商业银行逐步通过建立合资公司的形式参与到券商的经纪业务当中。据美国银行协会估算,截至1982年全美有200~300家银行与折扣经纪商成立合资公司。1983年美联储批准美洲银行收购当时美国最大的折扣经纪商,该收购又被最高法院审查判决生效,这进一步突破银行业参与证券业务经营的限制。此时,证券公司也开展了现金管理类等一些类银行的业务。

20世纪90年代中后期,美国金融业正式进入混业经营时代,银行、证券公司、保险公司跨界经营成为常态。其中,银行多以金融控股集团的形式,实现了从传统的以存贷为主的金融机构向多功能的综合金融服务商的转变。90年代初,一种全新的"超区域银行"的银行形式逐渐现出端倪,它们包括了全美境内最大的一批银行,这些银行在寻求扩大营业范围方面尤其激进,通过银行持股公司的方式普遍地参与到承销、代理、投资、经纪等业务当中。保险、证券公司在此期间也加快布局跨界经营,其中保险公司主要通过收购、并购中小银行来涉足商业银行业务,而证券公司则更多地通过新设各种从事专门业务的子公司,参与包括存贷款、财险等综合化的金融服务业务。1999年12月美国正式颁布《金融服务现代化法》,从法律上正式结束近70年的分业经营,其中,管理和资本状况良好的银行控股公司可转化为金融控股公司并开展银行、证券、保险等各类业务,而不准备或者不够条件转为金融持股公司的银行持股公司可继续从事原有的金融业务，美国正式全面进入混业经营时代。

美国银行业综合化经营之后的行业格局也是"大行综合化、小行特色化"。大型银行都是综合化、全球化的金融控股集团，业务覆盖几乎所有金融板块。比如，美国四大银行摩根大通、美国银行、花旗集团和富国银行都有不同程度的综合化，其中摩根大通的综合化程度最高，有过半的收入来自非商业银行业务。而富国银行综合化程度较低，除少量的资产管理业务、资产证券化业务之外，对其他非银行金融业务参与不多，其主体仍然是较为传统的存贷款业务，在美国大型银行中属于另类。

而美国的中小银行，则有非常多样的差异化定位，甚至有些银行定位于非常小的细分市场，找到有利于自身发展的"利基市场"，并取得了成功。比如硅谷银行，是硅谷银行金融集团（SVB Financial Group）旗下的主体，最早成立于1983年，是一家专注于服务高成长企业的小型银行（尽管该银行在2023年倒闭，但其风险成因主要与流动性管理有关，而非来自贷款业务，因此硅谷银行的科技金融特色仍有借鉴意义）。其客户很多是高新技术企业，按理说并不是传统银行业务的主要客户，但事实上，硅谷银行是一家非常传统的商业银行，资产结构中贷款占比较高，负债结构中存款占比较高，中间业务收入占比30%左右，这些都符合传统商业银行的正常水平。硅谷银行主要为科创企业、PE/VC公司以及这些企业客户的高管、员工等提供传统银行服务，包括存贷款、现金管理与交易、理财等。此外，硅谷银行金融集团旗下还有负责股权直接投资等业务的金融机构，但对集团的业务贡献比例并不高。因此，硅谷银行本质上仍然是一家商业银行，只是找到了科创企业、PE/VC公司等作为客户定位。硅谷银行针对科创企业、PE/VC公司推出一些合适的贷款产品，包括向科创企业投放的投资者贷款（investor dependent loans，以该企业后续的投资为还款来源）、资产负债表贷款（balance sheet dependent loans，评估资产负债表，流动资产能覆盖贷款本息）、现金流贷款（cash flow dependent loans，以经营现金流或并购为还款来源），向PE/VC公司投放的基于PE/VC投资者的出资承诺而给予的授信（capital call lines of credit），以及向个人客户发放的消费贷款。硅谷银行又为这些客户提供现金管理等服务，因此留存了它们的存款。硅谷银行在美国科创企业、PE/VC 公司领域的银行业务市场中占有很高的市场份额，而自身体量并不大，2018 年年末硅谷银行总资产约 570 亿美元，可见这一细分市场总的市场空间并不大，是一个典型的利基市场。硅谷银行选择了这一细分市场，取得了不错的经营成效，是典型的"小行特色化"。

中小银行寻找差异化的战略定位，自然也是围绕本国当时的经济发展阶段和其他经济产业结构展开的。比如硅谷银行，便是抓住了美国作为全球重要的科创中心，科创企业活跃、PE/VC 市场发达的机遇，因此抓住了这一利基市场。类似的还有纽约梅隆银行，已基本剥离传统存贷款业务，并发力资产托管业务，目前已是全球资产托管行业的龙头。这便是在美国银行业传统存贷业务前景不佳，而资产管理业快速发展的背景下，做出的一项战略选择，最终使其在资产管理、投资服务（主要是资产托管）两大板块形成鲜明的差异化优势，在全球资产管理与托管市场上占据很高份额。美国也有类似我国互联网银行的、纯靠技术驱动的、纯线上开展业务的银行，它们也是在美国信息技术发达的背景下形成的一种特色银行。

参考美国经验，我国银行业在未来的发展过程中，大型银行会进一步综合化，介入证券业务是大概率，最终会形成覆盖几乎所有金融业务的大型银行控股集团。而中小银行的差异化、特色化进程也会加快，目前我国特色中小银行是以小微企业业务银行为代表，也包括互联网银行，其他特色银行还很罕见。未来随着我国技术进步加快、经济结构优化、产业转型升级，会有更多的细分市场、利基市场出现，留给中小银行实现差异化定位的机会。当然，中小银行自身也须加强研究，基于当地经济特点和自身的优劣势，合理选择差异化的战略定位。

参考文献

[1] 白芝浩. 伦巴第街 [M]. 上海：上海财经大学出版社，2008.

[2] 博迪，默顿，克利顿. 金融学 [M]. 北京：中国人民大学出版社，2000.

[3] 财政部干部教育中心. 当代中国财政理论与实践 [M]. 北京：中国财政经济出版社，2014.

[4] 陈俭. 中国农村信用社研究：1951——2010[M]. 北京：北京大学出版社，2016.

[5] 陈琦伟. 银行业务技术正在进入电子化时代 [J]. 金融研究，1984(02)：53-55.

[6] 陈增圭. 增强紧迫感，加快中国银行电子化建设 [J]. 中国金融，1993(09)：37.

[7] 大塚久雄. 股份公司发展史论 [M]. 北京：中国人民大学出版社，2002.

[8] 德米内. 银行估值与价值管理：存贷款定价、绩效评估和风险管理 [M]. 北京：中国金融出版社，2014.

[9] 邓小平. 关于经济工作的几点意见 [Z]. 1979-10-04.

[10] 董德志. 投资交易笔记 [M]. 北京：经济科学出版社，2011.

[11] 樊胜. 利率市场化进程中商业银行利率风险管理 [M]. 成都：西南财经大学出版社，2009.

[12] 冯宗宪，郭建伟. 银行利率定价原理和方法 [M]. 北京：中国金融出版社，2008.

[13] 弗雷克斯，罗歇．微观银行经济学 [M]．北京：中国人民大学出版社，2014．

[14] 弗里德曼．货币的祸害：货币史上不为人知的大事件 [M]．北京：中信出版社，2016．

[15] 戈顿．银行的秘密：现代金融生存启示录 [M]．北京：中信出版社，2011．

[16] 戈林．银行信用分析手册 [M]．北京：机械工业出版社，2004．

[17] 龚明华．发展中经济金融制度与银行体系研究 [M]．北京：中国人民大学出版社，2004．

[18] 郭建龙．中央帝国的财政密码 [M]．厦门：鹭江出版社，2017．

[19] 何德旭，王朝阳，张雪兰．浙江民泰商业银行考察 [M]．北京：经济管理出版社，2012．

[20] 何劲军．公允价值在美国财务会计准则和国际会计准则中的应用及启示 [J]．财会研究，2009(16)：27-29．

[21] 何平．传统中国的货币与财政 [M]．北京：人民出版社，2019．

[22] 黄达，张杰．金融学 [M]．4 版．北京：中国人民大学出版社，2017．

[23] 黄达．财政信贷综合平衡导论 [M]．北京：中国人民大学出版社，2009．

[24] 姜建清．中国银行业估值方法新论 [M]．北京：中国金融出版社，2013．

[25] 蓝狮子．云上银行 [M]．北京：机械工业出版社，2019．

[26] 雷．现代货币理论 [M]．北京：中信出版社，2017．

[27] 李记华．公司治理之"股东会中心主义"与"董事会中心主义" [DB/OL]．(2006-03-21)．http://www.dffyw.com/blog/a/early88/512.html．

[28] 廉薇，边慧，苏向辉，等．蚂蚁金服：从支付宝到新金融生态圈 [M]．北京：中国人民大学出版社，2017．

[29] 梁世栋．商业银行风险计量理论与实务：《巴塞尔资本协议》核心技术 [M]．北京：中国金融出版社，2011．

[30] 刘珺．新金融论衡 [M]．北京：中国金融出版社，2016．

[31] 刘明彦．美国银行业资本充足率监管 [J]．银行家，2008(09)：102-105．

[32] 刘新海. 征信与大数据 [M]. 北京：中信出版社，2016.

[33] 柳灯，杨董. 银行理财十年蝶变 [M]. 北京：经济管理出版社，2015.

[34] 楼文龙. 中国商业银行资产负债管理 [M]. 北京：中国金融出版社，2016.

[35] 罗斯. 商业银行管理（原书第 8 版）[M]. 北京：机械工业出版社，2011.

[36] 罗煜，黄钰文，徐蕾. 大数据信贷的"第三条道路" [J]. 经济理论与经济管理. 2020(05)：9-21.

[37] 马骏，管涛. 利率市场化与货币政策框架转型 [M]. 北京：中国金融出版社，2018.

[38] 马骏. 货币的轨迹 [M]. 北京：中国经济出版社，2011.

[39] 马克思. 资本论 [M]. 上海：上海三联书店，2009.

[40] 马梅，朱晓明，周金黄，等. 支付革命 [M]. 北京：中信出版社，2014.

[41] 马汀. 货币野史 [M]. 北京：中信出版社，2015.

[42] 马永斌. 公司治理之道：控制权争夺与股权激励 [M]. 2 版. 北京：清华大学出版社，2018.

[43] 莫斯. 别无他法：作为终极风险管理者的政府 [M]. 北京：人民出版社，2014.

[44] 牛慕鸿，徐昕，钟震. 英国"双峰"监管模式的背景、特点及启示 [DB/OL]. (2018-02-13). http://finance.caixin.com/2018-02-13/101211109.html.

[45] 欧瑞尔，克鲁帕提. 人类货币史 [M]. 北京：中信出版社，2017.

[46] 潘功胜. 上市银行价值分析 [M]. 北京：中国金融出版社，2011.

[47] 千家驹，郭彦岗. 中国货币演变史 [M]. 上海：上海人民出版社，2005.

[48] 瞿强，王磊. 由金融危机反思货币信用理论 [J]. 金融研究，2012(12)：1-10.

[49] 山西文旅网. 山西票号与现代银行业的最后一次擦肩而过 [DB/OL]. (2018-05-23). https://www.sohu.com/a/232584498_100112860.

[50] 舒尔特. 信用经济：信贷逻辑背后的经济周期 [M]. 北京：机械工业出版社，2019.

[51] 孙国峰. 货币创造的逻辑形成和历史演进——对传统货币理论的批判 [J]. 经济研究，2019，54(04)：182-198.

[52] 孙国峰. 信用货币制度下的货币创造和银行运行 [J]. 经济研究，2001(02)：29-37+85.

[53] 孙国峰. 英国双峰监管实践与借鉴——目标导向，央行统筹 [DB/OL]. (2018-02-26). http://opinion.caixin.com/2018-02-26/101213969.html.

[54] 唐朝. 手把手教你读财报 2：18 节课看透银行业 [M]. 北京：中国经济出版社，2017.

[55] Tiny 熊. 非对称加密技术——RSA 算法数学原理分析 [DB/OL]. [2017-11-16]. https://www.cnblogs.com/tinyxiong/p/7842839.html.

[56] 王剑，贺晨，陈俊良. 金融科技创新，助力小微信贷业务破题 [J]. 人工智能，2020(06)：106-118.

[57] 王剑，田维韦，贺晨，等. 20 世纪 90 年代美国银行业的崛起及镜鉴 [J]. 国际金融，2021(01)：45-52.

[58] 王剑. 比特币离真实货币还有多远？[J]. 环球财经，2017(05).

[59] 王剑. 财政货币平衡分析精要（上）[R]. 北京：中国人民大学国际货币研究所，2019，(1907).

[60] 王剑. 财政货币平衡分析精要（下）[R]. 北京：中国人民大学国际货币研究所，2019，(1908).

[61] 王剑. 回归本源：我眼中的互联网金融 [M]. 北京：经济科学出版社，2018.

[62] 王剑. 利率传导的逻辑链条与淤堵节点 [J]. 金融市场研究，2018(04)：87-91.

[63] 王剑. 用信用评价预判"问题"银行 [J]. 金融博览（财富），2019(10)：54-57.

[64] 王舒茵. 商业银行公司治理实务 [M]. 北京：法律出版社，2014.

[65] 吴景平. 近代上海金融中心地位与南京国民政府之关系 [J]. 史林，2002(02)：90-98+121.

[66] 谢平，石午光. 数字货币新论 [M]. 北京：中国人民大学出版社，2019.

[67] 辛基. 商业银行财务管理 [M]. 北京：中国金融出版社，2002.

[68] 徐高. 金融经济学二十五讲 [M]. 北京：中国人民大学出版社，2018.

[69] 薛畅. "由铜到纸"的内在逻辑——论中国古代半信用半商品的财政货币制度的演化 [J]. 商业时代，2011(17)：39-42.

[70] 杨凯生. 金融笔记：杨凯生十六年间笔录 [M]. 北京：人民出版社，2016.

[71] 杨凯生. 银行改革攻坚：热点·难点·重点 [M]. 北京：中信出版社，2015.

[72] 佚名. 包商银行到底有什么"严重信用风险" [DB/OL]. (2019-05-28). https://www.creditchina.gov.cn/home/xinyongyanjiu/201905/t20190527_156757.html.

[73] 易纲. 中国的货币化进程 [M]. 北京：商务印书馆，2003.

[74] 由曦. 蚂蚁金服：科技金融独角兽的崛起 [M]. 北京：中信出版社，2017.

[75] 于宗先. 民营银行：台湾案例 [M]. 北京：社会科学文献出版社，2005.

[76] 张杰. 金融分析的制度范式：制度金融学导论 [M]. 北京：中国人民大学出版社，2017.

[77] 张杰. 经济变迁中的金融中介与国有银行 [M]. 北京：中国人民大学出版社，2003.

[78] 张杰. 银行制度改革与人民币国际化：历史、理论与政策 [M]. 北京：中国人民大学出版社，2010.

[79] 张杰. 中国金融改革的制度逻辑 [M]. 北京：中国人民大学出版社，2015.

[80] 张杰. 中国金融制度的结构与变迁 [M]. 北京：中国人民大学出版社，2011.

[81] 张晓慧. 多重约束下的货币政策传导机制 [M]. 北京：中国金融出版社，2020.

[82] 张徐乐. 生存与消亡：上海私营金融业的公私合营 [J]. 当代金融家，2006(3).

[83] 赵炳煜. 美国存款保险制度的起源研究 [J]. 商，2016(09)：176.

[84] 周琼. 美国金融巨头的董事长和CEO是如何运作的？ [DB/OL]. (2017-11-12). https://www.sohu.com/a/203945215_460385.

[85] 周小川. 金融政策对金融危机的响应——宏观审慎政策框架的形成背景、内在逻辑和主要内容 [J]. 金融研究，2011(01)：1-14.

[86] 周学东. 中小银行金融风险主要源于公司治理失灵—从接管包商银行看中小银行公司治理的关键 [J]. 中国金融，2020(15)：19-21.

[87] 朱田顺. 银行电子化的现状与设想 [J]. 中国金融，1986(09)：28-31.

[88] 朱怡. 美国银行的早期发展史初探 [D]. 上海：华东政法大学，2007.

[89] 庄毓敏. 商业银行业务与经营 [M]. 6版. 北京：中国人民大学出版社，2022.

[90] 宗文. 中国银行创造的多个"第一" [N]. 人民日报，2012-02-17(013).

[91] 中国金融思想政治工作研究会. 中国红色金融史 [M]. 北京：中国财政经济出版社，2021.

推荐阅读

宏观金融经典

这次不一样：八百年金融危机史	[美] 卡门·M.莱因哈特（Carmen M. Reinhart） 肯尼斯·S.罗格夫（Kenneth S. Rogoff）
布雷顿森林货币战：美元如何通知世界	[美] 本·斯泰尔（Benn Steil）
套利危机与金融新秩序：利率交易崛起	[美] 蒂姆·李（Tim Lee）等
货币变局：洞悉国际强势货币交替	[美] 巴里·艾肯格林（Barry Eichengreen）等
金融的权力：银行家创造的国际货币格局	[美] 诺美·普林斯（Nomi）
两位经济学家的世纪论战（萨缪尔森与弗里德曼的世纪论战）	[美] 尼古拉斯·韦普肖特（Nicholas Wapshott）
亿万：围剿华尔街大白鲨（对冲之王史蒂芬-科恩）	[美] 茜拉·科尔哈特卡（Sheelah Kolhatkar）
资本全球化：一部国际货币体系史（原书第3版）	[美] 巴里·埃森格林（Barry Eichengreen）
华尔街投行百年史	[美] 查尔斯 R.盖斯特（Charles R. Geisst）

微观估值经典

估值：难点、解决方案及相关案例（达摩达兰估值经典全书）	[美] 阿斯瓦斯·达莫达兰（Aswath Damodaran）
新手学估值：股票投资五步分析法（霍华德马克思推荐，价值投资第一本书）	[美] 乔舒亚·珀尔（Joshua Pearl）等
巴菲特的估值逻辑：20个投资案例深入复盘	[美] 陆晔飞（Yefei Lu）
估值的艺术：110个解读案例	[美] 尼古拉斯·斯密德林（Nicolas, Schmidlin）
并购估值：构建和衡量非上市公司价值（原书第3版）	[美] 克里斯 M.梅林（Chris M. Mellen） 弗兰克 C.埃文斯（Frank C. Evans）
华尔街证券分析：股票分析与公司估值（原书第2版）	[美] 杰弗里 C.胡克（Jeffrey C.Hooke）
股权估值：原理、方法与案例（原书第3版）	[美] 杰拉尔德 E.平托（Jerald E. Pinto）等
估值技术（从格雷厄姆到达莫达兰过去50年最被认可的估值技术梳理）	[美] 大卫 T. 拉拉比（David T. Larrabee）等
无形资产估值：发现企业价值洼地	[美] 卡尔 L. 希勒（Carl L. Sheeler）
股权估值综合实践：产业投资、私募股权、上市公司估值实践综合指南（原书第3版）	[美] Z.克里斯托弗·默瑟（Z.Christopher Mercer） 特拉维斯·W. 哈姆斯（Travis W. Harms）
预期投资：未来投资机会分析与估值方法	[美] 迈克尔·J.莫布森（Michael J.Mauboussin） 艾尔弗雷德·拉帕波特（Alfred Rappaport）
投资银行：估值与实践	[德] 简·菲比希（Jan Viebig）等
医疗行业估值	郑华 涂宏钢
医药行业估值	郑华 涂宏钢

债市投资必读

债券投资实战（复盘真实债券投资案例，勾勒中国债市全景）	龙红亮（公众号"债市夜谭"号主）
债券投资实战2：交易策略、投组管理和绩效分析	龙红亮（公众号"债市夜谭"号主）
信用债投资分析与实战（真实的行业透视 实用的打分模型）	刘婕（基金"嘣姐投资日记"创设人）
分析 应对 交易（债市交易技术与心理，笔记哥王健的投资笔记）	王 健（基金经理）
美元债投资实战（一本书入门中资美元债，八位知名经济学家推荐）	王 龙（大湾区金融协会主席）
固定收益证券分析（CFA考试推荐参考教材）	[美] 芭芭拉 S.佩蒂特（Barbara S.Petitt）等
固定收益证券（固收名家塔克曼经典著作）	[美] 布鲁斯·塔克曼（Bruce Tuckman）等

推荐阅读

A股投资必读	金融专家，券商首席，中国优秀证券分析师团队，金麒麟、新财富等各项分析师评选获得者
亲历与思考：记录中国资本市场30年	聂庆平（证金公司总经理）
策略投资：从方法论到进化论	戴 康 等（广发证券首席策略分析师）
投资核心资产：在股市长牛中实现超额收益	王德伦 等（兴业证券首席策略分析师）
王剑讲银行业	王 剑（国信证券金融业首席分析师）
荀玉根讲策略	荀玉根（海通证券首席经济学家兼首席策略分析师）
吴劲草讲消费业	吴劲草（东吴证券消费零售行业首席分析师）
牛市简史：A股五次大牛市的运行逻辑	王德伦 等（兴业证券首席策略分析师）
长牛：新时代股市运行逻辑	王德伦 等（兴业证券首席策略分析师）
预见未来：双循环与新动能	邵 宇（东方证券首席经济学家）
CFA协会投资系列	全球金融第一考，CFA协会与wiley出版社共同推出，按照考试科目讲解CFA知识体系，考生重要参考书
股权估值：原理、方法与案例（原书第4版）	[美]杰拉尔德 E.平托（Jerald E. Pinto）
国际财务报表分析（原书第4版）	[美]托马斯 R.罗宾逊（Thomas R. Robinson）
量化投资分析（原书第4版）	[美]理查德 A.德弗斯科（Richard A.DeFusco）等
固定收益证券：现代市场工具（原书第4版）	[美]芭芭拉 S.佩蒂特（Barbara S.Petitt）
公司金融：经济学基础与金融建模（原书第3版）	[美]米歇尔 R. 克莱曼（Michelle R. Clayman）
估值技术（从格雷厄姆到达莫达兰过去50年最被认可的估值技术梳理）	[美]大卫 T. 拉拉比（David T. Larrabee）等
私人财富管理	[美]斯蒂芬 M. 霍兰（Stephen M. Horan）
新财富管理	[美]哈罗德•埃文斯基（Harol Evensky）等
投资决策经济学：微观、宏观与国际经济学	[美]克里斯托弗 D.派若斯（Christopher D.Piros）等
投资学	[美]哈罗德•埃文斯基（Harol Evensky）等
金融投资经典	
竞争优势：透视企业护城河	[美]布鲁斯•格林沃尔德(Bruce Greenwald)
漫步华尔街	[美]伯顿•G.马尔基尔（Burton G. Malkiel）
行为金融与投资心理学	[美]约翰 R. 诺夫辛格（John R.Nofsinger）
消费金融真经	[美]戴维•劳伦斯(David Lawrence)等
智能贝塔与因子投资实战	[美]哈立德•加尤（Khalid Ghayur）等
证券投资心理学	[德]安德烈•科斯托拉尼（André Kostolany）
金钱传奇：科斯托拉尼的投资哲学	[德]安德烈•科斯托拉尼（André Kostolany）
证券投资课	[德]安德烈•科斯托拉尼（André Kostolany）
证券投机的艺术	[德]安德烈•科斯托拉尼（André Kostolany）
投资中最常犯的错：不可不知的投资心理与认知偏差误区	[英]约阿希姆•克莱门特（Joachim Klement）
投资尽职调查：安全投资第一课	[美]肯尼思•斯普林格（Kenneth S. Springer）等
格雷厄姆精选集：演说、文章及纽约金融学院讲义实录	[美]珍妮特•洛（Janet Lowe）
投资成长股：罗•普莱斯投资之道	[美]科尼利厄斯•C.邦德（Cornelius C. Bond）
换位决策：建立克服偏见的投资决策系统	[美]谢丽尔•斯特劳斯•艾因霍恩（Cheryl Strauss Einhorn）
精明的投资者	[美]H.肯特•贝克(H.Kent Baker)等

投资与估值丛书

达摩达兰估值经典全书

新入股市必读

巴菲特20个投资案例复盘

真实案例解读企业估值

非上市企业估值

当代华尔街股票与公司估值方法

CFA考试必考科目之一

CFA考试必考科目之一

华尔街顶级投行的估值方法